好 习 惯
好 行 为
好 人 生

浦东新区辅读学校
一日常规课程研究与实践

王 英 —— 主编

上海远东出版社

图书在版编目（CIP）数据

好习惯 好行为 好人生：浦东新区辅读学校一日
常规课程研究与实践/王英主编. 一上海：上海远东
出版社，2024
ISBN 978-7-5476-2022-9

Ⅰ. ①好⋯ Ⅱ. ①王⋯ Ⅲ. ①特殊教育–教学研究
Ⅳ. ①G76

中国国家版本馆 CIP 数据核字（2024）第 091783 号

责任编辑　唐　鋆
封面设计　李　廉

好习惯　好行为　好人生
浦东新区辅读学校一日常规课程研究与实践
王　英　主编

出　　版　**上海远东出版社**
　　　　　（201101　上海市闵行区号景路 159 弄 C 座）
发　　行　上海人民出版社发行中心
印　　刷　上海颛辉印刷厂有限公司
开　　本　710×1000　1/16
印　　张　24
字　　数　312,000
版　　次　2024 年 5 月第 1 版
印　　次　2024 年 5 月第 1 次印刷
ISBN 978-7-5476-2022-9/G·1210
定　　价　98.00 元

序　言

　　龙年伊始，我有幸翻阅王英校长主编的《好习惯　好行为　好人生：浦东新区辅读学校一日常规课程研究与实践》，由衷地感到喜悦。

　　在人群中，儿童的智力水平和认知能力是呈正态分布的。一般来说，正态分布曲线的一端通常被定义为超常儿童，另一端被称作特殊儿童，前者目前国内没有专门的学校予以特别的培养，而后者却有非常好的特殊教育学校，又称辅读学校。浦东新区辅读学校正是在国家特殊教育政策的指引下，以为特殊学生提供优质的教育为目的而开设的。

　　虽然在基础教育界做了多年校长，但我对特殊教育的了解是从认识王英校长开始的。王英校长常年致力于特殊教育事业，始终关注特殊学生的全面成长，以"有教无类"的仁爱能容、"废疾者皆有所养"的大道大爱，给予每一个特殊孩子特别的爱和细致的教养。

　　跟随王英校长走访辅读学校，在特殊教育老师和学生身上，我们真切地看到了教育的意义和价值。基于智力障碍学生适应现实生活、融入未来社会和促进生涯发展的需要，王英校长带领团队构建了一日常规课程，以学生一日生活为主线，串联一日常规课程内容，细化成16个课程主题，并用了三年多时间实施两轮行动研究，形成家校合力

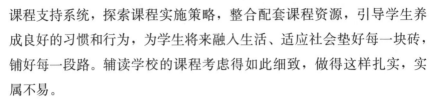

课程支持系统，探索课程实施策略，整合配套课程资源，引导学生养成良好的习惯和行为，为学生将来融入生活、适应社会垫好每一块砖，铺好每一段路。辅读学校的课程考虑得如此细致，做得这样扎实，实属不易。

这本书正是王英校长和她的团队这一路付出努力的见证和智慧结晶。在我看来，这本书有以下特色：首先，基于社会认知、做中学等理论，以及对特殊学生特点和需求的分析，学校将学生在校的每个时间点视为教育的机会，将德育与生活自然嫁接，强调在日常的真实情境中引导学生遵守规则、培养习惯、塑造行为；其次，以积极行为支持理念为指导，借助各种德育实践和学科渗透活动，对学生开展正向支持教育，体现在班级管理、学生个别化教育、社会实践等活动中，教育成效显著；再次，强调家庭、学校和社会在特殊学生教育中的共同责任，借助课程探讨如何构建家校合作机制，教师在目标驱动下，在生活主阵地中对孩子开展教育，家长帮助孩子将常规教育内容与技能泛化到家庭和社会场景中，家校充分形成合力，共同推动特殊学生的发展。

王校长提出了"为每个孩子提供最适切的教育，让每个孩子得到更优的发展"的办学宗旨，倡导根据每个生命个体的特质提供差异化、个性化的教育，让每个孩子按照自己的节奏成长和发展。我虽从事普通教育工作，但她的这个观点我特别认同，为学生提供优质教育的前提是承认人的差异性。在这本书中，我们不仅看到了特教教师基于学生差异化发展的计划和行动，也感受到了特教教师坚持为每个孩子实施分层教育、个性教育的决心和成就。他们怀着一腔滚烫的爱，抱着一颗敬畏的心，深耕在特殊教育的花园里，慢慢等待，悉心呵护每一株弱苗的长大，让我深感敬佩。

王英校长邀请我为这本书作序，我欣然应承。这不仅是我对她的教育理念和教育成果的认可，更是我对她为特殊教育事业所做出的贡献的敬意。我相信，这本书的出版将对特殊教育领域的研究产生深远的影响，愿王英校长的教育理念和实践经验能够在更大的范围内得到推广和应用，为更多孩子的幸福人生奠定坚实基础。

徐 红

目　录

班级管理篇

学生成长篇

课程建设篇

研究缘起：学校发展与课程建设

一、学校发展

（一）学校发展历程

1. **历史沿革**

上海市浦东新区辅读学校前身是东昌区聋哑儿童识字班，创办于1953年，1956年改名为上海市黄浦区聋哑学校，1982年增设弱智班，1994年定名为上海市陆家嘴聋哑辅读学校，1996年3月迁至崂山东路551弄40号。2000年5月获批附设忠华初级职业技术学校。2004年，原上南辅读学校、陆家嘴聋哑辅读学校、忠华初级职业技术学校重新整合成上海市陆家嘴辅读学校。2006年，学校更名为上海市浦东新区辅读学校。

2. **办学规模**

上海市浦东新区辅读学校总占地面积约20 700平方米，位于集"科技、文化、金融"于一体的浦东新区现代化、国际化地域的中心，具有丰富的地方资源及社区资源。学校分设三个校区：陆家嘴校区地处陆家嘴金融中心，位于崂山路551弄40号，占地总面积为8 115平方米；上南校区以及群星职校忠华教学点地处世博地块，上南校区位于成山路 349 号，占地总面积为 6 221 平方米，群星职校忠华教学点位于浦三路 653 号，占地总面积为 6 366 平方米。

学校共有在编教职工 139 人，其中教师 138 人，教辅 1 人。硕士研究生学历任课教师 36 人，本科学历任课教师 97 人，专科学历任课教师 5 人，学历达标率为 100％。所有教师均符合任职资格条件，特教上岗证持证率为 93％。高级职称教师 7 人，一级教师 53 人，中高级教师比例达 43％。目前学校有市后备名师 3 人，区学科带头人 1 人，区学科骨干 12 人，区青年新秀 1 人，区特教中心及德育中心组成员 7 人，区德育名师基地 1 人，区学科工作坊（体育、信息、德育）成员 3 人，校级骨干 22 人。

（二）学校办学理念

1. 办学理念

学校的办学理念是"融和教育，聚力未来"。"融"从字面理解是融合、融通，是行为实践；"和"从字面理解是和谐、快乐，是目标结果。这样的办学理念一是以国际融合教育为基础，秉持平等、参与、支持、合作的原则，为教育对象提供公平而有质量的教育；二是以 21 世纪的新发展目标"建设社会主义和谐社会"为指导，加大对社会弱势群体的关注和支持，践行习近平总书记提出的"一个都不能少"的目标，这与上海"城市，让生活更美好""人民城市人民建"的人民至上理念是高度一致的；三是为了体现孔子"有教无类"仁爱宽大的胸怀，弘扬《礼记》中"废疾者皆有所养"的天下为公的大道大爱，吸收中华文化"和而不同"的思想。

由此，融和教育是以"爱"为主导思想、以"全面发展"为方针、以"融"为模式、以"和"为目标的教育。融和教育体现的是学校整体价值观与教师个体价值观的融和，学校内部与外部的融和，具体包括学校的融和管理、融和课程、融和课堂、融和师资等。融和教育聚力于对人的未来发展的关注，归根于促进个体的社会化，致力于将个体培养成社会人。

2. 办学宗旨

学校的办学宗旨是"为每个孩子提供最适切的教育，让每个孩子得到更优的发展"。促进学生的成长是学校一切工作的出发点，是学校提出与实践融和教育的落脚点。2010年中共中央、国务院颁布的《国家中长期教育改革和发展规划纲要（2010—2020年）》要求："关心每个学生，促进每个学生主动地、生动活泼地发展，尊重教育规律和学生身心发展规律，为每个学生提供合适的教育。"学校要关注学生的不同特点和个性差异，发展每一个学生的优势潜能。此外，根据苏霍姆林斯基提出的"个性全面和谐发展"的教育理论体系，"必须使人的多种多样的才能、天赋、意向、兴趣和爱好等个性特点得到充分发挥"。他还要求教师"必须竭力设法把教学和教育工作安排得使每一个学生都能显示出他的天赋，找到他喜爱的活动，并在这方面成为能手"。

每个孩子都是具有个性特质的生命个体，每个孩子所在的家庭、所处的社会环境都不尽相同，每个孩子成长的节奏、发展的空间也有差异，在外在和内在上都有各自的优势与劣势。学校要为每个孩子提供最适切的教育，包括适合的课程、个性化的支持等，使他们能够在浦东新区辅读学校的学习生涯中，不断发展自己，甚至超越自己；要给予每个孩子塑造自己、发展自己的机会，让他们有融入主流社会的机会，让他们有得到公平而有质量的教育的机会，得到更优的发展。

（三）学校发展目标

1. 学校办学目标

我们期望办一所能成就每一个生命梦想的高品质的特殊教育学校。我们致力于让学校成为一个孕育希望、成就梦想的地方，助力每一个怀揣梦想的人圆梦。每位学生有不断进步、幸福成长的空间，每位教师有不断突破、施展才能的平台，学校有不断突破、持续发展的势头。在梦想之光的引领下，所有人为了特殊孩子的成长，为了特殊家庭的幸福，披荆斩棘，传薪播火，使孩子们获得融入社会的能力，从而赢得未来的幸福。

2. 学生培养目标

我们期望每一个特殊孩子都能成为能融入社会的普通公民，**能生活、会生活、乐生活、爱生活。**

能生活：情绪稳定，养成良好的生活习惯。

会生活：掌握基本的生活技能，能自我服务，形成良好的道德品质。

乐生活：能合理安排日常，参与社会生活。

爱生活：能进行生产劳动，回馈社会，在社会环境中独立生存。

每个人都有对幸福生活的向往，我们尊重每一个生命，注重每一个特殊孩子的终身发展，增强他们的综合素养和把握未来的能力，让他们成为一粒粒能不断焕发生命力的种子，感受和创造生活的幸福。通过学校十三年的教育，他们能掌握基本的生活技能，养成良好的生活习惯，形成良好的道德品质，体验不同的社会角色，能适应社会，参与社会生活，并在社会环境中独立生存。

3. 教师发展目标

我们期望每一位特殊教育教师都能成为"**有信念、有仁爱、有智慧、有作为**"的"四有好老师"。

新时代"四有好老师"的第一条标准就是要有理想信念。信念之信，是对价值的认同，包括对生命价值的认同、对特教教师职业价值的认同、对学校办学理念及个人价值的认同。要做一个有信念的教师，能认同生命的价值，才能做一个师德高尚的教师，以一颗仁爱之心去尊重和关爱每一位学生；要做一个有信念的教师，能认同自己的职业价值，才能在实践、反思与人际交往中不断提升自身的教育智慧；要做一个有信念的教师，能认同学校的办学理念和发展目标，并形成共同愿景，才能自发地将个人价值与学校发展有机结合，懂奉献、有作为，为学校发展贡献力量。

二、一日常规课程建设

（一）课程建设背景

1. 特殊儿童需要融入正常社会

特殊儿童是在智力和适应性行为两方面都存在着显著限制的特殊群体，难以适应并融入社会生活是其发展中的最大障碍。解决这一障碍也就成为特殊儿童教育工作者的奋进方向和目标。

在构建和谐社会理念的指引下，我们尊重每一个生命，注重每一个特殊孩子的终身发展，希望在学校教育之下，每位孩子都能够掌握更多的基本生活技能，养成良好的生活习惯，形成良好的道德品质，最重要的是能够适应社会，参与社会生活，从最基本的能生活到会生活，再到乐生活，最后实现爱生活的大目标。在这样的目标统领下，身为特殊教育工作者的我们应当致力于培养特殊儿童的社会适应能力，通过多元的教育手段，最大限度地提高特殊儿童的社会适应能力，让我们的孩子逐步走进社会，实现真正的"融和"生活。

基于让特殊儿童融入社会并在社会环境中独立生存的最终目标，以及社会生活对个体提出的社会规则和行为意识要求，从行为培养入手提升特殊儿童的社会适应能力成为了基本而又重要的内容。养成良好的行为规范，遵守社会运行的规则，是个体在社会环境中正常独立生活的重要保障。考虑到特殊儿童自身的发展特性、学习生活环境的特征，以及行为规范培养的重要性，学校常规行为培养成为特殊儿童融入社会重要的根基。只有打好扎实的根基，才有更大、更多的空间和机会让特殊儿童在学校生活、家庭生活、社区生活和社会生活中"开花结果"。

2. 一日常规教育对特殊儿童发展的重要性

"常规"是指学生在学校必须遵守的日常规则，它把一日生活对学生的要求进行规范化、固定化、制度化，进而培养学生在校一日生活中的自主性和独立性，也是学生参与集体教学、促进身心健康发展的保证。常规教育是学校德育教育中的重要内容，由于在认知、语言、社会交往能力等方面的限制，特殊儿童相比普通儿童更加难以养成良好的一日常规。且长久以来，在学校和家庭教育中，常常以康复训练和知识技能的补偿作为教育的重点，或持不正确的教养态度，导致学校的学生常常缺少良好的规则意识，缺乏良好的行为习惯。大量的调查研究显示，在特殊教育教学过程中，有10％以上的学生不具备良好的日常行为习惯和行为能力。缺乏良好的一日常规不仅让特殊儿童更容易产生问题行为，给学校的德育工作和日常管理带来极大的挑战，也为他们融入学校、家庭和社区生活带来诸多困难。因此，重视并进行特殊儿童的一日常规教学是刻不容缓的，它对个人、家庭、社会的发展有着不可替代的积极作用，尤其是对我们特殊儿童融入社会、实现和乐生活有着重要的推动作用。

为更好地实现特殊儿童一日常规行为的教育，我们坚持以积极行为支持理念为指导，以架构课程的形式，系统地开展良好行为习惯的教育，以提升学生的社会适应能力和生涯发展为最终目标，从生活问题、学生问题、实际场景问题出发，通过为个体提供支持性的物理和人文环境，通过良好行为的教学及在情境中的体验，融合学校、家庭和社区教育，融合多元的特殊教育策略，进而提出合理、有效的实施路径。在促成学生养成好的行为习惯的道路上，我们始终尊重学生个体的尊严和价值，通过调整环境和发展行为技能，使有特殊需求的个体成为真正的主体，为他们适应未来生活和融入社会做准备。

（二）课程建设意义

1. 理论意义

（1）关注生命质量，促进社会融合。

《国家中长期教育改革和发展规划纲要（2010—2020）》明确提出，特殊教育是促进残疾人全面发展、帮助残疾人更好地融入社会的基本途径。社会越发展，就越应该面向残疾学生的全面发展，使其更好地融入社会，促进社会和谐发展。一日常规课程将通过向学生个体提供系统的支持，帮助辅读学校的学生养成良好的行为规范和生活习惯。这些习惯的养成，不仅有利于智力障碍学生更好地适应校园环境、家庭环境和社区环境，更为他们将来融入社会打下基础，提升他们目前和未来的生存质量，进而推进和谐社会目标的实现。

（2）补充课程内容，落实课程标准。

《培智学校义务教育课程设置实验方案》在培养目标中指出：要"使智力残疾学生具有初步的社会公德意识和法制观念；养成健康的行为习惯和生活方式，成为适应社会发展的公民。"可见，行为习惯的养成对智力障碍学生具有重要的意义。目前，在辅读学校现有的课程体系中，只有部分学校在补偿性课程中开展"行为训练课"，或在日常的德育活动中提出相应的教育要求，这对学生来说是远远不够的。因此，一日常规课程的建设，将通过落实《上海市辅读学校行为训练课程指南》，并充分联动生活语文、生活数学、生活适应等学科教学，尝试对辅读学校的现有课程进行补充，探索建设更加合理、完善，更适合智力障碍学生的课程。

2. 实践意义

（1）教授良好行为习惯，助力特殊儿童的成长。

在辅读学校中，我们发现除了部分特殊儿童存在严重的问题行为外，全校学生还存在一些共同的行为问题。随着年级的增长，一些在低、中年级养成的良好习惯并不能一直持续下去，甚至在学校表现出的良好行为并不能在家庭环境中同步。这些问题的出现不仅与行为习惯建立和养成的规律有关，也与特殊学生的行为特征有关。

本研究尝试运用积极行为支持理念，开发一日常规课程，拟定全校行为规范，将这些规范落实到学校生活中去。同时，我们从建立支持性环境入手，推进校园和班级环境建设，加强家校联动，使生活在校园的每一位学生都能得到浸润式的成长，学习到良好的行为，并养成良好的行为习惯，推动他们更好地适应社会。

（2）搭建家校共育载体，拓展行规教育的路径。

在辅读学校的工作中，我们发现，对于有问题的孩子，家长往往表现出紧张、忧虑和困惑的心理。然而，对于如何帮助孩子养成良好的行为习惯、减少问题行为，他们往往束手无策，甚至可能影响正常的亲子关系。在一日常规课程的指导下，家长不仅可以为学生提供良好的榜样示范，还可以在日常生活中指导和帮助学生养成良好行为。

如果辅读学校的行规教育缺乏家庭教育的支持，效果将大打折扣。因此，学校不仅要关注学生在校的表现，还有责任和义务开展家校联动，对家长进行有针对性的方法指导，以减轻他们的精神负担和压力。

由此可见，开展本项研究符合家校共育的需求，为家校联动提供了一个新的载体，丰富和拓展了行规教育的路径。这样的研究有助于提高家长在特殊孩子教育中的参与度，同时也有助于提高学校行规教育的效果。

研究综述：理论支持与实践研究

一、常规教育课程建设的理论支持

（一）生活教育理论

生活教育理论是陶行知教育思想的主要内容，主要包括生活即教育、社会即学校、教学做合一三个方面。其中"生活即教育"认为生活具有教育的意义，具有教育的作用，我们的教育坚决不能脱离生活，要同生活实际紧密联系，让教育为改造生活服务，在改造生活的实践中发挥积极作用。"生活即教育"的意义是：第一，生活教育自人类生活产生便存在，它是随着人类生活的变化而变化的；第二，它与人类社会现实中的各种生活是相应的，在生活中受教育；第三，它是一种终身教育。同样，"社会即学校"以及"教学做合一"二者本质上反映的内容仍然是从生活出发，从社会出发，要切切实实地开展教育，让教育与生活、社会不脱离。一日常规这一内容正是从社会实际要求和个人生活需要出发，在生活中选取教育材料和内容，真正地为智力障碍学生生活和发展所需要的常规能力进行教育。以生活教育为理论支持，从生活实际出发确定一日常规课程内容，选择教育方法，创设教育环境，为生活而教育，为成长而教育，为融入社会而教育。

（二）积极行为支持

积极行为支持（Positive Behavior Support，简称 PBS）是一种对个体行为实施干预的系统化方法。它主要运用教育的方法来扩展个体的行为技能，并通过系统的改变、调整对个体所生活的环境进行重构。其目的在于最大限度地减少少个体的问题行为，并提高个体的生活质量。从 1990 年罗伯特·霍纳（Robert H. Horner）等人创建这一方法至今，积极行为支持不但扩展了理论视角，还综合了不同学科的方法，在家庭、学校和社区情境中均得到了深入的研究，被广泛应用于特殊教育、学前教育、中小学教育以及家庭与社区环境之中，致力于积极行为的养成、生活质量的提升。一日常规即我们特殊学生需要去努力养成的良好行为习惯，应依托积极行为支持理论，结合一日常规环境建设、课程开发去引导学生逐步建立起良好的常规行为。积极行为支持理论指导着整个课程的开发，我们的课程资源建设也成为了积极行为支持理论在一日常规行为养成中的直接表现形式。

二、常规教育在学校中的实践研究

（一）常规教育的内容

常规教育涉及学校生活的各个方面，如入校、早读、早操、上课、课间操、课间活动、排队放学等，也应在日常的"站、坐、行、听、说、食、集会"等基本行为中加以落实。幼儿园常规教育包括来园、晨检、做操、吃饭、盥洗、如厕、午餐、离园等生活活动。同时，不同活动之间的过渡环节也需要关注，比如在阅读和早操之间的休息时间、午餐的餐前准备时间、喝水如厕的时间等。

总的来说，常规教育的内容渗透于儿童在学校的一日生活中，对一日生活的各个环节都有相应的常规要求，学校正是在儿童所熟悉的各个环节的真实情境中落实常规教育的要求。

（二）常规教育的策略

1. 榜样示范

榜样示范是利用具体的事情给孩子呈现信息，让教师、家长以及儿童之间相互学习。模仿是儿童重要的学习形式，也是儿童的天性，教师在与儿童相处的过程中应规范自己的言行，完善自我，树立常规典范。学校应充分发挥榜样的示范引领作用，组织高年级学生担任小辅导员，进入一年级开展"手拉手"结对活动，教一年级学生遵循晨读、交作业、礼仪、午餐、打扫教室等行为规范，养成良好常规。常规教育中榜样示范作用应与幼儿自身练习相结合，发挥家长榜样、同伴榜样以及物质鼓励的作用来培养常规。

2. 情境教学

教师可以创设具体情境，将常规内容融入生活，让儿童在真实环境中体验常规的具体内容。张淑蓉在研究中指出，环境教育应与常规教育紧密联系，要在幼儿园中实现环境教育化。例如，在语言区贴一定的标志，在楼梯上贴好小脚的标志等。环境也是重要的资源，良好的环境是常规教育的途径之一。在教室的各个角落应根据相应的常规要求张贴图文并茂的提示，创设良好的常规教育环境。

3. 音乐歌谣

教师可以从儿童认知发展特点出发，编制适合儿童的歌曲，帮助儿童记住常规的要求，以更好地培养常规。广州市某小学将一日常规创编成"三字经"，引导学生在规范修德中积极发展，提升学生的日常行为规范。吴晓梅在小班幼儿一日常规培养的过程中发现，童谣能够帮助幼儿培养情感意识，增强行为习惯意识，科学合理地使用童谣，能够有效优化小班幼儿的一日常规，使其养成良好的行为习惯。此外，将常规训练的内容改编成有音乐韵律的儿歌，能够增加常规教育的趣味性，在潜移默化的环境中，达到常规培养的目的。

4. 家校合作

常规教育绝不单单在学校进行，还要加强家庭和学校的合作，借助家访等形式来了解学生的生活情况。在小学生的行为规范教育中，教师应充分认识到家校衔接合作的积极作用，使家长参与到培养学生行为习惯的教育中来，积极争取家长的配合，提升学生的自我行为约束能力。

5. 儿童参与

一日常规教育应注重儿童主动性的发挥。陈晴通过记录、收集幼儿的一日活动，提出要优化一日生活的各个环节，鼓励幼儿尝试自理自立，建立科学合理的生活常规。积极德育的本质是让学生的个体自由自觉地发展，化行为规范为行动自觉，建立常规内生动力机制。在幼儿行为习惯养成的过程中，应提高幼儿参与程度，变他律为自律。在国外文献中，一些研究者也指出辅助技术能够使残疾儿童提高课堂常规参与度，从而促进社会情感、沟通和认知技能的发展。

由此可见，在常规教育的培养上，教育工作者要从儿童的身心特点、年龄特征出发，认识到要充分利用外部环境、社区资源，积极寻求家校共育，才能更好地促进儿童常规教育的发展，同时常规培养是从儿童发展出发，又回归到儿童的发展，需要提高儿童在常规养成上的主动意识。

6. 自我管理

自我管理干预措施可以通过促进积极的行为结果来解决学生的问题行为，帮助学生养成良好的常规。大量研究文献表明，可以在教室中成功实施自我管理程序，以帮助教师和学生。例如，李·威尔金森（Lee A. Wilkinson）在普通教育学校使用自我管理程序提高了一名患有阿斯伯格综合征的 9 岁学生遵守常规的水平，而吕志文（Cha Man Lui）等人通过调查发现，一些患有阿斯伯格综合征或自闭症的儿童通过自我管理策略，能够减少问题行为，提高对法律规范的遵从性。

（三）常规教育的课程

学生的行规教育不可一蹴而就，是一项系统的育人工程，而课程教学是促使学生养成良好行为规范的重要途径。行规教育常常融于基础型、拓展型、探究型课程教学之中。在基础型课程的校本化实施中，学校基于儿童立场展开学科学习习惯养成教育。如，一年级根据低年级学生身心发展特点，融入学习、交往、队列、用餐等系列礼仪规范；二年级开展英语作业自我管理评价；三年级开发与使用"预习自主手册"；中高年级优化"学法宝库""小专家坐堂"等课程，力争让学生养成好习惯，并获得自主发展的学习能力。在拓展型课程方面，学校每周开设半天"兴趣课程大超市"，设置相应的课程与学习习惯培养要求，将校园变成学生学习的乐园。通过参与课程学习，学生习得知识，养成良好品行。在探究型课程中，各班级开展与行规教育相关的课题研究与实践，涉及学生自主管理、自我教育等方面。通过争章活动，使行规教育评价充满人性化，富有感染力和吸引力。各类课程在融入行规教育元素的过程中充分发挥育人功能。罗威在对上海市奉贤区某小学的个案调查中指出，要扎实推进行为规范校本课程，如编写"开明少年礼仪常规"校本课程，涵盖校园礼仪、家庭礼仪、社会礼仪三个方面，并做好学科德育融合，以课堂为阵地，落实行为规范教育目标。广东省某小学还开发了一套序列化、系统化的校本教材——《好习惯》，从做人、做事、学习习惯三大方面，细化养成好习惯的具体指标，构建以培养学生发展核心素养和好习惯为主旨的"好习惯教育特色课程体系"。

在一日常规的教育上，研究者关注到课堂是实施常规教育的主阵地，并在课程设置上进行了一些大胆的尝试和探索，积极将各项常规教育内容置于课程教学之中，制定相应的常规教育课程目标，使学校常规教育内容更加规范、系统。

研究建构：课程体系与内容

一、一日常规课程体系

（一）课程理念

1. 以"生活适应、融入社会"为一日常规课程价值

一日常规课程的设置，归根结底是为了帮助智力障碍学生融入主流社会，是学校"融·和"教育理念落地的重要抓手之一。课程直接从学生适应当前与未来生活的需要出发，让他们在日常生活场景中，学习处理日常生活事件，解决日常生活问题，习得基本能力，积累实践经验，培养良好习惯。

2. 以"习惯培养、行为塑造"为一日常规课程目标

一日常规课程引导学生在日常规律发生、重复发生的事件中，以相对固定的方式参与其中。在成人长期的示范、指导和提示下，在日积月累的实践下，逐步养成良好的饮食、卫生、劳动、运动、安全等习惯，潜移默化地促进良好行为的塑造。

3. 以"积极支持、可视引导"为一日常规课程策略

在一日常规课程实施过程中，家校应积极探索适切、有益的教育方法，为学生的学习和体验提供支持。同时，应注重开发和挖掘丰富

的可视资源，引导学生认识规范、遵守规则。注重多采用积极正面的鼓励和引导，多提供及时的支持和辅助，让学生在友善、和谐的氛围中成长和进步。

（二）课程目标

1. 总目标

一日常规课程帮助智力障碍学生认识良好行为和生活规范，习得日常生活、学校生活所必备的适应性技能，养成良好的生活、学习和行为习惯，提升生活适应能力及积极乐观的生活态度，以更好地适应家庭环境和校园环境，为长久的生涯发展和融入社会打下基础，提升生存质量。

2. 分目标

一日常规课程基于对学生一日生活的细致分解，对时间和活动内容作出结构化安排，深入开展一日常规活动中的良好行为习惯教育，促进特殊学生社会适应能力的发展。

一日常规课程以"四规"为核心目标，即知规范、懂规矩、守规则、成规律，帮助学生养成好习惯，塑造好行为（图1-3-1）。

知规范——**养成良好的行为技能**。知道一日常规生活的基本常识和安全常识，知道基本的行为规范和道德规范。

懂规矩——**理解行为习惯背后的原因，即社会礼仪与社会交往的需求**。通过参与和体验一日常规生活，懂得基本的生活礼仪，掌握基本的人际交往方法，做到有礼有节。

守规则——**能在真实情境中运用所学习到的行为和技能，遵守规则**。通过参与和体验一日常规生活，形成一定的规则意识，遵守基本的学习、活动等规则。

成规律——**即经过长时间的坚持，将所学习到的良好行为变成健康的生活习惯，促进身心的发展**。

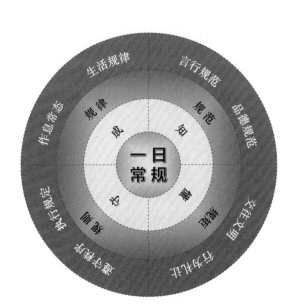

图 1－3－1　一日常规课程"四规目标"

（三）课程框架

1. 一日常规，串联一日生活

一日常规教育的内容按照一日生活流程来安排（图 1－3－2）。从早晨到下午的四个时段中，涵盖了学习、运动、休息等相关内容，并提炼成 16 个教育主题。早晨时段包含了健康晨起、快乐上学、文明进

图 1－3－2　一日常规课程主题内容

校和多彩晨会等四个主题；上午时段包含了出操准备、阳光体育、认真上课和课间休息等四个主题；中午时段包含了餐前准备、文明用餐、餐后整理、午间扫除和午间活动等五个主题；下午时段则包含了社会实践、放学准备和放学离校等三个主题。

2. 一日常规，链接九年教育

一日常规的教育，把九年链接在一起。根据一日常规内容安排，一至九年级实行统一的作息要求。在统一步调下，提出不同的发展要求（图1-3-3）。各个年段确立各自侧重的生活教育领域。低、中、高不同年段分别侧重于生活自理领域、生活技能领域、生活交往领域，开展一日常规教育。

图1-3-3　一日常规课程各年段侧重的领域

3. 一日常规，融合四规目标

一日常规主题教育结合各年段的侧重领域，由浅入深融合"四规"的课程目标。从16个主题教育内容中，提炼出相关的目标要求，针对学生的认知水平和实际经验，有目的地开展教育。

二、一日常规课程内容

基于一日常规课程理念和目标，我们在"早晨—上午—中午—下午"这条时间线下，确立了16个常规主题教育内容，依据低中高三个年段学生的能力发展水平和实际生活需求，在不同主题下进一步确立了更加具体清晰的内容（表1-3-1）。

表1-3-1　一日常规课程主题在低中高年段的具体要求

主题内容	年段	具　体　要　求
健康晨起	低年级	1. 在家长的提醒下按时起床 2. 能和家人问早问好 3. 主动或在家长的协助下完成穿衣和洗漱任务 4. 上学前吃好早餐，做到不挑食
	中年级	1. 在家长或闹钟的提醒下按时起床 2. 能主动和家人问早问好 3. 能自己穿好衣裤，自己完成刷牙、洗脸等任务 4. 能简单整理自己的床铺 5. 上学前吃好早餐，做到不挑食
	高年级	1. 自己设好闹钟，在闹钟的提醒下按时起床 2. 能主动和家人问早问好 3. 独立或在家长指导下选择每天穿的衣物，自己穿好衣裤等 4. 主动完成刷牙、洗脸等任务 5. 整理好自己的床铺 6. 独立吃好早餐，做到不挑食
快乐上学	低年级	1. 主动或在家长的协助下背好书包，带好上学所需的物品 2. 能和家人道别 3. 能在家长的护送下按时到校 4. 能在家长的提醒下注意行路安全，过马路走横道线
	中年级	1. 能主动背好书包，带好上学所需的物品 2. 能主动和家人道别 3. 在上学路上能注意行路安全，过马路走横道线 4. 能准时到校
	高年级	1. 能自己整理书包，主动背好书包，带好上学所需的物品 2. 能主动和家人道别 3. 能独立上学，不和同学打闹 4. 路上能遵守交通规则，过马路走横道线 5. 能每天准时到校，因故不能到校时，请家长提前向老师请假

续　表

主题内容	年段	具　体　要　求
文明进校	低年级	1. 在老师的提醒下，和家长道别 2. 在老师的提醒下，和老师、同学问早 3. 在老师的帮助下，摆放好书包 4. 在老师的提醒和帮助下洗净双手，向老师报个到
	中年级	1. 主动和家长道别 2. 主动和老师、同学问早 3. 主动摆放好书包 4. 主动洗净双手，向老师报个到 5. 能主动和同学互动
	高年级	1. 主动和家长道别，和老师、同学问早 2. 进教室后能先摆放好书包，帮助老师开窗通风 3. 主动洗净双手，向老师报个到 4. 能合理安排自己的晨间活动，和身边的同学积极互动
多彩晨会	低年级	1. 能和老师、同学打招呼 2. 点名时，听到自己的名字能说"到" 3. 能看着课表，跟着说一说今天上哪些课 4. 能跟着说一说今天的日期与天气
	中年级	1. 能主动和老师、同学打招呼 2. 点名时，听到自己的名字能主动说"到" 3. 能按要求主动交作业，并摆整齐 4. 能根据课表，说一说今天上哪些课 5. 能说一说今天的日期
	高年级	1. 能主动和老师、同学打招呼 2. 点名时，听到自己的名字能主动、大声说"到" 3. 能按要求主动交作业，并摆整齐 4. 能说一说今天要上哪些课，以及本周的活动安排 5. 能说一说今天的天气
出操准备	低年级	1. 听到铃声能做好准备 2. 能在老师的帮助下整理衣衫，在教室里排队 3. 关灯后能安静等待，音乐响起后再出发到操场 4. 下楼梯时能靠右走 5. 到操场后能在老师指导下整齐排队
	中年级	1. 听到铃声能主动做好准备 2. 能主动整理衣衫，并在教室里排队

续　表

主题内容	年段	具　体　要　求
		3. 关灯后能安静等待，音乐响起后再出发到操场 4. 下楼梯时能靠右走 5. 到操场后能整齐排队
	高年级	1. 听到铃声能主动、快速地做好准备 2. 能主动、快速地整理衣衫，并在教室里排队 3. 关灯后能安静等待，音乐响起后再出发到操场 4. 下楼梯时能靠右走 5. 到操场后能整齐、快速地排队
阳光体育	低年级	1. 听到出操音乐及指令，能到指定位置排队准备出操 2. 经提醒后能根据气温变化与活动需求，在协助下穿、脱衣物 3. 排队前往操场时，能守秩序，不喧哗、不乱跑 4. 在协助下，能模仿动作做操 5. 能参与各项阳光体锻活动
	中年级	1. 听到出操音乐，能自觉到指定位置排队准备出操 2. 经提醒能根据气温变化与活动需求，自己穿、脱衣物 3. 排队前往操场时，能做到安静、整齐 4. 能自主跟着音乐和示范，认真做操，动作准确、到位 5. 积极参与各项阳光体锻活动，并能主动寻找伙伴一起活动
	高年级	1. 出操前后，能根据气温变化与活动需求，自己调整衣物 2. 排队前往操场时能自觉做到快、静、齐 3. 能自主跟着音乐和示范，认真做操，动作整齐、有力 4. 在各项阳光体锻活动中，能根据活动需要，协助老师取放器材，能在活动中与伙伴互助，愿意互享活动器材
认真上课	低年级	1. 上课时能安静坐在座位上，眼睛看着老师，注意听老师讲课 2. 老师提问，能大声回答
	中年级	1. 上课时能安静坐在座位上，坐姿端正 2. 上课时眼睛看着老师，专心听老师讲课 3. 老师提问时能积极举手回答问题
	高年级	1. 上课时能主动发表自己的意见，同学有不同意见时能学会倾听 2. 主动参与课堂中的小组学习活动，知道自己在小组学习中的任务

续 表

主题内容	年段	具 体 要 求
课间休息	低年级	1. 课间休息时，能自主表示喝水、上厕所 2. 课间游戏中，能和伙伴互相分享物品、不争抢
	中年级	1. 下课时，望望远处，和伙伴小声聊天 2. 经过走廊、上下楼梯时能做到靠右行、轻声走，不奔跑 3. 铃声响，做好上课准备
	高年级	1. 能自行选择和安排自己的课间活动 2. 课间活动适量、轻松，能和同伴友好玩耍，不追逐打闹或怪声喊叫 3. 活动中遇到突发情况，能主动报告老师
餐前准备	低年级	1. 在老师提醒下知道餐前要洗手，再拿取干净的餐具 2. 等待时能安静就座不摇晃、不敲餐具
	中年级	1. 能自觉做到餐前排队洗手，并有序取餐盒 2. 能摆放好自己的碗勺筷后，静等用餐 3. 知道要等一桌人到齐后才开始吃饭
	高年级	1. 能有序摆放用餐餐垫和餐具 2. 能自己盛汤，并端到餐桌上
文明用餐	低年级	1. 用餐时，能坐在座位上不随便跑离，安静地专心吃饭 2. 知道一手拿勺子，另一只手扶好餐具 3. 吃饭时，不说话，保持安静 4. 尽量不挑食
	中年级	1. 用餐时，能坐在座位上不随便跑离，安静地专心吃饭 2. 知道一手拿勺子，另一只手扶好餐具 3. 吃饭能够做到细细嚼，慢慢咽 4. 不挑食，不浪费饭菜
	高年级	1. 用餐时，能坐在座位上不随便跑离，安静地专心吃饭 2. 知道一手拿勺子，另一只手扶好餐具 3. 吃饭能够做到细细嚼，慢慢咽 4. 不挑食，懂得营养均衡，同时做到珍惜粮食，不浪费饭菜
餐后整理	低年级	1. 吃完饭后能够清理自己的桌面 2. 将餐盒、汤碗放回到指定地方，动作轻柔一些 3. 保管好自己的筷子及勺子 4. 饭后漱口，擦脸，照照镜子，保持干净整洁

续　表

主题内容	年段	具　体　要　求
	中年级	1. 吃完饭后能够清理自己的桌面 2. 将餐盒、汤碗放回到指定地方，摆放整齐，动作轻柔一些 3. 能够把自己的勺子、筷子等洗干净，并放入书包内 4. 饭后漱口，擦脸，照照镜子，保持干净整洁
	高年级	1. 吃完饭后能够清理自己的桌面，做一些简单的消毒 2. 将餐盒、汤碗放回到指定地方，摆放整齐，动作轻柔一些 3. 能够把自己的勺子、筷子等洗干净，并放入书包内 4. 饭后漱口，擦脸，照照镜子，保持干净整洁
午间扫除	低年级	1. 能跟着老师或阿姨学习一些简单劳动技能：如擦桌、捡垃圾等 2. 劳动结束时，能在老师或阿姨的指导下，把手洗干净
	中年级	1. 知道自己的劳动岗位，能在老师的提醒下，按时到岗 2. 能在老师的指导下，文明使用劳动工具，完成清扫工作 3. 劳动结束时，能自己把手洗干净并整理好橱柜
	高年级	1. 熟悉自己的劳动岗位，知道劳动的要求和劳动时间 2. 每天能自觉按时到岗 3. 能按照要求自己完成清扫工作 4. 劳动结束时，能对自己的劳动成果做出合理评价
	初职段	1. 能自主报名或自我安排，主动承担劳动工作 2. 每天能自觉按时到岗 3. 能按照要求自己完成清扫工作 4. 劳动结束时，能整理好班级环境
午间活动	低年级	1. 能在老师的带领下，进行休闲放松的午休活动 2. 要爱护玩具，能做到不与他人争抢，要轮流玩
	中年级	1. 知道每日午休的具体内容 2. 能根据活动安排，进行休闲放松的午休活动 3. 要爱护学校的物品，能与他人分享 4. 在老师的提醒下，在午休结束时，能将物品归位
	高年级	1. 了解每周的午休安排和每日午休的具体内容 2. 能根据活动安排，进行休闲放松的午休活动 3. 能在活动过程中与他人分享、交流 4. 午休结束时，能将物品归位

主题内容	年段	具 体 要 求
社会实践	低年级	1. 对志愿者有礼貌，主动打招呼 2. 在活动中，紧跟老师和志愿者，不掉队 3. 在老师和志愿者的陪伴下参与体验活动
	中年级	1. 听清楚活动要求，明确活动任务 2. 在老师和志愿者的指导下主动操作，认真体验 3. 在活动中与他人交往时文明有礼，互相尊重 4. 遵守规则，注意安全
	高年级	1. 按要求主动开展实践体验活动，积累知识，提高技能 2. 能和老师、志愿者同伴分享活动体验和收获 3. 在活动中了解社会生活的要求，能规范自己的行为，做文明小公民
放学准备	低年级	1. 能在老师带领或提醒下，做好个人卫生，如如厕、整理衣物、背起书包 2. 能在老师的协助下将自己的课桌椅整理干净，并把椅子推进课桌下方 3. 听老师指令排好队，耐心等待放学
	中年级	1. 能在老师的提醒下，做好个人卫生，如如厕、整理衣物 2. 能整理好个人物品，有序放入书包，背起书包后将椅子推进课桌下方 3. 能在老师的提醒下，根据劳动岗位安排，整理班级环境，关电源和门窗 4. 听老师指令快速排好队，耐心等待放学
	高年级	1. 听到铃声响，自觉做好个人卫生，如如厕、整理衣物 2. 快速、有序地将个人物品、书籍放进书包，并背起书包 3. 按照班级岗位要求整理环境，将课桌椅排列整齐，关电源和门窗 4. 完成劳动后快速有序排队，安静等待放学
放学离校	低年级	1. 在老师的协助下有序下楼梯，保持间距 2. 在指定的位置点上排好队，耐心等待不吵闹 3. 放学时，见到家长后，与老师/同学挥手示意，或说"再见" 4. 回家途中跟着家长，不闲逛
	中年级	1. 跟着老师安静、有序下楼梯，保持间距不推挤 2. 在指定位置点上排好队，耐心等待不吵闹 3. 放学时，见到家长后，主动与老师/同学挥手说"再见"

主题内容	年段	具　体　要　求
		4. 放学途中，不闲逛，遵守交通安全
	高年级	1. 全体同学快速排队，有序下楼梯，不推挤，不抢先 2. 到达指定位置点，排好队耐心等待 3. 放学时，主动与老师/同伴说"再见" 4. 独自回家途中，遵守交通安全，不闲逛，到家报平安

研究实施：建议与策略

一、一日常规课程实施建议

（一）课程实施流程建议

1. 根据学生个体差异进行设计

一日常规课程应当渗透到学生的日常生活中。为了有效地开展主题教育，我们需要制定有针对性的方案，并根据学生的实际能力，分层次、分步骤地实施方案。建议教师多关注学生的个体差异，包括他们的学习风格、兴趣爱好和学习能力等。通过了解每个学生的特点，为他们提供更加个性化的支持，确保每个学生都能够从课程中受益。

2. 根据学生实际需要提供支持

在课程实施过程中，我们建议教师仔细思考从教导到学习、从训练到巩固、从实践到评价的整个过程。教师需要注意观察学生的表现，给予适当的指导。如当学生在学习过程中遇到问题时，教师可以通过示范正确的操作方法和提供必要的指导来帮助他们克服困难。通过这种方式，教师可以帮助学生更好地掌握学习技能，提高学习效率。

3. 重视课程延伸，泛化设置情境

主题教育与实践应当积极向家庭和社区延伸，这也是成功实施一

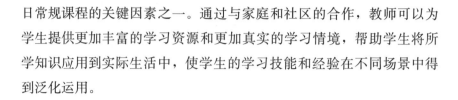

日常规课程的关键因素之一。通过与家庭和社区的合作，教师可以为学生提供更加丰富的学习资源和更加真实的学习情境，帮助学生将所学知识应用到实际生活中，使学生的学习技能和经验在不同场景中得到泛化运用。

（二）课程实施策略建议

1. 渗透课堂内外

一日常规课程的实施贯穿于学生日常生活的各个环节，教师根据学生的实际情况进行有针对性的教育跟进和指导，及时提供正确的示范，并指出行为不足之处。同时，结合各学科的教育内容，有机渗透相关的教育要求。一日常规课程将课堂内外有机地联结起来，汇聚全体在校人员的力量，每个人都是课程的有力实施者，也是学生成长阶梯的缔造者。

2. 联通学校内外

一日常规课程实施应当实现学校内外的联动，以发挥学校主导、家庭联合的教育作用。为此，学校应通过多种渠道，将教育开展的内容、要求、方法等详细信息传递或分享给家长，为家长提供家庭环境下的教育指导。同时，家校双方应携手合作，及时反馈问题，沟通教育对策，分享教育经验。此外，还应加强与学校内外其他人员的联系，如学校内的后勤人员、学校外的志愿者等。只有实现学校内外的联动，才能真正构建一个"家、校、社"三维立体的微观支持系统。

3. 关注集体个别

一日常规课程由学校科研室和德育室整体设计，旨在整体规划并实施主题教育。应在充分考虑各年级学生实际情况的基础上，针对不同年段进行微课设计，并付诸实施。课程特别关注以班集体教育为途径的实践推进，通过目标落实，实现教评结合的行动，同时对课程进行总结和反馈，以便及时发现问题并改进。在课程实施过程中，加强对个别案例的研究，为有需要的学生制订个性化的教育计划，并采取针对性的教育指导措施，为学生提供有效的支持，帮助其克服学习困难。

（三）课程资源建设建议

1. 学生学习资源建设

一日常规课程应根据主题教育实施的需求，着手开发引导学生学习的各类资源，并积极采纳广大一线教师的建议，以满足当前教育的迫切需求。在资源开发过程中，应充分考虑特殊学生的认知特点和学习特点，以整合和优化资源。这些资源应具有趣味性、生活性和指导性等，以激发学生的学习动机，吸引他们的学习注意力，并提高资源运用的效益。此外，德育室等部门应根据课程内容整合并设计多样化的课程活动，以促进教育过程的多样化设计。

（1）可视流程——有步骤有要求。

每个主题都应配有可视化流程图，图文并茂，图示明确。这些细化的结构流程图将一日常规的要求具体、直观、清晰地呈现给学生，学生可以根据流程图的视觉提示，一步步学习方法、掌握技能，让每一条要求能够融入其在校的每堂课上以及身处的每间教室中，以便在真实环境中体验常规的具体内容。

（2）绘本故事——有场景有趣味。

绘本故事可以以"海贝"为主角来设计，故事情节包括"海贝"进校、出操准备、阳光体育、餐前准备、午间活动、课间休息、放学准备与离校等活动，通过具体、真实的生活情境，富有趣味，拉近与学生的距离。同时，绘本故事的设计应有纸质版、视频版以及有声版，多样化的呈现方式也能提高学生阅读的积极性，学生爱读、乐读，在一个个小故事中习得本领。所有绘本故事都是由学校教师自己创编和绘画。

（3）"三字经"——有重点有指导。

特殊儿童习得一项本领时需要给予他们明确的、简单的指导语，可以借鉴"三字经"。在每个主题实践前，可将主题要求浓缩成5—6句的"三字经"，每一句都能让学生明确怎么做、做什么。每天都能听到同学们琅琅的读书声，经过长时间的反复背诵，同学们能够将每个主题的要求牢记于心。

（4）榜样视频——有目标有动力。

课程实施时可充分发挥榜样的作用，如邀请一部分优秀学生针对每个主题的内容与要求拍摄示范视频。通过在校园电子屏、每周班会、队会课上的滚动播放给予同学们不停的视觉冲击，鼓励他们进行模仿练习。身边的伙伴能给予他们更大的学习动力，让一个影响十个，十个影响百个，久而久之，校园内就能形成良性的竞争氛围。

（5）行为指示卡——有对照有引导。

一日常规的内容可具体细化，如可采用行为指示卡的方式，每一张行为指示卡对应一种正确的行为，内容细致，要求明确。在每一张行为指示卡上，学生可以清晰地看到每一个正确的行为是怎么样的，关注到行为的细节，再对照自己的行为改正，从而对行为有正向的引导作用。

2. 教师教育资源建设

教师作为日常课程的管理者和指导者，应具备相应的教育指导资源。为确保课程的有效实施，可以组建专门的设计团队，根据特定的教育目标，整合各类生活资源，协调各方力量，制定具体的行动方案。同时，各年段的教师需要根据学生的年龄、心理状况和接受程度等因素，有针对性地开展有计划、有步骤的指导工作。

（1）课程指南——顶层架构。

对16个主题提出具体的要求，根据课程内容与要求的难度，按低、中、高三个年级段编排，提出若干个具体要求。这一顶层架构可清晰地呈现，使家长、教师明确目标，运用多种策略有的放矢地进行教育，同时也做到各年级段之间的有效衔接。

（2）教育方案——实施指导。

教育方案可为教师提供最大的支持，依据一日常规课程指南的要求，设置低中高和职校四个年级段以及不同障碍学生的学习目标。在每一份主题方案中，教师根据主题教育的意义，布置可视化环境、说明单元主题的具体推进过程及评价方式等积极行为支持的途径及策略，实施指导；家长根据方案内容以身示范，结合家内外的具体环境，提醒督促并进行指导。

（3）微课设计——精准落实。

主题微课可以学校的晨会为主要实施路径，以低、中、高和职校年级段为划分，根据各年级学生的身心特点，采取适合他们的教育方式，如视频引入、儿歌学习、角色扮演等，让特殊学生通过多感官体验、小步子学习、模拟真实场景练习，更好地掌握餐前准备等良好行为。

（4）教学细目——学科联动。

提取与一日常规课程主题目标关系密切的学科教学目标，依照从低到高的顺序进行罗列，将常规教育与学科教学的目标一一对应。教师在实施学科教学时，自然、有机地将一日常规的教育目标渗入，在课前设计、课中实施、课后评价时通过翻阅《一日常规和学科教学》小册子，助力学生自我管理、行为习惯、人际交往、文明礼仪等方面综合能力的提升。

3. 家庭辅导资源建设

家庭教育是一日常规课程目标真正落实的关键一环。课程要给予家庭以积极支持，为家庭提供有益的资源。教师可以指导家长结合自己孩子的具体情况，有选择地使用这些资源。对于资源使用的效果或存在的问题，家长可以交流体会并及时反馈。

（1）课程实施告知信——家校齐拉手。

在每个单元的课程开始之前，可通过微信公众号发送"给家长的

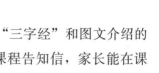

一封信"，详细介绍本单元要学习的内容，以"三字经"和图文介绍的方式指导家长在家庭环境中开展实践。通过课程告知信，家长能在课程开始之前就对近期孩子所要学习的内容有一个初步的了解，并在课程实施中通过告知信的内容指导孩子在家庭中开展实践，从而做到家校课程实施的无缝链接。

（2）绘本故事电子版——共育齐步走。

特殊儿童由于能力的限制，在阅读绘本时更需要成人的引导，而家长与孩子一起阅读绘本是最好的教育方式。家长每天可与孩子开展亲子共读活动，有效运用绘本故事的电子版，引导儿童阅读图文。绘本中的文字、图像会刺激特殊儿童的视觉系统和大脑皮层，将绘本中的图文和关于一日常规课程的实践体验结合起来。同时，父母绘声绘色的讲述，也会调动起孩子的听觉器官，对于有能力的孩子，家长还可以辅助他们结合自己的实践体验说说自己的故事，使孩子更加深刻地感受到这些绘本所带来的无限乐趣，从而内化他们的行为。

（3）云端俱乐部平台——解惑齐出招。

每两周组织一次"云端俱乐部"，为一些有个别教育需求的家长提供指导。通过"专题情境案例的讨论—家长思考交流—教师专业支招"，帮助家长解决在一日常规教育中产生的"真问题"；通过云端活动，改变家长理念，激发家长参与热情，确保学校一日常规教育工作的有效推进。

（4）家校指导手册——资源齐分享。

学生行为习惯的养成，学校重在教育，家庭重在养成。学校整合优化课程资源，集合一日常规"家校指导手册"，向家长介绍课程的理念和定位，集聚了涵盖16个主题的绘本、"三字经"、结构化流程图、微视频等教育资源，并整理了多个鲜活的家庭教育案例，为家长实施一日常规家庭教育提供指南，助力家长科学育儿，培养孩子的良好习惯，拓宽一日常规课程实施的空间和广度。

（四）课程评价建议

1. 评价内容聚焦主题

一日常规课程的评价内容应聚焦于"知规范、懂规矩、守规则、成规律"的"四规"目标，具体结合"健康晨起"等 16 个主题教育实施。

2. 评价实施注重过程

在主题教育实施过程中，教师可以设计多元的评价方法，对学生进行有层次的评价。如：按照要求设计每日打卡活动，组织学生实施自评和互评，教师对学生的日常行为进行监督；评选"每月之星"等，奖励表现优异的学生。

教师结合课程实施内容，对学生进行过程性评价。针对每个一日常规生活主题中的若干要点，开展能力评估。评估可以采用"学期评"等阶段性评价，记录学生在一个阶段内的测评数据。通过不同阶段的数据比对，评测和跟踪学生的能力发展情况。

3. 评价方法多元利用

除了教师之外，建议学科教师、家长及其他相关人员共同参与一日常规评价。学生在学校场景的实际表现建议由教师等学校人员进行评价，在家庭场景中的表现则由家长进行评价。建议将各类人员之间的评价意见及数据进行综合，得出对学生的最终评价结果。

一日常规评价建议使用多元方法开展，如采用观察法观察学生在实际生活场景中的具体表现，采用测试法对学生的具体行为进行分级打分等，以了解和评估学生在日常生活中的能力情况和行为习惯等。

（五）课程保障建议

1. 建立制度保障

建立一日常规课程实施的保障制度，如基于课程实施需要的学校作息安排的优化制度、课程实施的教师考核奖励制度、一日常规课程载体下的家校协同共育制度等。

2. 优化环境保障

优化设计一日常规课程的可视化、结构化校园墙面环境、走廊环境、卫生间环境等物理空间，为课程实施提供支持和保障。优化全员参与一日常规课程实施的人文环境，营造积极支持的心理环境。

二、一日常规课程实施策略

（一）结构化＋可视化——给予积极的支持环境

在特殊教育领域，结构化与可视化是教师常用的教学策略。已有研究表明，自闭症的学生具有视觉优势，在教学实践中，对教学内容进行恰当的结构化可以明显地改善教学效果。一日常规课程也将对全校范围内的环境进行结构化和可视化的改造。

1. 结构化

结构化策略的实施可以分为以下三个层次。

首先，对学生的作息时间和活动场景进行总体结构化的设计。一日常规课程是基于我校原有的一日常规流程的安排，在活动时间上本身就是非常规律的，而且学生没有空白的时间，始终都是有事可做的。

其次，对学生日常活动的环境进行了明确的区分，运用清晰的图片提示学生在什么场合去做哪些事情。

最后，对学习内容进行结构化设计。将 16 个单元主题的内容与要求重新分解为可操作的清晰步骤，并将这些步骤有序地排列起来。

2. 可视化

在结构化的基础上，一日常规课程针对每个结构化的内容和相应的评价要点进行可视化的设计。

如利用走廊、教室内外墙面、楼梯、食堂甚至卫生间等学生日常活动较频繁的场所，呈现良好行为的图示或图例，用正确的行为示例引导学生。

这些图示或图例由学生熟悉和喜爱的同伴进行示范，有利于学生的模仿和运用。身处这样可视化和结构化的环境之中，教师可以随时随地在真实的生活情境中进行良好行为的教学，不拘泥于教室的环境，而学生则可以随时随地对良好行为进行模仿，而不再受限于课堂上的时间。

（二）行为支持＋心理支持——给予个体全面的支持

尽管特殊学生因为有单一或者多重的障碍而影响到其社会功能的发展，但他们不只是"自然人"，也是"社会人"。对特殊儿童的养育，绝不能只是满足他们的生理需求，也应该满足他们的社会心理需求。

1. 行为支持

一日常规课程以积极行为支持理念为指导，在养成学生良好行为的过程中，会运用到一些行为主义的方法，如提示、强化、代币等，让学生在不断地学习、实操、强化巩固的过程中掌握良好行为，对心理产生积极的影响。

在指导学生学习良好行为的过程中，教师、家长和志愿者始终坚持正向引导，用表扬、激励代替批评、指责，为学生即使是一点点的进步喝彩，让他们感受到满满的成就感，以此激发学生学习良好行为习惯的内驱力，提升他们的自信心。

2. 心理支持

另一方面，一日常规课程也对家长开展心理支持，如向家长提供育儿方法，定期为家长答疑解惑等，让家长感受到自己在家校共育中的价值，提升家长的自我效能，进而改善特殊儿童家庭中的亲子关系。良好的亲子关系也能对学生产生积极的心理影响，让行为习惯的养成事半功倍。

（三）集体指导＋个别干预——给予适切的教育方式

1. 集体指导

在辅读学校的课堂环境下，一日常规课程面向全体学生教授良好行为和技能。在项目组统一设计的教育方案指导下，每个年段的教师各自设计符合学生特点的主题教育微课与教学课例，教研组组织学科教师落实教学设计，将一日常规课程的内容过程化、具体化、可操作化。在具体的实施中，主要有两种途径。

一是一日常规活动晨会课上的集体教学，教师通过视频、结构化的图示、讲解、读绘本、角色扮演等方法，指导学生学习主题单元中的内容。

二是在真实情境中对学生进行相应的指导。如在"文明用餐"的主题中，教师可以在学生用餐的过程中，用适当的方法提示学生用餐的正确方法。

2. 个别干预

对特殊教育而言，不同的个体间有着显著的差异，个体内部也是不平衡的。一日常规课程的研究始终围绕着特殊孩子的特殊教育需求，旨在为他们提供适切的教育方法和教育资源。

除集体教育之外，学校对学生个体和班级案例也实施了跟踪研究。班级涉及各个年段，学生涉及不同的障碍类型，通过对个案和班级的情况分析，运用各种评估手段，如功能性的行为评估等，利用数据、图表统计得出学生当前的行为习惯现状，根据一日常规课程主题，为他们制定一日常规教育的目标和教育训练计划，并选择适合个体和班级的训练措施，帮助学生更好地学习良好行为，改正不良行为和问题行为。即使在疫情期间，我校师生也响应"停课不停学"的号召居家学习，个案跟踪一直在持续，并形成了家庭教育指导的个案报告。

（四）学校主导＋家庭共育——给予最佳的教育合力

行为习惯如果只在学校初步养成，没有继续在家庭环境中进行巩固和泛化，很快就会被学生遗忘，因此，家庭教育是辅读学校常规教育的重要内容。但特殊学生的家长往往自我效能感较低，缺乏教育的内驱力。学校专门开展"家校共育"子项目研究，开发、整合家校共育的资源，力求提高一日常规课程中家校共育的有效性，促进特殊孩子的成长与发展，也对课程实施的家校共育模式进行了探索，并形成了一系列策略。

1. 传递家校共育理念

特殊儿童的家长对孩子的教育不仅存在着方法指导上的问题，有很多家庭也在养育特殊儿童的理念上存在缺陷。因此，家校共育首先需要向家长传递正确的教育理念，传送正能量。课题组的教师为此制作了"每日一签"，每天早上分享至微信群。"每日一签"上看似简短的一段话，往往包含了许多的教育智慧和正能量，甚至有家长坚持每天在群里打卡，把"每日一签"作为元气满满的一天的开始。

2. 践行家校共育行动

首先，学校每个月会在公众号上发布本月一日常规的要求和指导方法，便于家长与教师同步，在家庭中共同对学生的良好行为进行训练。其次，一日常规公众号坚持每两周发布一篇课题组教师创作的推文，发布内容包括不同主题的家庭一日常规训练指南、细化解读学校一日常规课程，同时对不同家庭集中反映的学生问题行为、家长的心理困惑等进行干预方法的指导和心理疏导。此外，学校每周会在微信群"家校共育云端俱乐部"里发布不同主题的情境案例讨论，引导家长在讨论中学习方法，落实行动。

策略运用篇

优化学校作息安排，有效促进课程实施

长期以来，浦东新区辅读学校的作息安排主要参照普校进行微调，未完全从特殊学生的实际情况出发制定。对特殊学生来说，存在过分强调学科教育、空闲时间教育要求不明确、流程化不足等问题。为了充分利用学校教育中的碎片时间，统一做好流程安排与要求，学校从合理规划特殊学生生涯角度出发，为提升学生核心素养，规范学生健康日常作息，对学校作息安排进行了优化设计，以促进一日常规课程的高效实施。

一、优化作息安排的目标与原则

（一）目标

学校对已有的作息安排进行优化设计，保证智力障碍学生在每日的在校生活中有充分的时间与空间，习得日常生活、学校生活所必备的适应性技能，养成良好的生活、学习和行为习惯，提升他们的生活适应能力及积极乐观的生活态度，让他们更好地适应校园环境，为他们持续、长久的生涯发展打下基础，提升生存质量。

（二）原则

1. 强调充分性与自主性

作息安排要针对特殊学生的认知特点进行优化。由于认知能力弱、动作协调性差，特殊学生在一些日常环节，如吃饭、洗手等，会完成得比较慢。但是，为了切实培养他们的自主能力，必须要留出充分的时间，细化流程，明确要求，从无到有，从慢到快，让他们能够独立完成基本生活活动。

2. 注重针对性与合理性

作息安排要针对学生在校一日的适应需求，同时也要针对学生一生的发展需求。在内容选择与安排上，要考虑学生的能力水平，优先培养其最核心的素养与能力，培养学生将来生活时最重要的好习惯。

3. 凸显延续性与融合性

作息安排要从学生的生涯发展出发。近年来，特殊学校中自闭症学生的比例不断增加，不少学生有着严重的刻板印象。因此学校的作息安排必须与学生融入社会之后的作息紧密相连，保证学生在学校学习、养成的习惯与技能在毕业之后能够尽可能无缝地迁移到新的生活中去。

二、优化作息安排的内容与措施

（一）作息安排的内容设计

从学生的生涯规划角度出发，学校的作息安排应当包括日常计划、健康运动、生活自理等环节。在课堂教学之外，优化前后的作息安排对比如表 2 - 1 - 1。

表 2 - 1 - 1　作息安排优化前后对比

优化前		优化后		优化内容
时间	环节	时间	环节	
8:00—8:15	晨会	8:00—8:15	晨会	明确晨会的流程与内容
8:25—9:00	早操	8:25—8:30	出操准备	为阳光体育之前的准备与之后的整理预留时间
		8:30—8:55	阳光体育	
		8:55—9:00	操后整理	
11:20—12:10	午餐	11:10—11:20	餐前准备	细分流程，增加了环节，为每一个步骤留出了充分的时间
		11:20—11:50	文明用餐	
		11:50—12:00	餐后整理	
		12:00—12:10	午间扫除	
14:55	放学	14:55—15:00	放学整理	为放学整理预留充分时间

优化内容主要突出以下四点。

1. 日常生活会管理

要求学生尽量独立做到照料自己的生活，如学会自己穿脱衣物、自己进食、自己独立上学、自己整理各种生活和学习用品、按照自己的作息规律起床或就寝等。

例如，由于午餐环节涉及学生的多项技能，我校将午餐环节细化为 10 分钟餐前准备、30 分钟文明用餐和 10 分钟餐后整理，帮助学生整体化还原生活实景，拓展到一日三餐的良好习惯与必备技能。根据教室环境资源，我们进行充分考量，为每一位学生的准备、用餐、整理留出充足的时间。

在放学前的整理环节，我们设计了两方面内容：整理自己的物品以及梳理一天的收获。考虑到学生的能力水平，为了让学生有充分的时间自主整理，在最后一节课后设置单独的整理环节是非常必要的。同时，也能让学生养成回顾、整理、小结的习惯。

【感想 1】

我们班的小玉是个轻度脑瘫的女孩子，她的认知能力较好，但是粗大动作能力很弱。在放学的时候，老师要求所有学生都要整理好书包，排整齐自己的桌椅，做好放学的准备。但是之前的作息安排没有预留时间，最后一节课下课铃刚响小玉就开始整理，但常常还是来不及，越紧张理得越慢，最后只能依靠他人帮助。新的作息实行后，有了 5 分钟的预留时间，小玉就可以比较轻松地按照流程逐步完成任务了，也因此养成了爱整理的好习惯。

——四（2）班班主任李亚楠

2. 日常行为习惯会养成

一日常规要求学生养成基本的良好行为习惯，努力做一个受欢迎的人，有规律、有质量地过好每一天。这包括与人招呼（热情）、与人沟通（友善）、积极劳动、规律作息等内容。

比如，新设的小扫除环节，是以学生将来打扫、整理自己房间为目标设置的。在这个环节中，学生将轮流承担不同的任务，如扫地、擦窗、擦桌子、整理等，通过在不同岗位上的练习，掌握必要的劳动技能。更重要的是在每天的小扫除环节中，养成天天劳动、爱干净、爱整洁的好习惯。

此外，我校仍将课间休息的时间设置为 10 分钟，但是明确了这 10分钟里的要求。让学生遵守规范，养成习惯，根据自己的需要，进行喝水、如厕、远眺、小憩等，并且为下一节课做好充分准备。

3. 日常交往沟通会学习

要求学生能掌握一些交往沟通的技能，能够说与生活情境相关的话语，能够表达自己的需求，碰到困难会向别人求助，会清楚地传达或转述消息。

如午休环节的设置就是为了让学生有娱乐以及和小伙伴交流的时间。我们希望学生将来能快乐、有趣味地生活，并有与他人沟通、分享、合作的能力。因此，在午休环节中，我们鼓励学生自己寻找喜欢的玩具或游戏，和喜欢的朋友一起，学会玩耍，学会共享，学会合作，学会在生活中寻找乐趣。

4. 日常规律生活会安排

要求学生能安排自己的生活，养成有规律的生活习惯。如每天按时起床与睡觉，尽量养成定时用餐的习惯，日常能规律性地参加一些健身活动等。

因此，我校在新设的晨会环节中，安排教师带着学生一起梳理今日活动，如今天上什么课、有什么活动、午餐吃什么等，以及学习计划一周内的安排，让学生能够渐渐心中有数，做好准备，培养他们的计划能力。为了让每个学生都能充分参与、表达，我们把晨会时间设定为 15 分钟。

为了培养学生每天健康运动 1 小时的好习惯，我们也设置了每天的阳光体育环节。为了让流程更清晰，要求更明确，我们在阳光体育前后各设置了 5 分钟的出操准备以及操后整理。给予学生充分的时间与引导，能让他们在养成运动习惯的同时，学会规律安排自己的生活。

◆ 【感想 2】

龙龙是我们班一个非常聪明的自闭症孩子，他唯一的缺点是很难接受已有计划的变更，一旦出现这样的情况就很难控制自己的情绪。所以有时候老师有事换课，或者某个活动因故无法正常开展，他都会发脾气。新的作息安排实行后，每天晨会课老师都会跟学生一起计划当天以及最近的课程与活动。龙龙特别喜欢，计划的改变他能更早地知道，也就能更好地调整。慢慢地，龙龙就很少因为计划改变发脾气了。

——八（2）班班主任凤停云

（二）作息安排的辅助措施

优化后的作息安排环节较多，与以前的区别比较大。为了让特殊孩子更快地接受、习惯，我们设置了以下两个辅助措施。

1. 可视化布置

对大部分特殊儿童来说，视觉感官是他们的优势感知方式。因此校园环境中的可视化布置非常重要，可以通过无声而有效的教育方式让学生更加清楚地知道自己应该做什么，怎么做。

图 2-1-1　黑板上的可视化布置

比如，我们会在黑板上放置一日作息安排的磁贴，用图文并茂的方式告诉学生时间与对应的环节。

针对部分能力水平较弱的学生，我们还设置了私人定制的个人版一日作息安排，通过图片粘贴打卡的形式，形成互动机制，帮助他们逐步熟悉各个环节，并最终养成日常好习惯。

我们在实践中发现，对特殊儿童来说，相对于语言指令，提前的可视化计划与安排更符合特殊学生的心理与认知规律，学生能够更快、更高效地适应新的作息安排。

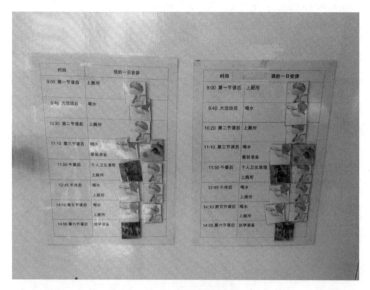

图2-1-2　私人定制打卡计划

2. 铃声提示

优化作息安排的另一个辅助措施是铃声提示。听觉也是特殊儿童感知世界的重要方式，适当的听觉刺激可以帮助学生进行记忆。因此，我们特地录制了儿童语音铃声，在各个环节开始的时候，在日常铃声之后用语音告知全校即将开始的环节名称与要求。比如在餐后整理环节，我们录制了语音"同学们，小手小脸洗干净了吗？"，在提醒学生进行餐后整理的同时，也明确了基本的要求。这样一方面能够让教师免于反复提醒，另一方面也能够做到全校同步。

三、优化作息安排后的成效对比

（一）学校对非教学时间有了更明确的教育标准

相对于学科教学，日常教育的规范性相对不明显。学科教学有教材、教案、教参来指导教师上课，有随堂课、教学比武等制度来督促、规范教师的教学方法与成效，系统非常规范。而学校的日常教育因为自由度很大，分散于碎片时间，规范性相对就比较欠缺。

优化后的作息安排充分解决了这一问题。因为每个环节都有非常明确的要求，并且全校同步，学校就能够像对学科教学一样，评估教师是否充分利用了课堂教学以外的时间对学生进行有效的日常教育。评估内容具体、可操作，有更细化的标准。

（二）教师的日常教育有了更明确的依据与参照

学校的教育并不仅仅在课堂上，一名有责任心的教师总是能从日常教育中找到许多教育目标。比如用餐文明、微笑打招呼、饭前便后洗手、在公共场所不喧哗等等。但是这些教育目标没有序列性，彼此之前没有联系，基本上由教师个人决定。因此，我们常常可以看到，由于教师不同，即使学生情况相近，他们的发展也是参差不齐的。

在优化了作息设计之后，这些零散的目标凝为了整体，更为规范与系统，明确了什么时间应该做什么，怎么做。清晰的环节与要求为教师提供了明确的教育目标。丰富的可视化布置为教师提供了丰富的教育资源，科学的环节设置为教师留出了充分的教育时间。

◆【感想3】

以前，教育学生是一个非常宽泛的概念。在大方向上我们知道要教育孩子守秩序，爱劳动，独立自主等等，但是具体到每一天应该做什么、怎么做并不是那么清晰，需要每个老师自己思考、设计。但是有了新的作息安排后，每一天的作息被划分为了固定的时间段，在每一个时间段中应当做什么都有了参照，让日常教育走向了标准化，与之前相比就好像私人手工制作与流水线的区别。老师相对来说更轻松了，在标准化流程的基础上，可以把更多的精力用于"私人定制"的教育。

——四（1）班班主任顾胤熠

（三）学生的素养提升有了更科学的流程与方法

习惯是一种积久养成的生活方式。英国教育家洛克说过："儿童不是用规则教育就可以教得好的，规则总是被他们忘掉。教育应当利用一切时机，给儿童不可缺少的练习，使它们在他们身上固定起来。最终养成一种习惯。"

优化后的作息安排就是如此，相对于思品课上的说教，通过整合学校的碎片时间，规范明确流程与要求，充分利用好课堂教学以外的在校时间，让学生日复一日地在实践行动中养成好习惯，自觉遵守规则，这样的方法更为科学有效，对刻板的自闭症孩子来说，更是如此。

当然，在具体实施过程中，优化后的作息安排也会有一些需要调整的地方。比如，有些环节预留的时间过多或过少，反而给学生造成了不便。所以我们在实施的过程中，也要不断根据实际情况进行修改与完善。

（姜鹏飞）

积极支持能量源，正向引导驱动力

一、积极行为支持与一日常规

积极行为支持（Positive Behavior Support）是一种应用科学，它运用教育的方法扩展个体的行为技能，采用系统改变的方法重新构建个体的生活环境，以改善个体的生活质量，并且让个体的问题行为最少发生。积极行为支持不仅着眼于持续、长久的生涯效果，也注重强调生态效度和社会效度，强调系统改变和多方成员之间的合作。在过去的 20 年间，积极行为支持迅速地发展起来。研究者发现，如果整个学校环境都支持积极行为，将有利于有行为障碍的学生行为的改进，因而它被用在对全体学生的行为管理方面。

浦东新区辅读学校自 2017 年起，以智力障碍学生的一日常规课程为载体，开展积极行为支持运用的行动研究。旨在根据智力障碍学生的特点，运用积极行为支持理念，采取结构化的策略，系统地教授学生在学校生活中养成良好行为习惯，为他们提供持续的、广泛的行为支持，进而提升生活适应能力。

二、辅读学校中积极行为支持的基本特征

智力障碍学生的一日常规课程在全校层面为学生的良好行为提供支持。根据《积极行为干预和支持的实施蓝图与自我评估》对学校层面积极行为的定义，学校的积极行为支持主要有六个特征：预防性的、以教学为导向的、基于功能的、文化响应的、系统实施的和基于证据的。在浦东新区辅读学校中，以一日常规课程为载体的积极行为支持也呈现出如下基本特征。

（一）预防性

对问题行为的处理可以分为事前、事中和事后的处理。在没有引入积极行为支持之前，辅读学校的教职工对学生的问题行为往往采取事后处理的策略，如批评教育等，但效果不如人意。而积极行为支持的理念认为，减少问题行为的最佳时机在问题行为还未发生之时。因此，以一日常规课程为载体的积极行为支持强调预防学生的问题行为在先，通过创设支持性、结构化的环境等，将"好习惯培养"作为处理问题行为的事前策略，从源头上减少问题行为的发生。

（二）系统性

以一日常规课程为载体的积极行为支持是一个系统实施的过程，在制定方案后，从系统分析的思想出发，对学校系统加以重组与改变，为干预工作提供系统化的支持。在课程开展之前，学校成立一日常规课程积极行为支持小组，采取团队合作的模式，多次对全体教职工和全校家长进行积极行为支持理念、方法的培训，将围绕学生的每一个人纳入积极行为支持体系，确保每个人在积极行为支持计划的制订和实施过程中发挥重要作用。

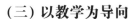

（三）以教学为导向

在项目组统一设计的教育方案指导下，各年段的教师各自设计符合学生特点的主题教育微课与学科教学设计，教研组组织学科教师落实教学设计，将一日常规课程的内容过程化、具体化、可操作化。而对于有高失败风险的学生，教学要个别化，教授特殊的社会技能，并根据行为功能评估的结果进行替代化行为的教学。

（四）基于证据

在课程开展初期，通过问卷及访谈，向教师、家长及志愿者了解特殊学生日常行为与习惯的现状，为课程的必要性和实施的可行性提供依据。同时，了解家校对一日常规具体内容的需要程度和实施建议，为厘清课程内容提供依据。并将调查结果与上海市辅读学校生活、语文、数学、品社及行为训练的指导纲要相结合，共同确定学生行为习惯养成的16项具体内容。在课程内容确定后，项目组成员对学生的行为习惯现状进行了评估测试，了解学生的学习起点，每学期期末再次评估，评测学生的学习效果，形成"评估—实施—评估"的动态过程。

三、辅读学校中运用积极行为支持的过程与方法

一日常规课程强调在学校范围内运用积极行为支持，聚焦学生良好行为习惯的养成，直接减少学生问题行为的发生，从良好行为养成的过程来看，分为三个环节。

（一）教授良好行为

1. 创设支持性环境

积极行为支持理念强调对个体所处环境的系统改变。在一日常规

课程的实施过程中，教师始终重视和利用环境创设对学生良好行为产生的影响力。项目组利用自闭症学生的视觉优势，对全校范围内的环境进行了结构化和可视化的改造，如利用走廊、教室内外墙面、楼梯、食堂甚至卫生间等学生日常活动较频繁的场所，呈现良好行为的图示或图例，用正确的行为示例引导学生，而且这些图示或图例由学生熟悉和喜爱的同伴进行示范，有利于学生的模仿和运用。身处这样支持性的环境之中，教师可以随时随地在真实的生活情境中进行良好行为的教学，不拘泥于教室的环境，学生也可以随时随地对良好行为进行模仿，不限于课堂上的时间。

图 2 - 2 - 1 教室外走廊布置的可视化 图 2 - 2 - 2 学校各层楼梯处布置的
行为示例引导 "好习惯"同伴示范图

2. 进行结构化设计

结构化策略的实施可以分为三个层次。首先，对学生的作息时间和活动场景进行总体结构化的设计。一日常规课程是基于我校原有的一日常规流程作出的安排，在活动时间上本身就是非常规律的，而且学生没有空白的时间，始终都是有事可做的。如在课间休息的时间段里，学生可以参照课间休息"三字经"的提示进行丰富的课间活动，不仅可以自主喝水和上厕所，也可以开展课间游戏，愉快玩耍，但要注意遵守规则，轻声慢语。其次，对学生日常活动的环境进行了明确的区分，运用清晰的图片提示学生在什么场合去做哪些事情。最后，对学习内容进行结构化设计。课题组为一日常规课程涉及的所有单元教学内容进行了结构化的设计。以"放学准备"为例，课题组将"放学准备"的良好行为链进行了分解，将"放学准备"的主题教学细化为"放学前整理书包"等六个步骤，逐步进行分解教学，并进一步将六个步骤简化为放学准备"三字经"，作为学生良好行为的指导语，以可视化的图片展示。

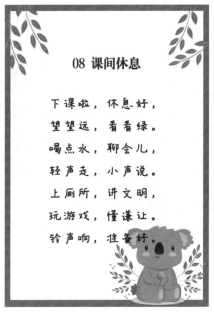

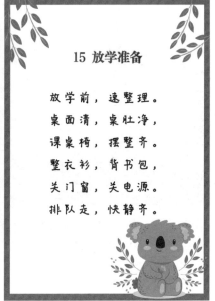

图 2-2-3　课间休息"三字经"　　　　图 2-2-4　放学准备"三字经"

3. 系统教授良好行为

在内容确立后，教师以主题教育微课和学科教学内容渗透的方式，系统地向学生教授良好行为。在集体教学前，项目组首先进行从"教育实施方案的设计"到"年段微课教学的设计"。由于行为习惯的养成涉及多个元素，各学科教师也将对应学科进行良好行为的教学，如在

"晨起"的主题单元中，就渗透了看时间（数学）、洗漱（生活适应）、整理床铺（劳动技能）等学科内容。同时，项目组为有不同学习需求的学生提供丰富的学习途径，如清晰的结构化图示、同伴示范录像、与主题内容对应的绘本故事和朗朗上口的"三字经"。教师将根据学生的能力，选择恰当的教学方法进行良好行为的教学。

图 2-2-5 "健康晨起"绘本故事中指导学生良好行为的故事插图

图 2-2-6 "认真上课"绘本故事中指导学生良好行为的故事插图

4. 个别与集体相结合

除进行集体教学外，在以一日常规课程为载体的积极行为支持中，也开展了个别化教学的工作。个别化教学主要关注学生问题行为的功能及替代行为的建立，并根据一日常规课程主题，为他们制定一日常规教育的目标和教育训练计划，并选择适合个体和班级的训练措施，帮助学生更好地学习良好行为，替代不良行为和问题行为。以一年级的自闭症学生楠楠为例。楠楠在刚入学时完全没有听指令的意识，在课堂上频繁地出现哭闹、扔东西、脱鞋子等扰乱行为。个训教师对其问题行为进行评估后发现，楠楠的扰乱行为是由于其沟通和表达的需

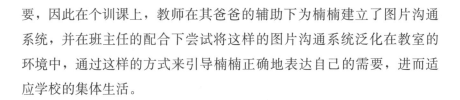

要，因此在个训课上，教师在其爸爸的辅助下为楠楠建立了图片沟通系统，并在班主任的配合下尝试将这样的图片沟通系统泛化在教室的环境中，通过这样的方式来引导楠楠正确地表达自己的需要，进而适应学校的集体生活。

（二）强化良好行为

教师在进行良好行为的教授时，结合学校发放的海贝币，对学生所学习到的良好行为进行强化。

1. 全校层面对良好行为的强化

在学校层面，以一日常规课程为载体的积极行为支持制定了全校的行为习惯评比标准。为强化全校学生的良好行为，项目组设计了"金海贝"月月赛的评比奖项和评比规则。在课程的第一轮实施中，以每月一个主题的形式面向全校学生设立明确统一的要求；在第二轮实施中，则以动态抽取主题的方式设置"金海贝"评价标准。此外，全校所有的教职工都达成一致的教育理念，利用最真实的学校生活情境对学生表现出的良好行为进行及时的强化。如学校的清洁人员，在看到学生能够把用过的纸巾扔进垃圾桶时，也会马上对学生的良好行为进行表扬。

2. 班级层面对良好行为的强化

在班级层面，班主任根据学校每个月不同的主题内容以及班级学生的具体情况，对学校的评价标准进行再设计，并在一个月的时间内进行每日行为习惯的"打卡"，符合评价标准的学生可以获得海贝币。通过这样的形式，反复强化学生的良好行为。班级层面的强化会与学校层面的"金海贝"月月赛评比相结合，班级获得海贝币最多的同学，可以获得当月好习惯"金海贝"的荣誉称号。学校的海贝超市每个月都定期向学生开放，学生在班级日常打卡中获得的"海贝币"可以用来购买喜欢的实物。通过建立这样一个完整的代币系统，学生不断巩固学习到的良好行为，并最终内化为一种行为习惯。

图 2-2-7　对学生良好行为进行强化的海贝币

（三）泛化良好行为

1. 学校情境中的泛化

泛化是良好行为养成的重要环节，主要指向学校环境中的泛化和家庭环境中的泛化。教师进行良好行为的教学后，将关注点放在学生是否将良好行为泛化到学校的自然情境中。如班主任在当月的微课中进行"餐前准备"的教学后，除在课堂上考察学生是否掌握相关技能外，更重要的是在每天午餐前，考察每一个学生是否能够自觉做到餐前准备的个别化要求。

2. 家庭环境中的泛化

家校合作是确保行为养成效果的重要途径，积极行为支持下的一日常规课程建立了完整的家校共育系统。如微信公众号会定期发布不同主题的家庭一日常规训练指南，通过视频访谈对家庭集中反映的学生问题行为、家长的心理困惑等进行干预方法指导及心理疏导。组织"家长云端俱乐部"，为家长分享心路历程提供畅所欲言的平台，保障

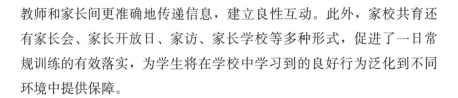

教师和家长间更准确地传递信息，建立良性互动。此外，家校共育还有家长会、家长开放日、家访、家长学校等多种形式，促进了一日常规训练的有效落实，为学生将在学校中学习到的良好行为泛化到不同环境中提供保障。

四、成效与反思

积极行为支持在学校一日常规课程中的运用是我国特殊学校运用积极行为支持发展学生技能的积极探索。课程开展两年以来，已取得阶段性成果。

（一）教师理念上的改变

通过参与一日常规课程的设计与实施，教师对积极行为支持的理念和策略有了创新性的理解和运用。教师逐渐意识到，良好行为习惯的养成应以正向的支持为主，而不能仅靠行为矫正技术；每一位教师都是良好行为的教育者和示范者，生活中处处都是教育的契机。在一日常规课程的实施中，教师以积极行为支持为核心策略，同时探索出更多支持性策略，如环境因素的积极支持、结构化流程的支持、积极心理影响的支持等操作策略，使积极行为支持的运用具有本土化的特色。

（二）学生身上发生的改变

通过比对各年段学生日常生活能力与行为习惯发展情况发现，积极行为支持在学校开展两年以后，学生的行为习惯有了很大的改善，规则意识明显提高。通过纵向跟踪全体学生的能力发展发现，各年段学生的认知、自理、沟通、自我管理等多元能力都有提升。我们也坚信，通过一日常规课程16个主题单元的继续整合和推进，将进一步提高学生适应学校生活、家庭生活和社会生活的能力。

　　当然，本课题本身还有很大的发展空间。学校范围内的积极行为支持系统应具备三级层面，而目前课程中的运用还停留在一级层面，对二级和三级层面少有尝试，在一日常规课程的后续研究中我们将继续拓展和应用更多层面的策略。

（牟晓宇）

加强视觉小提示，培养生活好习惯

　　培养孩子的良好生活习惯不仅是家庭教育的重要职责，也是学校教育不可忽视的重要目标。一日常规活动是学生培养好习惯的重要载体，而一日常规课程是教师实施教育的主要途径和重要工具。针对浦东新区辅读学校低年级学生的整体认知水平仍处于具体形象思维阶段，很多自闭症学生表现出视觉优势的学习特点，在开展一日常规课程的过程中，我们可以借助视觉支持的策略来帮助学生形成良好的生活习惯。

　　视觉支持是通过视觉线索来传递信息，它不仅满足了一部分自闭症学生的学习需求，而且具体形象的线索符合低年级学生的认知水平。视觉支持可以辅助学生了解日程活动，理解活动要求，掌握活动步骤，完成活动转换，提高学生在晨起、进餐、刷牙等日常活动中的独立性，促使其更好地适应日常生活和学习环境。

　　在运用视觉支持策略培养特殊学生的生活好习惯的过程中，我们要明确视觉支持的目标，关注合理的形式，提供适宜的时机，具体如下。

一、视觉支持的目标要明确

　　视觉支持在教育过程中发挥着至关重要的作用，它可以帮助学生更好地理解要求，提高技能，转换活动。由于不同的视觉支持类型具有不同的功能，因此在使用它们之前，我们应当明确为学生提供支持的目标是什么，希望解决什么问题。

（一）明确要求，理解规则

视觉支持能帮助学生明确活动区域和规则要求，将抽象的文字要求通过图示具体化、形象化。比如上下楼梯要靠右走，出操时要先和同伴们排好队，课堂上要保持安静，讲话前要先举手，等等。

（二）明晰要领，提高技能

视觉支持有助于学生明晰技能要领，更便于模仿练习，促使他们形成良好习惯。例如，示范七步洗手法的手势动作，示范入校问好的身体姿势与问好内容等，都有助于学生通过在模仿中多次练习，提高相应的生活技能。还如，餐后整理时，通过视觉提示让学生知道餐具清洗好后应该放回餐具盒里，班级物品使用后应放回原处等，养成收纳整理的习惯。

（三）流程解构，增强适应

视觉支持也能让学生了解活动间的先后顺序，技能的先后步骤，或在固定时段做什么事情，从而提高预见性，降低未知活动带来的焦虑感，减少问题行为的发生，促进各活动环节的流畅过渡，增强适应性。例如，在餐前准备中，学生根据视觉提示的流程，知道了要先洗手，取出餐具，等待铃声，然后吃饭，在结构化的流程中增强自主意识和生活适应能力。

二、视觉支持的形式要合理

视觉支持可以采用多样化的视觉材料，如实物、图片、文字等来

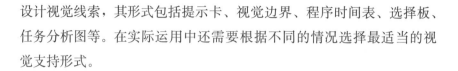
设计视觉线索，其形式包括提示卡、视觉边界、程序时间表、选择板、任务分析图等。在实际运用中还需要根据不同的情况选择最适当的视觉支持形式。

（一）根据目标选择提示形式

1. 视觉边界类提示

通过设定界线来分隔不同的区域，帮助学生理解特定活动的区域范围。例如，一块餐垫可以作为学生餐具的摆放区域（图2-3-1），作业本放在讲台上的蓝色线条框起来的区域（图2-3-2），操场上的队列点、线是班级做操时的活动区域（图2-3-3）等。

图2-3-1　餐垫　　　　图2-3-2　讲台线条框　　图2-3-3　操场队列点线

2. 视觉线索类提示

通过提示卡、检查单、任务分析图等，帮助学生理解行为要求并指导学生完成某项任务。比如，为提醒学生保持安静，可以用食指放在嘴边的图卡（图2-3-4）作为"提示卡"；为帮助学生准备活动材料、整理书包、购物，可以通过"检查单"（图2-3-5）检查物品是

图2-3-4　图卡　　　　　　图2-3-5　检查单

否遗漏；为让学生掌握洗干净手的技能，可以用任务分析图把洗手的过程分解成七个步骤来进行动作示范。

3. 视觉时间表类提示

通过日程安排，帮助学生预见一段时间内的活动，促进活动顺利转换。可以用"先后卡"（图2-3-6）告诉学生先做什么，后做什么；可以用"程序时间表"（图2-3-7）安排学生半天或一天的活动。

图 2-3-6　先后卡

图 2-3-7　程序时间表

（二）根据学生情况设计呈现形式

1. 充发考量学生能力水平

认知、能力水平是定制呈现形式的关键因素。班级的提示应该以学生的整体认知水平为依据。对于能力较弱的学生，可以选用直观、具体的照片等作为提示材料。随着学生能力的提高，可以尝试使用更为抽象的图表、文字描述来提供支持。

2. 特别关注学生个性特点

此外，学生的兴趣和喜好也是不可忽视的因素。在个性化提示的设计中，可以巧妙融入学生喜爱的卡通形象、色彩等元素，以增强学生对提示的接受度，进一步提高他们在活动中的参与度。

三、视觉支持的时机要适宜

要抓住视觉支持提供的时机，让其顺利渗透到学生的生活中来，助力学生日常活动的顺利开展。同时，教师应基于学生的实际情况进行灵活的调整与优化，确保学生能够充分理解并熟练运用这些视觉支持，逐步培养学生的自主性和独立性。

（一）建构的时机

1. 加强活动前后的指导

在学生刚接触新的视觉支持线索时，教师需要开展专门的教学或引导，以帮助学生了解视觉线索的意义。

2. 逐步减少活动中的辅助

在引导学生根据视觉提示来完成活动时，教师要逐级减少语言提示与动作辅助，让学生可以自主、独立地根据提示完成活动。

3. 注重日常环境的浸润

将视觉支持线索作为教室环境创设的一部分，让它作为无声的语言来潜移默化地影响学生的行为。

（二）解构的时机

1. 逐步提高视觉材料的抽象化程度

随着学生技能和认知水平的提升，可以逐步使用更抽象的表现形式来作为提示的线索。

2. 逐步降低视觉提示的强度，直到撤销全部提示

随着学生的进步，教师要适时地弱化视觉线索，逐步减少学生对视觉支持的依赖，以提高学生活动中的独立性。

◆【感想1】
....

我刚接手这个一年级新班时，发现班级学生在午餐环节普遍存在如下一些问题：不知晓午餐流程，从餐前准备到餐后整理，都需要不

断提醒；不懂用餐规则，比如吃饭时不专心，把玩食物，拖延用餐时间等；用餐后不会整理餐桌，勺子清洗不干净。

在采取措施前，我觉得首先要分析问题，才能给学生提供更有针对性的视觉支持。所以，我先分析了这些问题背后的原因，例如"还未到用餐时间，学生便已取出餐具"这种现象可能是由于学生对活动时间安排不够明确；"进餐过程中，不能专心、安静地进食，狼吞虎咽，挑食等"行为问题可能是不理解或不能执行活动要求；"餐后整理餐桌、餐具洗净"难以完成好，有的学生可能是忘了清洗或者偷懒，还有部分学生是由于技能缺失而无法顺利完成这些任务。

对于普遍性的问题，我会在班级活动中强调。我们把午餐活动分为餐前准备、文明用餐和餐后整理三个环节，在每个环节提出可视化的具体内容和要求，以帮助学生了解午餐的流程与规则。对于一些有难度的技能项，我们也会通过视觉提示来帮助学生分步骤完成。低年级的学生适宜选择具体的表征形式，所以我在班级墙面上呈现的视觉支持主要以图片为主、文字符号为辅。比如把餐前准备、用餐、餐后整理的时间加入一日活动程序表（图2-3-8）供学生查看，以提高学生对这部分时间的预估与掌控。在晨会、班会课上通过社会故事来帮助学生理解活动过程与行为要求（图2-3-9），借助视频来引导学生理解行为要求和进行动作示范。把文明用餐的相关要求作为可视化的条目布置在教室的一角或在用餐环节贴在黑板上，如"珍惜粮食"的标语、图文配对的餐前准备的儿歌。把餐后整理活动中的某一项比较难的技能设计成步骤图贴在水池旁，比如洗勺子的步骤图（图2-3-10）。我也会为班级中有个别需求的学生制作专门的提示卡贴到他们的餐桌上，可以更有针对性地解决一些个性化的问题。

让视觉支持发挥作用也是关键的一步。通过讲解、辅助来帮助学生学会使用这些视觉线索，然后再逐级撤销辅助，让学生逐步走向独立。在提供视觉支持的初期，我会抽出晨会、班会课的时间来让学生

图2-3-8　程序时间表

图2-3-9　社会故事

图2-3-10　任务分析图

观察教室中布置的有午餐活动提示的角落，并通过讲解、视频、社会故事等帮助学生熟悉和理解午餐活动的流程及要求，并引导学生将这些内容与提供的视觉线索建立联系。午餐时间到了，我会把餐前准备流程图从教室一角移到黑板上，给出一定的时间来让学生自己作出反应，当学生遇到困难时再给予一定的手势、眼神或语言的辅助提示，尽量让学生自主来完成活动。午餐活动中和结束后，我会就目前关注的重点目标对学生的行为进行即时的评价并给予奖励。当学生能力达到一定要求后，我会适时地撤销视觉支持的强度。比如学生在四步提示下已经能非常熟练地洗干净勺子了，我会尝试把四步提示缩减为两步提示（洗、放），当学生洗勺子的技能进一步稳固后就可以撤销全部提示。如果问题再次出现，视觉线索可以重新引入。我还会注意呈现材料的逐级抽象化，比如四步洗勺子的步骤图缩减为两步后就会用简化的图像来替换具体操作的照片，用水滴来表示"洗"的步骤和用餐具盒来表示"整理"的步骤，以促进学生认知的发展。

经过一段时间的观察发现，班级学生在遵守午餐活动规则方面有了明显的进步。例如，之前有学生吃饭不专心导致速度很慢，现在该学生在午餐时可以安静认真地吃饭了，还会时不时看看钟表的指针是不是快转到某个数字了。如果午餐结束时间到了，该学生也会主动收拾饭盒，而不是像之前一样抓着饭盒不放并大发脾气。

大部分学生在自主完成活动任务方面有了较大的进步，知道在某个环节要做什么事情，活动所需的技能也得到了提高，他们不再需要我频繁作出指令和提醒。通过有组织的视觉提示，学生了解自己需要完成的任务，可以更自主地按步骤进行，减少了对我的依赖。比如通过看结构化的餐垫，自闭症学生知道第一步拿什么，拿到以后放在相应位置，再拿什么，直到做完工作。学生在午餐活动中需要用到的技能掌握得更好了，比如个别学生能在七步洗手法的图示提示下把手洗得更干净了，洗勺子时能记得洗勺子背面了等。

随着学生在午餐活动中的规则意识和就餐自主性的提升，他们在用餐时的问题行为变少了，班级的午餐活动越来越流畅有序了！

——一（1）班班主任杨海珍

通过视觉支持的运用，学生在生活中的各种能力有了不同程度的提升。学生建立了一些生活中的好习惯，比如能按时起床了，吃饭时能细嚼慢咽不玩玩具了，能做到每天刷牙了等。学生在生活中的自主性增强了，比如起床时会自己独立穿衣了，吃完饭能自己把餐具洗干净了，会自己刷牙了等。大部分学生能根据视觉线索来独立完成活动，教师可以有更多时间关注有个别需要的学生和活动的整体进程，这使得学校的集体活动更加高效有序地进行。

❖【感想2】

　　文文是一个爱吃零食的孩子，每天什么时候想吃零食了就和家人要。如果我们不给她，她就哭闹不停，于是我们总是会满足她，这样的后果就是到了正餐时间她基本上不怎么吃饭，影响了身体健康。听了班主任的建议，我们尝试用视觉支持的方法来控制文文每天吃零食的次数和时间。我们给文文制定了周末的程序时间表，把吃零食安排在离正餐比较远的时间。让文文按程序时间表来完成一天的活动不是一件容易的事，我们动了很多脑筋。刚开始的时候，程序时间表里安排的活动都是她喜欢的，而且吃零食的次数也比较多，只是拉长了吃零食与正餐的时间间隔，所以她不是太抗拒。有趣的是，在她没有要求吃零食，但是我们按照程序时间表把零食给她时，文文露出了快乐又疑惑的小表情。当她没有按照程序时间表来提出吃零食时，这个哭闹的过程非常痛苦，但我们也必须坚定地拒绝。在文文逐渐适应程序时间表后，我们慢慢地减少了安排她吃零食的次数，她也逐渐接受了，而且午餐和晚餐时的饭量增加了不少。帮助文文建立使用程序时间表的习惯不仅需要家长的坚持，更需要一些小技巧，这样才不容易让计划夭折。现在我们会把文文吃零食的时间安排在她不太喜欢的活动后面，这不仅解决了文文吃零食的困扰，而且拓展了文文的日常活动，大大减少了她的情绪问题。

——文文家长

（杨海珍）

引导入境入情，促进入心入行

　　浦东新区辅读学校开设一日常规课程的最终目的是帮助学生养成良好的生活学习习惯，逐步引导其进行自我管理。但是由于智力障碍学生的生理和心理特点决定了他们爱模仿，容易受到新事物的影响，因此为优化课程教学，我们可以将音乐、故事、儿歌与传统指令和规则相结合，让孩子对故事、儿歌、音乐等常听常新。教师可以将生活常规编入艺术教学的元素中，学生在理解内容、锻炼能力的同时，也会积极学习故事、儿歌、音乐中倡导的做法，学生在这一过程中掌握生活常规的基本要求和操作规范，在不知不觉中帮助学生识记常规环节。除此之外，还可以利用代币奖励机制鼓励学生换取玩具、零食等，由此达到增强心理激励的作用。学生一旦对某种事物产生兴趣，其行为往往会产生自觉性，良好的行为习惯也就很容易形成。

　　一日常规教学的过程是教育技术和教育艺术相融合的过程，认识这一点，就要求教师在一日常规管理的过程中积极探索管理的新思路新方法，不断优化常规管理手段，最终实现学生自理目标。为此，我校在一日常规课程的实施过程中，根据不同年级、不同障碍的学生特点，从以上几方面探索出了一些有效策略，有助于培养智力障碍学生的良好行为和好习惯。

一、故事强化，掌握要领

仅仅靠教师口头上的讲解，学生往往很难理解并记住规则进而做出相对应的行为，对此，教师可以针对本班学生的实际情况，用讲故事的形式进行一日常规课程的教学。故事的形式比较通俗易懂，能吸引学生的兴趣。健康晨起、快乐上学、文明吃饭等好习惯通过有一定情节的故事表现，能够取得事半功倍的效果。我们学校编制和选用了一日常规绘本故事，教师利用晨会课和课间休息的时间来给学生读一读绘本故事，这样学生在理解常规的同时，还能掌握一日常规的要领。

◆【感想1】

即使进入中年级，我们班还存在着大Q在进餐时撒饭粒，小A用手抓饭、抓菜吃，甚至害怕老师发现还用脚踩饭粒等现象。一开始我们以为孩子们只是挑食、偏食，但观察后发现学生吃饭时的握勺方法各种各样，很多都不正确，这才出现米饭乱跑的现象。于是，我们以趣味儿歌《我会握勺子》来帮助孩子更好地掌握使用勺子的正确方法，并在用餐时多加观察引导，慢慢地，孩子们学会了握勺，撒饭粒的次数也越来越少了。接着我又发现孩子们进餐时经常弄脏衣服，是餐具不合适？观察得知是孩子们的碗与身体的距离比较远，加上个别孩子肌肉发展不完全，在饭送到嘴巴的过程中容易掉衣服上。为此，我们借助绘本故事《两个娃娃》让孩子向故事中的榜样"阿花"学习练习一只手扶住碗，另一只手拿勺子吃饭，小朋友身体要向前倾，接着小碗吃，吃完要漱口，也要擦嘴巴，渐渐地这种情况就减少了。对于边玩边吃的现象，通过故事《大公鸡和漏嘴巴》使学生懂得吃饭时要专心，不要浪费食物，进餐时不大声讲话，不做"漏嘴巴"。

——四（1）班班主任

图 2-4-1　故事《两个娃娃》　　图 2-4-2　故事《大公鸡和漏嘴巴》

二、儿歌妙用，强化常规

　　儿歌读来朗朗上口，比较容易记忆，因此深受学生的喜爱，一日常规课程实施时，可以把一些常规编制成"三字经"的形式，说做一体，帮助学生记忆和掌握。这样既能培养语言能力，又能强化良好行为，内化成规范的行为习惯。例如，在多彩晨会环节，我们编制了"打招呼，问声好，听名字，要说到。交作业，摆整齐，知日期，聊天气。读课表，说活动，准备好，精神棒"这首儿歌，不仅包含了学生晨会课要完成的任务内容，而且读起来非常流畅顺口，有利于学生记忆晨会课的内容。比如中午就餐时，我们编制了儿歌"吃饭时，坐坐好，午餐盒，扶扶好。一口饭，一口菜。细细嚼，慢慢咽，不挑食，不剩饭"。学生都很喜欢，读着读着就照着做了，这比教师无聊的说教要有效、有趣多了。

◆ 【感想2】
. . . .

　　我们班学生排队做操最让人操心，学生一到外面，要么兴奋得不行，要么哭哭唧唧。教师的提醒他们根本听不见。这时，儿歌《上操令》就派上用场了：小蚂蚁，一二一，跟着口令快静齐，不推不挤排好队，稍息，立正，向前看齐！我先在队伍前面带头说，然后孩子们一个个跟着说，两遍说完，孩子们便一个个静静地排到了队伍中间。每次看到孩子们一边兴致勃勃地念着这些儿歌，一边迅速地调整自己的行为，想到孩子们在儿歌的引领下，将一天天如拔节的春笋般成长，内心的幸福感便无以言表，那种感觉就像当年看到儿子刚学会走路，小胖孩儿摇摇晃晃地走来走去，每一步都是敲响在母亲心中的快乐鼓点。儿歌的运用为我的教学管理带来了很大的便利，在常规工作中发挥了事半功倍的效果。真是小儿歌，大作用。

——二（2）班班主任

三、铃声指令，吸引注意

　　由于特殊学生存在不同程度的身心障碍，他们的指令服从性较弱，对传统指令不能及时遵从。但音乐具有较强的感染力，可以变换不同的旋律及节奏，调动人体良好的能动反应，帮助学生感知内在情感，激发他们学习的主动性。例如，学校是11点20分开始午餐，在这之前，学生都要等待用餐，直到11：20时"同学们，我们吃饭了"的铃声响起。这个环节可以培养学生等待的耐心，在家时就能学会等待家人齐了再用餐，有助于好习惯的养成。如果中午大扫除的时间到了，"同学们，我们开始打扫卫生了"的铃声就会响起；午睡时间到了，"同学们，我们可以睡觉了"的铃声就会响起。这时，教师可以播放《摇篮曲》这种轻柔舒缓的音乐，平定学生心绪。通过音乐的提醒，学生在环境的润育和行为的不断重复中，逐渐自我依靠、自我控制，在适当的时间做出适当的行为，久而久之，重复的良好行为会转化为外显的好习惯。

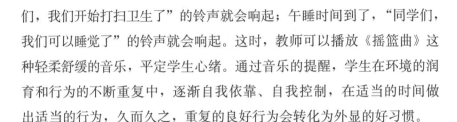

【感想3】

我班小于同学午休时间太久的问题一直困扰着我，他经常趴在桌上睡一下午都起不来，强制叫醒就会发脾气。最近很多小学生都喜欢《孤勇者》这首歌，我得知小于同学平时也很喜欢听歌和唱歌。于是我大胆尝试用《孤勇者》作为叫醒他的铃声，没想到效果这么好，他一听见这首歌就会精神振奋，从睡梦中醒来，时不时还会哼上几句。我认为教师在进行一日常规教育时，可以为学生设定个性化的铃声提醒，说不定会有意想不到的惊喜。

——七（2）班班主任

四、代币激励，行为强化

为了在班级中营造积极正向的氛围，除了制定明确的班级规定外，我校利用个人积分制来对学生的行为进行约束，包括课堂纪律、就餐等方面。同时每两周评选一次"班级之星"，个人积分的前三名为一轮的"班级之星"，会给他们一些奖品，有作业本、零食、玩具等，并且拍照在班级群中进行表扬，这样，学生和家长都增强了信心。在此过程中榜样学生会继续强化自己的正确行为，其他学生则为了成为榜样改变自己不正确的行为。教师利用榜样和代币激励法，让学生可以直接观察到他人的正确行为或错误行为，以及这些行为为他人所带来的后果，从而根据意愿做出适合的行为。

◆ 【感想4】

　　我班的小龙同学是单亲家庭的孩子，他从小被爷爷奶奶溺爱，行为规范欠妥。于是，我就利用"班级之星"来吸引他，和他约定，如果能管住自己，每周给他的个人积分加5分，并评他为"进步之星"，同时有小零食的奖励。就这样执行了一个学期，他真的坚持得很好，常在想犯错时想起和老师的约定，及时管住自己不犯错。我以"五个好"为基点，挑选符合本班学生实际情况的行规条例，制定评比内容"礼貌好、整理好、纪律好、体锻好、两操好、午休好"，每天一评，一周一总结，一月一表彰，作为评比"班级之星"的依据，每积累十颗星就加以奖励，激发学生的进取之心。我觉得通过这样的评比和榜样作用，可以纠正班内一些学生的行为偏差，培养他们的良好行为习惯，我们也可以根据学生的表现及时调整或递进式地提高要求，让他们在正向激励中变得越来越好。

——八（3）班班主任

周次\姓名	星期一	星期二	星期三	星期四	星期五
郑同学	▲	★	★	★	★
唐同学	★	●	★	★	★
朱同学	●	★	★	★	●
赵同学	●	▲	▲	★	●
翟同学	★	★	★	●	●
周同学	●	▲	★	●	★
陈同学	▲	●	★	★	▲
刘同学	▲	★	★	★	★

图2-4-3　获五角星最多的将获得这个月的班级之星

（凤停云）

建立班级自治机制，实现大龄学生自主管理

  经过义务教育阶段的学习和训练，职校的大龄智力障碍学生大多具有一定的规则意识，能够遵循学校的各项行为规范。但教师在日常的教学中也发现，学生多处于被动服从的状态，一旦脱离老师的辅助和提醒，往往容易出现问题行为的反复。因此，只有提升大龄智力障碍学生的自主管理能力，帮助学生从"教师全程管理"向"学生自主管理"转变，才能为他们持续、长久的生涯发展和社会融入打下坚实的基础。

  "自主管理"即学生自主参与到自我管理、班级管理、校园文化建设等活动中来。我校的一日常规课程对学生"进校""用餐""课间活动"等十五个环节都提出了明确的要求。通过一日常规课程的学习以及日常训练，学生从自我管理、自我约束做起，积极参与各项班级、校园事务的管理和运作，是促进学生形成和提升自主管理能力的有效途径。通过近几年的实践，我们在日常的班级管理中，从树立目标、提供机会、完善评价和拓宽空间这几个方面培养大龄智力障碍学生的自主管理能力。

一、确立成长目标，激发自主管理意识

每月初，学校会通过微信公众号以及教室内可视化的环境布置将本月的训练内容告知学生。结构化的流程图、朗朗上口的"三字经"以及学生的示范视频都可以快速帮助学生明确当月训练主题的具体要求。

通过对照学习，学生可以快速找到自身的问题和不足，进而在教师的帮助下，确立在该项常规上的成长目标。同时，班主任也会根据班级学生的总体情况设计主题教育课，就班级中出现的共性问题进行强调和提醒，并通过具体的事例让学生切身感受到"常规"的学习和养成对于自己的学习和生活以及未来发展的重要性。

从个人的自我管理到班级的自主管理，一日常规都提供了较为明确的内容和要求，能帮助教师针对学生问题制定量化、可操作的成长目标，进而激发学生的自主管理意识。

◆ 【感想 1】
....

小辉是一个爱迟到的男生，坐地铁上学的他，常常在地铁站里逗留，往往要等两三部地铁才肯上车，或在地铁站里的自动贩卖机买饮料，导致早早出门的他成为了班级的"迟到大王"。学校一日常规课程对学生"进校"的规范提出了明确的要求，"准时到校""礼貌问候""合理安排晨间活动"是对职校学生的重点要求。因此，我根据学生的问题，为其制定了每天 7:50 前到校的小目标，通过一日常规流程图和"三字经"的反复诵读，不断提醒和强调"上学要准时，不能迟到"。同时，在班级里为他安排"记录每日天气、出缺勤情况"的晨会课准备工作，提高他准时到校的积极性和班级荣誉感。通过家校的配合，小辉从职一年级每周迟到两三次到职四实习时能每天准时到岗，进步显著。

——职二（1）班班主任陈雅芳

二、健全班级、学校岗位机制，创设自主管理契机

职校的学生不仅要能管理好自己的一言一行，更应该积极参与班级、学校各项事务的运作和管理。因此，除了每日的常规训练，学校也有意识地为学生创设各种小岗位，提供更多实践锻炼的机会。

如：在"午间扫除"这一内容的训练中，为了锻炼学生劳动扫除的基本技能，提升责任意识，每个班级都会制定一份劳动岗位安排表，根据学生的能力水平安排合适的劳动岗位，由班干部或教师对学生的劳动完成情况进行考评。通过岗位责任制度，明确班级中每一个人的分工与职责，让每个学生都能够参与温馨教室的创建。

除此以外，学校还会根据学生在校一日生活的流程设置校园实习岗位，目前，已经有"值勤队员""领操员""主持人""图书管理员"等十余个校园小岗位，涵盖了学生在校学习和生活的方方面面。

在自己的"岗位"上，学生不仅要学习相关的工作要求以及基本技能，还要接受教师的每月考核以及学生间的监督。在具体的工作实践中，要努力做到"心中有他人，眼里有事做"，学会主动参与学校各项事务的管理与运作。

序号	学生姓名	岗位名称	工作评价	海贝币	本人签名
1		拖地板 打卡	优秀	3元	
2		贴课程表、置物柜、擦边柜	优秀	2元	
3		扫地、讲台	优秀	3元	
4		添饭凳	优秀	2元	
5		倒垃圾、两课助理	优秀	3元	

图2-5-1　班级岗位考核表

序号	岗位名称	姓名	工作评价	海贝币	指导老师签名
1				7元	
2	值勤组队长		伤	3元	
3				4元	
4	卫生广播员		优	5元	
5			优	5元	
6	卫生检查员		优	5元	
7			优	5元	
8	心理广播员		伤	5元	
9			伤	5元	
10	升旗仪式主持人		优	5元	
11			优	5元	

图2-5-2　校园岗位考核表

◆ **【感想2】**

　　小翔，一直在普通学校随班就读，刚到学校的他不爱说话，喜欢一个人发呆。通过日常观察与交流，我发现了他在识字量以及记忆力方面的优势，便鼓励他申报学校的送报员一职。在图书室负责教师的悉心指导下，他短时间内就熟记了取报、送报的流程，并能将每一份报刊杂志送到相应的教师手中，从未出过任何差错。送报员的工作需要牺牲中午休息和娱乐的时间，但他却格外珍惜这样一份校园小岗位，中午吃完饭，完成班级劳动后就会准时到岗。有一次，一份报纸送晚了，他更是急得满头大汗，担心无法完成送报的任务就会失去这份"工作"。借着送报的机会，老师们也会和他简单聊上几句，不善言辞的小翔总能用他朴实的话语赢得老师们的会心一笑。随着时间的推移，小翔脸上的笑容多了，大家也越来越喜欢这个每天忙碌在校园里的身影。

——职二（1）班班主任陈雅芳

三、建立完善的评价制度，调动自主管理积极性

　　为了帮助学生考察和监督自己各项常规的完成情况，学校设计了打卡手册（图2-5-3），根据每月重点训练项目的要求，学生每天都需给自己的表现打"☆"（图2-5-4）。在评价时，教师也会给予一定的指导，强调实事求是，重视进步而非最后的得星数。表现优异或进步明显的学生可以获得每月金海贝的称号，并在升旗仪式上接受表彰，相关事迹也会被发布在微信公众号上，以资鼓励。

图 2-5-3　学生打卡手册　　　　图 2-5-4　学生打卡手册使用情况

　　"海贝代币"奖励制度一直颇受学生喜爱，班级以及校园中的各个岗位，也会由班主任以及相关岗位的负责教师进行考评，并根据表现，发放"海贝代币"作为岗位工资，实现"多劳多得，优绩优酬"。通过自评、互评以及师评等多种评价形式，引导学生关注自己的问题以及成长，寻找改进的目标与方向，进而更积极地发展自己，提升自己。

◆【感想3】

　　在具体实践中，我将学生在每月一日常规重点训练项目上的表现融入班级原先的考评制度中（表 2-5-1），将一日常规的打卡自评与班级文化建设以及对学生的综合评价有机结合起来。

　　对于在某项常规上问题较为显著的学生来说，如果只有 1 个月的训练和关注往往收效甚微，因此我们还可以根据学生的具体问题，制定他的个人成长目标（表 2-5-2），在集中练习一段时间后持续关注该生的正向行为，直到问题行为改善为止，从而将一日常规的评价机制拓展延伸至班级，细化至个人。

表2-5-1 班级每周考评

第（　）周

项目 姓名	准时到校					记事本					班级劳动					值日生					个人卫生/物品整理					一日常规[　]					合计
	一	二	三	四	五	一	二	三	四	五	一	二	三	四	五	一	二	三	四	五	一	二	三	四	五	一	二	三	四	五	

表2-5-2 学生个人成长目标打卡表

第（ ）周	周一	周二	周三	周四	周五
在学校里轻声讲话，不大声喧哗					
课间文明休息，不到处闲晃					
不讲粗话脏话，不学别人说话					
合计					

——职二（1）班班主任陈雅芳

四、打破课程学习边界，拓宽自主管理空间

一日常规不仅包含学生在校的一日规范，更包含了生活自理能力的提升、行为习惯的养成以及沟通交往能力的提高等众多养成教育的内容。这些能力的培养仅依托一日常规课程内容的学习以及班主任的教育管理无疑是不够的。

在职校，专业课的学习占据了学校课程的"半壁江山"，在课堂中，教师也会积极关注学生良好学习习惯的培养。如：在面点课中，每堂课都会要求学生自己整理和清洁学习工具，学会有序地开展学习，这不仅是为了养成良好学习习惯，在未来的生活和工作中也是必不可少的。除了积极赢取任课教师的支持和帮助，学校也关注到了一日常规在家庭教育中的延伸。在每月定期发布的公众号中，不仅会将学校中的训练要求告知家长，也会给家长提供一些在家庭以及社区中可以关注到的训练内容，最大限度地拓宽学生养成教育的时间以及空间。为学生将来离开学校更好地投入社会生活，学会自理、自立打好扎实的基础。

【感想4】

小周患有先天性心脏病，在以往的学习经历中，由于体质较弱，他经常请病假，在学校里上厕所、用餐等也需要他人的协助，父母也习惯于包办他的日常生活和学习。通过开学初对其在各项一日常规达成情况上的评估，学校为小周同学开设了个训课程，并将个训课的训练目标定位在学习各项简单的劳动技能以及整理自己的个人物品，提升其自我管理能力。通过个训课的训练，小周同学最先学会了"搓拧抹布"这一劳动技能，这也帮助他胜任了班级"擦洗水斗"的劳动岗位，更好地适应班级生活。此外，放学时，他也能有意识地将桌肚里的所有个人物品放进书包，虽然书包还是经常乱糟糟的，但比起之前需要他人从旁协助有了很大的进步。通过课程的训练以及日常的坚持，小周同学也体会到了"学习"的成就感，原本不爱上学的他，风雨无阻，每天都能早早到校。

家长惊喜于他的改变，在家中也试着让他做一些简单的家务，如擦桌子、盛饭等。2020年网课期间，他在爸爸的协助下学会了炒鸡蛋，那是他第一次自己尝试做一道家常菜。从零开始，慢慢学习，家长有感于一日常规的神奇魔力，也很感谢学校没有放弃对孩子的训练和帮助。

——职二（1）班班主任陈雅芳

五、以一日常规课程提升大龄学生自主管理能力的思考

一日常规课程编写的流程图、"三字经"口诀以及示范视频等为教师提供了很好的教学资源，而通过课程的学习以及教师和家长的协同教育，大多数学生自主管理意识和能力的提升显而易见。教学资源序

列化、可视化，让教师教"规范"变得可操作。同时，每个月的强化训练、校园环境的创设以及家长的协同教育，无疑给学生提供了更多练习和巩固的机会。学生在课程中习得的技能、养成的习惯，也可以渗透和拓展至生活的各个方面，进一步提升学生的自主管理意识和能力，为他们将来融入社会打下坚实的基础。

作为课程的主要实施者，教师在对学生进行一日常规的教育时，也有以下两点需要注意。

第一，尊重个体差异，制定恰当目标。在课程实施过程中，要充分挖掘每一位学生自主管理的潜能，给予学生一定的发展空间。但智力障碍学生个体差异较大，因此也要注意对不同学生的能力水平进行客观评估，制定恰当的培养目标，选择合适的教育策略。如：对于障碍程度较重的学生而言，难免存在家长包办、同伴帮助的情况，让他们通过课程的学习逐步实现"自我管理"已是不易。但对于障碍程度较轻的学生而言，他们的目标定位就应该是在自我管理的基础上更积极地投入班级和学校各项事务的管理。

第二，赢取家长配合，促进能力提升。从每月金海贝的评比中可以发现，学生的进步离不开家长的配合与支持。在职校，部分学生家长比较注重孩子知识、技能的学习，但对于日常行为习惯的养成教育还不够重视。未来，学校还将继续加大一日常规在家长中的宣传和指导，给予对职校学生更有针对性的指导意见，让家长也更积极地投入到学生自主管理能力的培养中来。

（陈雅芳）

多维度合力实施，立体化以劳育人

一、辅读学校学生劳动教育现状及问题

（一）劳动教育学科间缺乏系统性

2020 年 3 月 20 日，中共中央国务院发布了《关于全面加强新时代大中小学劳动教育的意见》，明确指出劳动教育是中国特色社会主义教育制度的重要内容，要把劳动教育纳入人才培养的全过程，促进学生形成正确的世界观、人生观、价值观。在这样一个时代背景下，各学校也积极开展了劳动教育课程，多渗透在德育教育以及生活适应和劳动技能的课程中，并未突破特殊学校传统的劳动教育范畴，更缺乏学科之间的系统性；语文、数学、美术、音乐、体育等学科的教师也通常认为自己的学科与劳动教育的联系并不是很大，这便导致了劳动教育形式化、碎片化的弊端。

（二）劳动教育家校间缺乏统一性

2023 年 1 月，教育部等十三部门联合印发了《关于健全学校家庭社会协同育人机制的意见》，这表明在劳动教育层面，需要家庭、学校、社会三方协同才能够让教育的效果最大化。在日常的工作中也发现，特殊学生的家庭大部分仍然存在家长替代学生劳动、家长包办一

切家务的现象，尤其在隔代教养的家庭以及低年级的家庭教育中更是常见。这样的情况会导致学生在学校学习的劳动技能无法得到更多的练习机会，从而让学生的劳动意识更加薄弱，劳动技能逐渐退化，劳动习惯很难养成。

（三）劳动教育评价缺乏规范性

评价是教育中至关重要的一个环节，对特殊儿童来说，评价更是能够合理评估他们的进步、帮助他们建立自信的手段之一。但劳动教育并没有明确的课程纲要或者指南来指导教师对学生进行教育，更加没有明确的评价体系。在特殊教育领域，教师仍然更关注结果的评价，以小扫除为例，可能更关注黑板是否擦干净，垃圾桶是否没有了垃圾，桌椅是否摆整齐等结果，而忽略作为特殊儿童在这个过程中付出的努力，或许由于能力的受限，他们只能做到这样的程度，仍然需要给予肯定。我们应该从劳动素养、劳动技能以及劳动习惯等多个维度对特殊学生进行规范、全面的评价。

二、辅读学校一日常规课程的实施策略

（一）制定多学科整合的劳动目标

新时代的劳动教育体系不仅要体现在劳动技能课程中，同时也要渗透在各学科的教学实践中，让学生了解劳动知识的相关内涵，提升自己的劳动技能。笔者所执教的语文学科中，九年级下学期关于劳动教育的课文有《除夕夜》《学剪窗花》《变废为宝》等。以《学剪窗花》为例，剪窗花是中华民族古老的传统艺术，早期的窗花体现了农耕文化的艺术特色，带有鲜明的劳动教育的意义。因此，在课堂教学过程中，通过讲述窗花艺术的起源和发展，也能将劳动的意义渗透其中。

除了语文学科，数学学科中有关"人民币的认识与使用"的内容

也都蕴含了劳动教育的理念在其中，如果教师能够关注到这一点，就能在课堂中进行适当的渗透。

（二）推进家校社三方协同育人

为了推进家庭参与到学生的劳动教育中来，我校推出了"成长智慧园"栏目，以督促家长参与到学生的一日常规教育中来，"成长智慧园"共包括十期内容，分别是起床、刷牙、穿衣、早餐、垃圾分类、帮忙做家务、外出就餐、乘坐公共交通、餐后整理、开学准备，家长根据学生的居家生活情况，提出教育中遇到的问题，教师给出相关的策略和建议。

下面以乘坐公共交通为例。

表 2 - 6 - 1　乘坐公共交通的家庭教育指导

| 家长的困扰：
1. 孩子在公交站等车时比较着急，每一辆车都想上去，等待一段时间后，便失去了耐心
2. 由于没有良好的规则意识，等车的时候不会排队，会跑来跑去，看到车后会比较兴奋，大喊大叫
3. 遇到上车后人很多的情况，小朋友会表现出焦虑的情绪 | 家长的解决策略：
1. 提前预防，出门前跟孩子强调我们要去做什么，做好心理建设
2. 适当应对，出现问题的时候及时应对
教师建议：
1. 运用图片沟通系统，提升认知水平
2. 借助交通软件，提前查好时间，减少孩子的等待时间
3. 讲述社交故事，缓解孩子的焦虑情绪 |

教师的建议为家庭教育提供了有效的指导，让家长有方法可依。除此之外，学校还动用了社区的力量，为学生提供了更多的实践基地，比如学校旁边的社区科普中心，学生可以多次到基地参观和实践。

（三）建立多维度、多指标的评价体系

在"积极行为支持理念下，智力障碍学生一日常规课程的建设"

这一课题研究的推进下，我校还针对学生一日生活的各个方面，制定了一套有效的横向评价标准，以"餐后整理"为例，这看似简单的一个劳动环节，却有着 12 条不同层面的评价标准，包含了劳动意识、劳动习惯以及劳动技能三个层面。

表 2 - 6 - 2　餐后整理的 12 条评价标准

1. 餐后能归还餐盒到指定处，走路小心不洒出汤汁等	劳动技能
2. 人多时，倒餐盒能安静排队，不推挤	劳动习惯
3. 小心倾倒残羹剩饭	劳动习惯
4. 轻轻放置餐盒，不随便乱扔	劳动习惯
5. 饭后能自觉地漱口和洗手（需要时洗脸）	劳动技能
6. 弄脏的衣服能及时擦拭或更换	劳动技能
7. 能清洁自己餐盒周围的环境	劳动意识
8. 能用清水或洗洁精洗干净餐具	劳动技能
9. 餐具冲洗干净后，装入餐具盒或者保鲜袋，放入书包带回家	劳动技能
10. 能主动帮助他人将餐盘归还到指定处，倾倒残羹剩饭	劳动意识
11. 能做班级值日生，餐后清理干净班级用餐区域的桌面和地面	劳动意识
12. 能做一些简单的餐后保洁工作（如倾倒垃圾、清洗、拖地等）	劳动技能

根据学生的一日生活习惯，从晨起到放学，我们将其分成了 14 个模块，在每个模块都制定了 4—14 条不同维度、不同层次的评价标准，教师和家长可以根据学生的表现进行评价，也可以在学期初和学期末进行多次评价，对比学生的进步情况，以此促进劳动教育的成效。

除此之外，学校形成了一套"学—练—赛—评"的纵向一体化评价体系，学生在晨会课、班会课中学习劳动教育的技能，在社会实践、一日生活中不断进行练习，在每学期一次的劳动教育周中进行评比，最终会通过同伴互评、家长评价以及教师评价等在每个班级选出一位"劳动小能手"。

（四）加强对劳动教育课程的研究

在辅读学校，我们的教育目标是让学生掌握一定的生存技能，离开学校后能够更好地融入社会和乐生活。在这个目标的指导下，劳动能力的培养是必不可少的。2017 年，我校开展了"积极行为支持理念下，智力障碍学生一日常规课程的建设"的课题研究，无论是晨起、上学、晨会方面，还是在餐前、用餐和扫除方面，都将劳动教育的理念渗透其中。参与这一课题的教师来自学校各个层面，包括了学校中层的领导、一线的班主任、任课老师等，大家共同投入到研究中，以让劳动教育的效果最大化。

三、教育成效

（一）增强了学生的劳动意识

由于特殊儿童智力发展落后，感性知识缺乏，导致他们对抽象概念的认知非常困难，比较容易接受的是直观的教学方式。根据学生的需求，学校一般利用实物、图片、视频等较为形象的手段来进行教学。比如讲解小扫除，与其通过语言强调小扫除的要求和标准，不如通过一段视频给学生提供示范，或者由教师示范，更加能够帮助学生掌握相关的技能。在"积极行为支持理念下，智力障碍学生一日常规课程的建设"课题实施以来，教师积累了大量的图片、视频素材，形成了一套完整的一日常规课程资料包，包括流程图、动画视频以及文字讲解等，通过晨会、班会、社会实践活动、主题教育等场合的渗透，已经让学生基本具备了劳动意识。以"午间扫除"为例。以前午间扫除的时候，学生毫无劳动意识，不知道在规定的时间要做什么，也不能明确自己的分工是什么，经过一段时间的劳动教育后，午饭后学生都能够主动承担自己的劳动任务，并动手操作起来，也减少了偷懒等一些不良行为。

经过积累，我们一共有 16 个主题的一日常规课程，包括健康晨起、快乐上学、文明进校、多彩晨会、认真上课、课间休息、出操准备、阳光体育、餐前准备、文明用餐、餐后整理、午间扫除、午间活动、社会实践以及放学整理、放学离校。这些主题内容渗透在学生每天的生活中，同时也彰显在班级和学校的环境建设中，通过环境浸润，让劳动意识深入每个学生内心。学生通过背诵这些朗朗上口的"三字经"，对劳动的认识更加全面，也因此减少了一些消极情绪。

（二）拓宽了劳动教育的新途径

没有一门学科是完全独立的，劳动技能也并不能仅仅在劳动技能课中培养。因此，学校在各个年级开设劳动技能相关课程的同时，也对其他学科提出了要求，只有学科之间密切配合、相互促进，才能够让教育成效最大化。尤其是对于特殊儿童而言，劳动技能的掌握成效，在一定程度上也依赖于其对于生活语文、生活数学相关知识及技能的掌握。例如在一年级的生活数学课中，就加强了学生对空间概念的理解，在美术课学习的捏橡皮泥等，也培养了学生的精细动作能力，这些对于学生劳动技能的提升都有着至关重要的作用，也让劳动教育由单一途径变成了多途径。

【感想1】

从教育部最新的国家课程标准和教学材料中可以看出，生活是一切教育的前提，语文、数学不是单纯的学科教学，更应该渗透生活的教育。而劳动教育正是生活的教育的一部分，我们该如何在学科课堂中落实劳动教育呢？

一、思想渗透，培养劳动精神

在《环卫工人》《讲卫生》《吃水不忘挖井人》《悯农》等课文中，可以通过理解课文的中心思想来让学生树立正确的劳动理念、平等的职业观，增加对劳动光荣的认知。

二、操作锻炼，提升劳动技能

在生活语文中，还包含一些专门描写劳动场景的文章，比如《小扫除》《忙碌的周末》《学洗碗》等，教师要充分抓住机会，在学习课文的过程中也可以提供几分钟的时间，让学生进行操作练习，从而提升学生的劳动技能。

——语文教师　边老师

（三）提升了多方人员的合作育人理念

掌握足够的劳动技能是孩子顺利走向社会、适应社会生活的基础，在九年义务教育阶段，来自环境和人员的支持，对学生学习劳动技能也非常重要。其中环境包括家庭、学校和社区环境，这些既是学生掌握劳动技能的场所，也是学生进行练习和发挥的主阵地。学校开展一日常规课程以来，对学校环境也进行了一定的调整，比如，在教学楼楼梯的墙面增加了劳动教育的内容，在教室环境的布置上也渗透了劳动教育的主题。除了环境支持，学校还对家长、教师、志愿者等进行了相关的培训，为学生提供来自人际方面的支持。比如，指导教师和家长在不同的环境中教导学生相关的劳动技能，创设自然情境，拓宽学生的经验，帮助学生掌握更多的技巧。在学校，同伴之间的相互帮助、互相示范，也能让彼此共同进步。

◆ 【感想 2】
....

一、家校合作对于培养学生的劳动习惯很重要

俗语说：家长是孩子的第一任老师，可见家庭生活对于学生劳动习惯的培养至关重要。在家庭中，学生主要参与的是家务劳动和生活自理劳动，家长通过引导孩子制订劳动计划，开展家务劳动，将家庭劳动日常化，从点滴的小事开始，比如倒垃圾、拖地、洗碗、晒衣服

等。与此同时，也要增强孩子劳动的参与感，培养孩子对家庭的责任心和归属感。

二、社会实践活动与劳动能力培养相辅相成

每月一次的社会实践活动已经成为学校传统的例行事件，每个月第四周的周四下午，我们带领学生走出校园，走入社区或者更大的社会环境中，同时联合班级结对的志愿者，为学生提供劳动实践的机会，让学生在课堂中学到的知识得以运用。

三、环境浸润让劳动教育立体化

浸润式的教育是将学习的内容与环境、文化建设相结合，在环境中培养学生的劳动能力和习惯。因此，学校在环境上做了相关的调整，教室环境和学校环境中都包含了丰富的劳动教育的内容，让劳动教育更加立体化，让学生在日积月累的浸润中，培养良好的劳动习惯。

——一位低年级班主任

（边秀丽）

资源开发篇

一日常规课程主题教育方案与微课的设计

一、主题教育方案是一日常规课程开展的第一步

（一）主题教育方案的意义

一日常规课程主题教育方案是依据《一日常规课程指南》的要求，围绕 16 个主题单元，设置低、中、高和职校四个年级段以及不同障碍学生的学习目标，对应设计教育活动实施流程、评价方式、积极行为支持、所需资源等，为特殊学生实施的一日常规教育计划。本主题教育方案为任课教师的教育教学开展提供支持，为家长在家进行教育干预提供指导，实现儿童参与、课程融合、家校互动等多种教育策略在特殊学生日常行为矫正中的运用，提升学生的自我管理能力、良好行为及社会融合能力，致力于学生未来的生涯发展。

（二）主题教育方案的设计

1. 设计原则

（1）目标性原则。

在 16 个主题单元中，每一个主题都有明确、清晰的主题教育意义，以确保后续的实施过程与主题教育目标始终保持一致，有助于教

师制订合理的教学活动计划，包括主题教育活动的实施开展、微课设计、主题教育宣传工作、教育评价等。

（2）层次性原则。

在目标制定上，每个方案根据各年级及不同障碍的学生，对应设计不同的主题教育目标。这是基于不同学段、不同障碍的学习者的能力和知识水平，将主题教育方案进行任务层次化、难度递进式的呈现，以确保相关教育措施在匹配学习者的能力基础上，有序地引导他们从简单到复杂、由易到难地掌握知识和技能。

（3）实践性原则。

根据不同方案的教育目标，设计具体的、实践性强的实施过程与评价方式，使学生在学习过程中能够积极参与实践活动，并将所学的知识和技能迁移到实际情境中，在日复一日的巩固实践中，强化良好行为在日常生活中的应用，以此增强学生的社会适应能力，为将来的生涯发展、回归主流社会打好基础。

（4）指导性原则。

方案的制定依托一日常规课程指南的要求，教师可参考各主题方案，根据学情作出适时的教育跟进和指导，并充分结合各学科的教育内容，在不同学科的课堂中有机渗透相关的教育要求。同时，指导家长开展家庭环境下的教育指导，家校携手，共同促进学生良好行为习惯的养成。

2. 设计框架

（1）目标框架。

每个主题教育方案的目标分为各年段学生教育目标及不同障碍学生目标两个模块，前者是根据不同的学段，设计适合学生当前学段学情的目标，后者是根据学生不同的学习需求和特点，对应设计适合该障碍类别的学生的教育目标，做到面向全体学生、关注个人差异的育人全面性。

表 3-1-1　一日常规课程目标内容框架

```
                    ┌─────────────────┐
                    │  主题教育目标内容  │
                    └─────────────────┘
              ┌──────────┴──────────┐
      ┌──────────────┐       ┌──────────────┐
      │ 各年段学生教育目标 │       │ 不同障碍学生目标 │
      └──────────────┘       └──────────────┘
   ┌─────┬─────┬─────┬─────┐         │
┌──────┐┌──────┐┌──────┐┌──────┐  ┌────┬────┬────┐
│低年级 ││中年级 ││高年级 ││职校段 │ ┌──────┐┌─────┐┌─────┐
│(1—3 ││(4—6 ││(7—9 ││(职1—4│ │智力障碍││自闭症││无语言│
│年级)  ││年级)  ││年级)  ││年级)  │ └──────┘└─────┘└─────┘
└──────┘└──────┘└──────┘└──────┘
```

（2）实施评价框架。

主题教育方案包含设计多元的评价方法，对学生进行多角度、有层次的评价，以了解、评估学生在日常生活中的能力情况和行为习惯，激励学生保持良好行为。

在主题教育方案设计中，主题教育实施过程性评价主要围绕主题教育课程、家校联动及学科联动三方面进行，包括教师观察评价、定期家校沟通、学科教师针对教学目标开展评价等。在主题教育系列活动结束后，进行教育成效的总结性评价，包括颁发荣誉证书、评选"金海贝奖"等。

（3）支持体系框架。

积极行为支持是课程开展的有力保障，包括环境因素积极支持、结构化流程支持及积极心理影响支持。

环境因素积极支持为优化设计一日常规课程的可视化，结构化校园墙面环境、走廊环境、卫生间环境等物理空间，优化全员参与一日常规课程实施的人文环境等。结构化流程支持是支持良好行为习惯练习的结构化教学支架，包括行为习惯口令、录制分步骤视频等。积极心理影响支持为每个月班内的"小达人"评选，通过评选激励学生保持良好行为，发挥榜样作用，正向引导其他同学，加强自身良好行为的发生。

（4）过程推进框架。

主题教育主要分三个模块推进：准备宣传、深入推进、小结反思。

准备宣传主要包括通过公众号宣传相应主题活动、校内工作会议、教具支架的制作准备等。深入推进主要为各教室可视化环境布置、学科渗透开展教育活动、每月的评比环节等。在活动尾声，通过数据统计分析学生良好行为习惯的教育实效，收集活动过程中的教育资源，制成可持续使用的资源包。三个模块层层递进，有较强的实践性和可持续性。

二、主题教育微课是一日常规课程实施的重要教学环节

（一）主题教育微课的意义

主题教育微课以学校的晨会课为主要教学时间，以低、中、高和职校年级段为划分，设计符合不同年段学生认知规律的，呈现碎片化、短小、高效的关于良好行为习惯学习的课程资源。

一日常规的教与学是师生交互的教育过程，教师通过课堂教学教会学生良好行为习惯需要的步骤和注意事项，更重要的是，学生在主题教育系列活动及日常学习生活中不断巩固强化习得的好习惯，这是一个内化过程。晨会微课以灵活便捷、突出重点的特点让学生快速习得不同主题中蕴含的道理，采取适合学生学情的教育方式，借助图片、视频、儿歌等资源，让特殊学生通过多感官体验、小步子学习，提高学习效果和学习体验，更好地将所习得的良好行为迁移至真实生活中，促进良好行为的发生。

（二）主题教育微课的设计要点

1. 把握年段学情，开展差异化教学

进行微课教学设计时，首先应考虑到不同年段的学生有不同的学

情，即使是同一主题的教育课程，对应的教育目标也是不同的。

首先，微课的教学目标须由教师把握该年段的学情后制定，要设计符合学生特点的主题教育微课，以确保教学设计的合理性和可达性。其次，在有着确切的各年段目标后，教师也需要选择适合学生认知能力和兴趣的教学内容，择取有差异的教学策略及方法。通过把握年段学情和开展差异化教学，主题教育微课可以更好地满足不同年龄段学生的学习需求，达到学生的最近发展区。

2. 联系生活实际，纠正问题行为

特殊儿童能接受的教育方式更为直接，即教师在开展主题教育微课时，应将学生日常生活中出现的问题与他们的实际生活联系在一起，有助于学生直接理解所学知识，同时纠正自身问题行为。

微课设计应密切联系生活实际，可通过设计实践性的学习活动，包括模拟情境、角色扮演等形式，也可通过对问题行为的直接指导和支持，如案例分析、小组讨论等，还可通过积极的行为评价和反馈，在课上对学生日常良好行为做出正面反馈，引导其他学生学习，提升自身良好行为。

3. 善用教学支架，提升教学实效

主题教育微课的上课形式虽简短，但这是一日常规课程实施的重要教学环节，教师通过微课将良好行为的道理和知识"引"出来，以便日后学生反复练习，不断塑造，因此，在课堂中善用教学支架，让学生在简短的课堂中快速习得是十分关键的。

教师通过视频、结构化的图示、示范讲解等，指导学生学习主题单元中的内容，帮助学生更好地理解和应用所学的知识，提升教学实效。

三、主题教育方案和微课的实际运用

（一）承接指南内容，体现主题式、场景化特点

根据《一日常规课程指南》设计相应的主题教育方案及微课并实

施，根本目的在于帮助特殊学生习得良好的一日常规良好行为和生活规范，将所学的某一主题内容进行知识迁移，直接运用到生活中的不同场景，让他们更好地适应生活。

如在我校低年级段的主题教育"文明用餐"中，不少学生尚处于幼小衔接的过渡适应期，他们的独立用餐意识和手部操作能力都处于较弱的阶段。通过主题教育的教学，学生逐步习得用餐规则，如"在自己的位子上坐好，主动拿出餐具"等。教师引导其锻炼手部力量，包括练习撕纸、调整餐具等，同时指导家长在用餐能力锻炼上进行家校同步。经过一个月的练习，学生的用餐自主能力及手部协调能力得到了一定的提升。随着时间的推移，学生的用餐习惯与能力越来越好，所需的支架与他人的辅助越来越少，最后不论是在学校还是在家，学生都能做到自主文明用餐，不再需要家长全程辛劳地陪护用餐了。

（二）对应学生特点，体现年段式、班本化要求

针对不同学段的学生，学校进行有针对性的、符合学段认知能力的主题教育，以满足学生的认知发展特点，贴近该年段所需达到的社会适应能力。因此，各主题教育方案和微课会根据年段设计教学目标及教学活动，且教师在具体实施过程中，不仅关注年段学情，更是根据各班特点和班内学生实际生活需求，开展班本化教育。

如在主题教育"快乐上学"中，各年级对每日上学的要求和流程有不同的目标，如低年级在该主题中的教育目标是"在家长护送下按时到校"，部分中年级学生可以独自乘坐公共交通上学了，则目标提升至"路上自发注意安全文明"，高年级学生不仅要"在路上注意安全文明"，更要自主把握好上学时间，做到"按时到校"。而各班教师根据该班学生上学实情又会将目标及活动实施进行细化。如某个班多数学生的上学交通工具为地铁，教师在开展主题教育时就会着重对如何文明乘坐地铁进行递进式教育教学工作。通过图示讲解等协助低年级学

生熟悉地铁环境，理解坐地铁的流程；通过视频讲授提升中年级学生独立上学能力，培养他们安全坐地铁的意识；通过任务书等提高高年级学生解决突发情况的能力，增强与地铁工作人员的社交能力，以便在需要帮助时进行求助。

图3-1-1　辅助低年级学生了解
　　　　　乘坐地铁流程的图示

图3-1-2　警示中年级学生注意乘
　　　　　坐地铁的安全文明

图3-1-3　高年级学生开展真实情境演练的任务书

（三）观照个体需要，体现支架式、个性化支持

我校特殊学生主要的障碍类型为自闭症及智力障碍，须针对不同类型的学生，为其提供特定的个性化支持，建立一个以学生为中心的教育支持体系，帮助他们更好地学习和发展。

以主题教育"午间活动"为例，自闭症学生通常会有一定的刻板行为和情绪问题，抓住其障碍特点，通过设计结构化流程，让学生了解活动规则，进而融入集体。彭彭是一名典型的自闭症学生，在最初开展午间活动时，由于不理解规则、不适应活动的变化而发脾气。因此在教师运用了结构化教学方式后，通过视觉图片，帮助他理解游戏的规则，在每一个环节后，运用结构化的评价策略了解彭彭的情绪，并对当日活动表现进行评价。渐渐地，彭彭在午间活动中发脾气的情况减少，能融洽地参与集体活动。

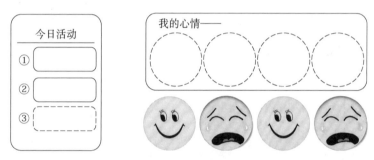

图3-1-4　结构化活动流程图　　图3-1-5　结构化情绪反馈图

由于智力障碍学生在能力上差异较大，所以在对智力障碍学生的个别化辅助中，教师会对学生按照能力搭配：一名能力强的学生和一名能力弱的学生进行同伴互助。通过同伴互助支架，能力强的学生充当小老师，在巩固知识的同时增强自我认同和归属感，能力弱的学生有模仿对象，能够明确主题教育活动中的各项任务。因此，在同一项活动任务下，不同能力程度的学生都能得到最大程度的能力提升。

◆ 【班主任们这样说——】

张老师：校园及教室环境中随处可见的一日常规，能够为低年级学生提供清晰的活动指示，帮助学生尽快适应校园生活，提升生活技能。另外，从学校一日常规到家庭一日常规的延伸是真实有效的家校共育，能够促进家长教育理念的更新，使家庭教育指导更有抓手。

黄老师：一日常规课程的开展让这群特殊孩子在日常点滴中不断进步。在从低年级到高年级的成长过程中，能力较强的孩子逐步从劳动素养的锻炼积累提升至职业能力的发展；能力弱的孩子慢慢学会吃饭、擦桌子等基本技能，逐步提高自我服务、自我照料的能力。一日常规不是一朝一夕的事，我坚信："播下习惯的种子，终能收获命运的果实。"

朱老师：一日常规课程的开展不只是在义务教育阶段辅助学生养成生活、学习作息的好习惯，更重要的是让职校阶段学生具备未来所需的职业素养，如：进校打卡、微笑打招呼、不迟到等，这是最基本的也是步入社会的第一课。

邹老师：学校的一日常规课程对不同障碍类型的学生都有很大的帮助。比如我们班级的自闭症学生，在"文明进校"主题教育的强化下，每天能够自觉地微笑打招呼，进班后能完成相应任务；还有脑瘫的孩子，通过"文明用餐"等一系列主题教育，逐渐能有条不紊地完成午餐，用完餐后自觉收拾整理餐具，进步很大。

表 3－1－2　"多彩晨会"一日常规主题教育方案

主题教育意义	引导学生了解晨会课的流程，对当天的学习安排有初步的了解，并能做好准备，振奋精神		
主题教育目标	各年段学生教育目标	低	1. 能安静参与晨会课（不哭闹，不跑出跑进等） 2. 能在提示下和老师、同学问好，听老师报到自己的名字能说"到" 3. 能认真听老师说今天的活动与课程安排

续　表

	中	1. 能积极参与晨会课（如参与老师提出的一个主题讨论） 2. 能和老师、同学问好，听老师报到自己的名字能说"到" 3. 能跟着说一说今天的日期和天气		
	高	1. 能在老师的辅助下自主管理晨会课 2. 能说一说今天的日期和天气，以及相应的衣着 3. 能看文字提示说一说今天的活动与课程安排		
	职	1. 能自主组织、主持晨会课 2. 能查一查今天的日期和天气，说一说相应的衣着 3. 能说一说今天的活动与课程安排		
不同障碍学生目标	智力障碍	能主动问好，点名时能说"到"，能说一说日期与天气、当天的活动与课程安排		
	自闭症	能和老师、同学问好，点名时能说"到"。能说一说日期、天气、当天的活动与课程安排		
	无语言	能主动挥手打招呼，点名时能主动举手，能认真听当日的日期、天气以及活动与课程安排		
教育实施措施与评价	主题教育	1. 议一议：晨会课流程有哪些？ 2. 比一比：晨会谁表现最棒？	评价实施	1. 教师观察评价 2. 在班级比赛中互评
	家校联动	通过学校公众号、家长微信群告知家长晨会的各年段目标	评价实施	定期家校沟通
	学科联动	语文：学习课程生字，练习表达 数学：学习日期、温度 品社：保持安静，等候指令	评价实施	各学科老师根据纲要中对应的教学目标进行评价

续　表

积极行为 支持	环境因素 积极支持	1. 根据各年段目标，在教室中张贴晨会的流程（图文结合），并凸显该年段晨会的重点要求 2. 对于部分自闭症学生，建议他们在桌面上制作提示图卡，明确晨会要求和基本规则 3. 根据各年段要求，分别录制晨会的示范小视频，在教学楼里滚动播放
	结构化流程支持	【打招呼，问声好→听名字，要说到→交作业，摆整齐→知日期，聊天气→读课表，说活动→准备好，精神棒】
	积极心理 影响支持	1. 每月评比"晨会优秀小海贝" 2. 根据学生每月上课情况，由老师收集学科老师评价、照片、视频等素材，进行前后对比，作为学生月末评比的参考依据
主题教育 实施过程	准备宣传： 1. 制作公众号推送信息，重点推送给家长，让家长了解教育内容与要求 2. 召开校区工作会议，告知全体教职工教育活动内容与要求 3. 和广告公司联系，制作在校打卡版面、"晨会金海贝"证书、评价表格等 4. 根据各年段要求，分别录制几个晨会好习惯的示范小视频，并组建月月赛评比小组，确立月月赛评比要点，制作并张贴海报 深入推进： 1. 各教室完成相关的可视化环境布置 2. 学科渗透开展教育活动 3. 在每天的课堂上加强好习惯的培养。将"三字经""结构化流程图""绘本故事"等资源运用于主题教育活动中。布置"评一评：晨会表现谁最棒?"的评比要求 4. 每月教师在观察中评价 小结反思： 1. 通过数据统计分析学生晨会常规养成的教育实效 2. 收集整理教师教育过程中使用的教育资源，做成资源包	
主题教育 评价	过程性评价：教师观察评价、晨会表现评比 总结性评价：晨会"金海贝"奖项评比	
主题教育 资源	1. 示范小视频（晨会的良好表现） 2. 结构化图示、"三字经"	
主题教育 生活迁移	引导学生在校外的日常生活中也能对一天的生活进行合理梳理与安排，培养他们提前计划的意识和能力	

表 3-1-3　"出操准备"主题教育微课设计

教育主题	出操准备	年级段	低年级段
授课班级	一（2）班	授课教师	顾小红
教育目标	1. 听到广播能够主动站在排队位置等候其他同学 2. 跟着老师有序地进操场，不吵闹、不推搡		
课前准备	PPT、视频、流程图		

教育过程	活动建议
一、图片引入 　1. 师：同学们看，这是谁？ 【播放解放军叔叔列队照片】 　他们排得怎么样？整整齐齐。我们每天大活动的时候也排队，你觉得你们排队整齐吗？ 【出示学生排队照片】 　老师相信同学们一定也能和解放军叔叔一样，排队走路都能做到整整齐齐，但是这需要大家一起努力，加油！ 板书：出操准备快静齐 **二、学习出操准备** 　1. 知道自己的位置 （1）师：我们低年级小朋友排队是一个一个排队的，所以大家一定要记住自己前后是谁，这样就不会排错位置了。 （2）先在教室里的排位点上练习一下，每个人站在点上，说一说自己排在谁的后面。 （3）坐回座位，说一说刚才自己是排在哪位同学的后面。 　2. 听广播声排队 （1）师：大家排队都排得很好了，那我们什么时候要排队呢？每天大活动开始的时候，会有出操准备的音乐响起，我们一听到音乐，就要主动在教室里排队了。 （2）试一试，老师播放音乐，学生听到音乐自己找到位置排好队。 　3. 排队走路快静齐 （1）师：同学们都很厉害，但是不仅排队的时候要站得整齐，走路的时候也要整整齐齐、安安静静。这就要求我们每个同学紧紧跟住前面的同学，眼睛不可以看旁边，不能掉队，好吗？ （2）试一试，先慢慢走，适应之后逐步加快行走速度。	出示榜样示范，感知什么叫做快静齐 布置适当间距的排位点，加上对应数字，分配给对应学生 可以拍一张排队的照片做提示 选择出操准备的广播音乐，帮助学生养成习惯 班里如果有能力较弱、无法完成的孩子，可以选择老师、助教辅助，或者两两排队 从排队站立到行走，可以慢慢过渡

续 表

教 育 过 程	活动建议
三、练习 1. 师：刚刚我们学习了如何进行出操准备，我们一起看着流程图来学习一下"三字经"吧 2. 下面的小朋友做得对吗？我们一起来看一看，说一说 （1）排队的时候没有对齐。 （2）走路的时候眼睛看旁边，掉队了。 （3）排队的时候抓住前面同学的手。 3. 师：你们能不能坚持每天主动做好出操准备呀？老师为你们点赞 **四、总结** 师：今天我们通过学习实践知道了怎么进行出操准备，从明天开始我们就要来比一比谁最认真，最努力，加油	
教育资源	1. 出操准备的绘本 2. 出操准备的视频 3. 出操准备的任务单	

教育主题	出操准备	年级段	中年级段
授课班级	六（2）班	授课教师	徐敏
教育目标	1. 听到广播迅速到门口排队，并保持安静 2. 排队时检查自己的着装，看校服、红领巾是否穿戴好 3. 跟着老师有序地进操场，不吵闹，不推搡		
课前准备	PPT、视频、流程图		

教 育 过 程	活动建议
一、引入 1. 明确总目标 师：新的一月开始了，我们这个月又有了新的目标。一起来把出操"三字经"读一读。 出操准备"三字经"： 出操前，做准备 整衣衫，快排队 把灯关，静等待	学生齐读，老师大概说一下各字句意思 突出榜样的作用，让学生明白什么样的出操列队是最好的

教 育 过 程	活动建议
音乐响，齐步走 下楼梯，靠右走 进操场，列队站 　2. 榜样示范 　怎么样出操列队才是最棒的呢？我们一起来看看武警叔叔们的列队视频。（播放视频） 　看完之后，你有什么感想？ **二、新授** 　1. 准备环节 　整衣衫，快排队；把灯关，静等待 　今天我们就来学习像武警叔叔一样列队，做到快、静、齐。 　听到铃声后，就像"三字经"里说的，我们要做四件事。 　（1）整衣衫。我们一起来做一做，该怎么整理。拉好衣领，理好红领巾，跟老师一起做一做。 　（2）快排队。迅速在走廊里排队，排队的时候速度要快，但是要保持安静、整齐，我们一起来试一试。 　（3）把灯关。今天值日的同学负责关灯，一定要牢记。 　（4）静等待。排完队后安静站好，等音乐响了才能去操场。 　2. 出操环节 　音乐响，齐步走，下楼梯，靠右走 　好，这是之前的准备工作，等音乐响起，就要正式出操了，这里要做到两点。 　（1）音乐响，齐步走。音乐响起后，整齐地出发。同学之间保持适当的距离，不推不挤，不发出声音。 　（2）下楼梯，靠右走。下楼梯的时候靠右走，如果遇到前面同学走得慢的情况，请静静跟在他后面。 　我们一起来试一试。 **三、练习** 　1. 明确要求 　谁能说一说，今天我们练习了出操准备的哪些环节？分别有哪些要求？ 　2. 出操演练 　我们一起来模拟演练一下，找一找做得不够的地方。 **四、小结** 　说一说你今天的收获	突出中年级目标，分准备和出操两个环节，从"三字经"中提取对应字句，着重解说与练习 再次明确要求，加强记忆，加强练习，形成习惯

续　表

教育资源	出操准备的视频 出操准备的任务单

教育主题	出操准备	年级段	高年级
授课班级	八（1）班	授课教师	杨海珍
教育目标	1. 懂得出操准备好习惯的重要性，从而愿意积极践行 2. 掌握出操准备的流程以及每个环节的注意事项		
课前准备	教育视频、PPT 课件		

教育过程	活动建议
锻炼身体，不但能让身体健康，还能磨炼人的意志。天气好的时候，我们每天都要去操场出操。那么在做操之前的这段时间，我们需要做哪些事情，有哪些好习惯呢？ **一、出操准备之好习惯的重要性** 　　用图片展示一些出操准备时的不良现象。请大家说一说哪里做得不对，有什么危害。并总结好习惯的重要性。 　　1. 井然有序保安全 　　出操前，全校的师生都要赶往操场上集合。如果大家乱哄哄又挤来挤去，很可能会发生安全问题。 　　2. 井然有序速度快 　　当大家都有条理地各自准备，有秩序不拥挤，这样就会节约很多时间，保证大家都能准时到达出操点。 **二、出操准备流程** 　　出操之前应该做好哪些准备呢？ 　　（一）请学生头脑风暴，自由回答。 　　（二）师生共同总结：环节归纳，并讨论每个环节的具体细节。 　　【下课后，早准备】 　　1. 下课铃声响，校服、红领巾、鞋带检查好 　　2. 关好灯，打开窗。节电管理员关好风扇、电灯，值日生给教室开窗通风 　　【音乐起，不拖拉，排好队，快、静、齐】	照片展示最好是针对本班级的一些不良习惯，这样更容易触动学生，纠正不良习惯 这一环节要充分激发学生对出操准备重要性的认识，以提高学生保持好习惯的自觉性 分配好固定的人来关灯、开窗，也可以由一个固定的人来检查大家的红领巾和鞋带 强调让学生通过抱臂来前后保持

续　表

教 育 过 程	活 动 建 议
运动员进行曲响起，及时在教室外排队等候，准备上操，不拖拉。做到三个一： 　　集合一分钟——快 　　不讲一句话——静 　　队列一条线——齐 　　（前后保持距离——抱臂） 【行进间，要有序】 　　1. 在教师的组织下安静、迅速、整齐地按指定路线到达出操地点。 　　2. 排队走路时思想要集中，上下楼梯靠右行，注意安全。 　　3. 如果两个班同时到达楼梯口，不同年级则年级低的班级先行，同年级则序号小的班级先行。 　　（走廊上慢慢走，转弯口减速走，上下楼梯靠右走） 　　（三）读儿歌，理思路 　　下课后，早准备。 　　音乐起，不拖拉， 　　排好队，快静齐。 　　行进间，要有序， 　　保安全，不费时。 　　（四）提问与自评 　　1. 下课后要自觉做好哪些准备？你做到哪些了？ 　　2. 音乐响起后，排队要做到哪三个一？你做到哪些了？ 　　3. 行进的时候，你会怎么做？你做到了吗？ 三、实践练习，评价 　　现在我们来进行一次模拟练习，等下老师会播放下课铃声和音乐。 　　1. 模拟练习。 　　2. 学生自评，伙伴之间互评，师评。 　　3. 奖励做得好的学生，并指出哪些地方需要继续努力。 四、总结 　　1. 背儿歌。 　　2. 排队要做到哪三个一？ 　　让我们从今天起，努力遵守出操准备的好习惯，通过一个个好习惯成为越来越好的自己	一定的距离，前后离得太近可能会有一定的安全隐患 此环节可以让学生自评、伙伴评，帮助学生意识到自己在准备活动中的不足，以便后续改正 如果学生能力差异很大，可以进行 AC 组学生结对互助

教育资源	整桌面，收椅子，排队快静齐 https://v.qq.com/x/page/v0674cqk58y.html

续 表

排队快静齐，行进有序
https://v.qq.com/x/page/d05312zciep.html
上下楼梯——文明有序靠右行
https://v.qq.com/x/page/j0703uln2md.html

教育主题	出操准备	年级段	职校
授课班级	职一（3）班	授课教师	张方燕
教育目标	1. 进一步了解《日常行为规范》中的出操准备活动，明确出操准备的要求和步骤 2. 能根据天气的变化调整自己的着装 3. 以班级为集体快速整队，做到快、静、齐 4. 能把规范的要求内化为自己自觉的行动，做一个文明守纪、健康向上的学生，增强班级凝聚力		
课前准备	1. 收集相关视频文件和照片 2. 将教室座位布置成矩形 3. 自评表		

教育过程	活动建议
一、实践演习 （在同学们没有准备状态下，突然进行整队活动。并计时反馈。） 师：刚才老师在你们没有准备的状态下，进行整队，你们觉得你们表现得怎么样？ 生交流：…… 师小结：今天我让同学们进行了一场早操准备活动的实战演习，同学们在无准备的情况下，已经做得很好了。作为职校学生，每日的出操也是一个常规活动。 揭题：出操准备 **二、实践学习** 1. 播放视频片段《真正男子汉》 学生观看后，教师提问：同学们，他们解放军是怎么进行集合整队的？ 学生讨论交流……	突然袭击式的整队会让学生在不知所措中产生惊奇感和新鲜感。很好地导入课题 播放视频激发学生兴趣，并学习军人铁一般的意志，与下一段视频产生对比感受 学生若没有掌握视频中的有效信息，可以再次播放

续　表

教　育　过　程	活动建议
师小结：军人有铁的纪律，为了保卫祖国，保卫人民，他们时刻准备着，有坚强的意志力支撑，所以任何时候他们都严阵以待。我们要向他们学习。 　　2. 观看一段小视频：看一看，想一想，他们对吗？ 　　讨论：根据以上现象，说说这些不良行为我们应该怎样改变？你觉得我们的出操准备应该做到怎样？ 　　生讨论回答：快速、安静、整齐…… 　　3. 大活动集合整队要求（板书） 　　（1）学习集合列队儿歌 　　听到铃声响，准备做早操。 　　椅子要推好，快速列好队。 　　① 教师带领学生念一念儿歌。 　　② 学生集体念一念儿歌。 　　（2）列队要领 　　一要动作快； 　　二要声音静； 　　三要列队齐。 　　① 教师示范队列站姿。 　　② 提问：怎么才能做到齐？ 　　学生回答：…… 　　教师小结：静止站队列时，两眼平视前面同学后脑勺，挺胸收腹，两手并拢中指紧贴裤缝。 　　③ 读一读：教师和学生一问一答式朗读。 　　（3）列队注意事项 　　去操场，要关灯，节约用电讲环保。 　　上下楼，靠右走，不推不挤讲安全。 　　① 讨论：出操前有哪些需要注意的。 　　② 师生小结：…… 　　③ 出操队列，衣着合适。 　　看照片（冬天班级集体列队照片里小和穿着短袖） 　　学生观察，想一想回答：出操时穿适宜的衣服。 三、实践练习 　　1. 模拟集合 　　带领学生练习大活动集合，要求快、静、齐（关灯、推整齐桌椅） 　　① 观察班级出操路径流程图 　　② 练习，并计时	视频，并给予一定的提示 先请学生贡献解决问题的方法，再由老师进行总结 通过观察小和在冬季里穿短袖的照片，直观地了解出操队列应该穿适宜的服装

续　表

教 育 过 程	活动建议
2. 练习站姿 抬头挺胸进操场。教师示范和个别同学示范。 3. 练习原地踏步、行进踏步 提要求：排列队时，挺胸抬头，两眼看前方，双臂摆动脚抬高，听指挥，踏步走。 4. 模拟练习集合整队进操场 师点评：刚才同学们的表现都非常好，再次用掌声鼓励一下。	通过评分表自评，使学生进一步了解自己在午扫劳动中是否都达到了标准，并清楚自己与同学之间的差距

四、比一比、赛一赛

1. 出示评分表，评一评，我都做到了吗?

项目	评价	填☆、△或○ ☆表示全部达标，△表示部分达标，○表示未做到
队列准备	椅子推好	
	随手关灯	
	随手关门	
	衣着合适	
出操列队	快	
	静	
	齐	
	上下楼靠右走	
	行进队列齐	

2. 请学生根据评分出操队列要求，结合自评表进行自评

3. 评评出操准备"金海贝"

每月月终，我们都会进行"金海贝"的评比活动，五月我们将进行出操准备"金海贝"的评比。

评比方式：不记名投票

根据投票结果评选出五月的午扫"金海贝"。

学生进行自评，使学生了解"金海贝"的评选方式，以更努力的态度积极进行出操准备，争取成为"金海贝"

让学生关注自己出操准备的表现，发现问题并提出解决问题的办法，以主人的身份对待集体的事情。从点滴的小事中，养成良好习惯，为班级争光

续　表

教　育　过　程	活动建议
五、小结 　　师小结：今天我们通过学习、练习，知道怎样来集合整队。这就是一名合格的初职生应该做到的，你们能做到吗？ 　　学生：能！我们要用实际行动克服缺点，养成良好行为习惯，为班集体争光	
教育资源	学生出操准备视频 视频片段《真正男子汉》 班级队列照片若干 学生出操路径流程图

（戴　圆）

绘本故事开发与运用

一、一日常规课程绘本故事的积极作用

（一）积极为特殊学生的学习与模仿提供正确范式

一日常规课程主要是要让学生养成正确、良好的行为习惯，启蒙理解社会生活规则。特殊学生学习生活规则需要从模仿开始，逐渐形成固定的、积极的行为模式。因此，在学生学习体验的过程中，除了给予他们来自教师、家长的引导，还要提供大量的可供学习、参考的资源或范式。一日常规绘本故事不仅叙述了不同场景下对应的正确行为，还描述了一些操作性活动的具体流程，能给学生积极的提示和引导。更重要的是，将知识技能、情感体验、行为规范、正向的互动行为等通过情境式、故事化方式来呈现，更能够暗示、提醒和引导智力障碍学生产生符合学校生活情境的行为、社交技能和语言等，使其能更好地融入学校的学习生活，提升生活适应能力。

（二）积极为特殊学生行为与习惯的养成提供良好支持

绘本是一种儿童文学形式。相比一般的图画书和课文，绘本可以促进儿童认知能力、语言表达能力的发展。且绘本的图画可以表达完

整的故事，即使脱离文字，学生也能从图画中读出故事的情节。可以将在校一日生活中应该养成的良好行为习惯撰写成故事，描述特定情境中的适当反应，让学生通过故事提供的范式进行学习。通过一日常规绘本故事的阅读，学生将故事内容内化为自己的认知，将故事中的线索转化为自己的行为，然后应用于适当的情境中，为良好行为和良好习惯的养成提供支持。

二、一日常规课程绘本故事的设计思路

（一）目标统领，贴近生活

围绕日常自我生活会管理、日常行为习惯会养成、日常交往沟通会学习、日常规律生活会安排的课程总目标，结合学生实际生活，并考虑到特殊学生对故事长短的可接受程度，一日常规课程绘本在编写过程中将 16 项内容中的两项进行了合理的合并，又结合当时的疫情实际，适时增加了"文明进校（防疫版）"。共编写了 15 个绘本故事，以贴近学生实际生活，体现学于生活、用于生活的理念（表 3-2-1）。

表 3-2-1　一日常规课程绘本思路

绘本主题	主要目标	绘本主题	主要目标
健康晨起	规律生活、自我管理	餐前准备	习惯养成、自我管理
快乐上学	习惯养成、自我管理	文明用餐	规律生活、自我管理
多彩晨会	习惯养成、交往沟通	餐后处理	习惯养成、自我管理
文明进校	习惯养成、交往沟通	午间活动	习惯养成、交往沟通
出操准备	习惯养成、自我管理	午间扫除	习惯养成、交往沟通
阳光体育	习惯养成、交往沟通	放学准备	习惯养成、自我管理
认真上课	习惯养成、自我管理	放学离校	习惯养成、交往沟通
课间休息	自我管理、交往沟通	社会实践	交往沟通、自我管理

（二）标杆树立，积极示范

本系列绘本的插图以我校的家庭和学校生活为背景，希望学生通过绘本的图画加强绘本故事内容和学生真实生活的联系。在访谈中，教师和学生普遍认为我校的吉祥物"金海贝"是大家喜欢的形象。金海贝露出洋溢的笑容，竖起大拇指，寓意夸赞、称赞的作用（图3-2-1）。海贝是一个积极的、正向的形象，用"海贝"来给学生做示范，在学生心中树立起标杆形象，可以潜移默化地将良好的行为习惯植入学生心中。根据计划，学校每月制定一个主题，经过一个月的坚持打卡和班级评比，在每个班级推选出表现最佳的同学，向他们颁发"金海贝"荣誉奖牌。拿着沉甸甸的"金海贝"，每位同学都感到无比骄傲和自豪。

图3-2-1 金海贝奖

（三）试听体验，满足需求

人们接收信息、开展学习，都要借助不同的感觉器官，如凭耳朵听，用眼睛看，用手摸等。不同的人对不同的感觉器官和感知通道有不同的偏爱，特殊儿童亦是如此，有些学生更喜欢通过视觉接收信息，也有一些学生更喜欢通过听觉了解外在世界，还有一些学生更习惯通过动手（或身体运动）来探索外部世界，从而掌握有关信息。为了满足不同学生的阅读需求，我们的一日常规绘本也从最开始的传统的图文绘本（图3-2-2）一步步丰富起来。针对智力障碍儿童注意集中困难、注意时长短的特点，有声绘本和动画绘本应运而生。

图 3-2-2　图文绘本

1. 有声绘本，解决特殊儿童阅读难题

同样一个绘本故事，普通学生能够自己阅读，但是部分智力障碍学生不具备这样的独立阅读的能力。因此，我们的绘本故事系列从图文版中衍生出了图文＋音频的公众号版本（图3-2-3）。对于识字量小、理解能力弱、注意力不集中的智力障碍学生来说，有声绘本不仅可以满足听觉型学生的感知需求，还能解决他们无法独立阅读绘本的问题。

图 3-2-3 "图文+音频"的公众号版本绘本

2. 动画绘本，满足特殊学生视听体验

动画绘本可以看作是传统图文和有声绘本的结合体，它是以动态形式依次出现图画的各部分，再加上文字部分的朗读声音的视频绘本。动画绘本满足了智力障碍学生需要多感官刺激的需求，丰富了他们的视听体验。此外，动画绘本在网络上也很受家长的欢迎。家长可以随时点击图文音频结合的一日常规故事，让孩子在闲暇时观看。班主任也可以以此为教学资源在晨会课上使用。

图 3-2-4 动画绘本

三、一日常规课程绘本故事的形成过程

一日常规课程动画绘本由三个部分组成：一是文本内容，二是图画内容，三是语音讲述。我们的绘本编写组也由此分成三组，德育教导员和骨干班主任负责写故事，美术教师负责画故事，再由一位青年教师用富有童趣的声音来讲故事。

（一）取材生活，写故事

1. 编写一个简单的生活故事

一日常规课程绘本故事是与学生现实生活相结合的。特殊学生的日常生活具有丰富多彩、条理性弱的特点。故事需要来源于生活，但又必须通过加工和处理，理顺思路，把事情讲明白，把学生需要养成的良好行为表述清楚。对于特殊学生来说，故事不能太复杂，叙事要简洁且条理必须清晰，因此我们的绘本故事采用线性记叙，即按照时间或事件发展的先后顺序展开，从学生一日学习生活开始，涵盖晨起、上学、晨会、阳光体育、上课、课间休息等，具有顺序性和连贯性。

2. 塑造一组正面的人物形象

一日常规课程绘本故事不是简单的行为要求的叠加，为了使故事读起来更加生动，除了"小海贝"群像，还设计了人物"贝贝"和"小海"。作为故事的主线人物，贝贝和小海会遇到很多实际的问题，他们会和老师、同学展开对话。在故事里，贝贝和小海经历的学校生活片段和我们的学生经历是一样的，他们的学习方式、解决问题的方法都是我们学生学习和模仿的对象，是正确的示范。以"多彩晨会"绘本故事为例（表3－2－2）：课题组讨论后列出了晨会课涉及的内容，及每项内容学生需要达到的要求，再由文本组对标要求编写故事。晨会课上，教师先一个一个点名。教师叫："贝贝"，贝贝起立说："到"。老师叫："小海"，小海起立说："到"。大家听到教师喊自己的名字，都要及时回应。在故事中，贝贝和小海都在教我们的小朋友要怎样去做，帮助我们树立良好的行为，养成良好的行为习惯。

3. 呈现一条清晰的操作过程

为了更好地帮助学生改善由于社会性认知能力缺乏、心智理论发展迟缓而导致的不能理解他人的情绪、想法、观点以及不能理解事物的来龙去脉等社会交往困难，文本组教师参考自闭症行为干预中常用的社会故事教育法中的故事编写原则，明确了一日常规绘本故事在编写时需要遵循的原则：①编写故事之前明确教育主题，及该主题对应的良好的在校行为规范和生活习惯；②需描述清楚六个要素：什么人、什么时间、什么地点、什么事情、为什么和什么方式；③使用描述性语句，尽量多使用肯定语言，突出积极行为。在故事中，我们重点突出清晰的操作流程，即先做什么再做什么。同样以"多彩晨会"的绘本故事为例：丁零零，早上8点，晨会课开始啦！老师跟小海贝们问早，她大声地说："小朋友们，早！"小海贝们大声地回应："老师早！"这里的"开始啦""回应"，都是表示先后顺序的词句，为了让学生明白什么时候应该做什么、说什么。

表3-2-2　"多彩晨会"绘本故事课程

主题	内容	要求	绘本故事文本
晨会	1. 问候打招呼	安静就座—起立—打招呼（师生、生生）	① 丁零零，早上8点，晨会课开始啦！ ② 老师跟小海贝们问早，她大声地说："小朋友们，早！"小海贝们大声地回应："老师早！" ③ 晨会课上，老师先会一个一个点名。老师叫：
	2. 点名	听到自己的名字举手，说"到"，然后出来贴好出缺勤表。一起数一数今日出缺席人数，说一说谁缺席	
	3. 收作业	把作业本放在指定的位置	

续　表

主题	内容	要求	绘本故事文本
	4. 看日历	全班一起说出今天的日期（包括星期几），可以试试说出今天、明天、昨天	"贝贝"，贝贝起立说："到"。老师叫："小海"，小海起立说："到"。大家听到老师喊自己的名字，都要及时回应，说："到。"
	5. 看天气	全班一起看天气，说一说，然后请一位同学贴图（每日轮流）。可以讨论一下当前天气适合的着装以及需要的用具	④ 接着，老师带小海贝们一起认读日历表，"今天是 9 月 21 日，星期一"。⑤ 小朋友们还跟着老师一起聊聊当天的天气，是晴天、阴天还是雨天。大家还一起讨论不同的天气要注意什么，大晴天要注意防晒，下雨天别忘了带伞。
	6. 了解当天特别活动	说说今天或本周有什么特别的活动，要注意什么，大概流程是什么	⑥ 晨会课上，老师还会带领小海贝们一起读一读课程表，说一说这天会有哪些活动。知道了一天的课程和活动，小海贝们可以提前做好准备。
	7. 了解当天课表	看着课程表说一说现在是什么课，接下来今天要上哪些课（上完的课用贴纸盖上，表示已经上过）	⑦ 哦，对了，小朋友们的作业可不要忘了交哇！不同的作业，要分类摆放，还要放得整整齐齐。
	8. 班级时事	一起解决讨论班级里的突出问题	⑧ 做好了准备，快乐的一日学校生活开始啦

4. 提供一些正确的行为贴士

　　在故事中，我们通过正面人物给学生提供正确的行为示范，这些示范成为日常生活中的行为小贴士。还是以"多彩晨会"的绘本故事为例：对应"把作业本放在指定的位置"的要求，故事中写到"哦，对了，小朋友们的作业可不要忘了交哇"，不用说教的语气，用一句温馨提醒，让故事语言生动起来。紧接着一句"不同的作业，要分类摆放，还要放得整整齐齐"，则是指导学生培养良好行为，把交作业的要求写清楚。最后一条——"班级里的突出问题"，在现实中存在多种可能，且大多是处理一些学生的问题行为，考虑到绘本故事要突出积极行为，在编写故事文本时就作忽略处理。

（二）图文互动，画故事

松居直曾提到"图画也是一种语言，阅读绘本的时候，人们听到的声音和看到的语言会在脑子里交流、融合"。图画是绘本的首要构成元素，用图画来讲故事，也是绘本与其他文字类书籍的最大区别。

1. 画出故事的生动情节

绘本和传统意义上的图画书、教材插图最大的区别在于绘本中的图画不是故事中出现的某个单一的插图，而是具有连贯性的故事表现。即使离开了文本，读者也能通过读图理解故事情节。因此，课题组教师的另一个重点就是：文本如何以图画的形式呈现出来。为了让画面看上去生动，我们先是把学生在生活中的照片拿来做范本，进行绘画创作；然后再小组研讨，对照文本在黑板上画草图，确定画面中需要呈现的元素（图3-2-5）。

图3-2-5　研讨绘本内容

2. 表现故事的要点细节

考虑到自闭症学生特别关注细节，文本组在确定绘本故事的文本内容之后，与图画组教师重点研讨了每一幅图画需要通过人物的动作、场景的细节等表达出哪些内容。以《快乐上学》为例，绘本中的三幅图看似很相似（图3-2-6），但是通过红绿灯的变化及海贝站立的位置，我们可以看出故事表达的是：过马路前的思考，即停下来看清红绿灯：红灯停，绿灯行。为了更好地突出学生需要关注的重点，画面呈现时，周围的人物和街景都不画，减少了无关信息的干扰。

过马路时，他一定会停下来，看看红绿灯嘴里小声说：红灯停，绿灯行。

红灯亮着，小海贝耐心地等在路边。

绿灯亮啦！他先看看左边，再看看右边，确定没有车辆开过来，他沿着横道线穿过了马路。

小海贝沿着人行道、靠着右边、非常小心地往学校方向走去。

图3-2-6 《快乐上学》节选

3. 画出故事适宜风格

"绘本不仅是讲故事，学知识，而且可以全面帮助孩子建构精神，培养多元智能。"绘本插画风格很多，有时尚风格插画、幽默风格插画、唯美主义风格插画、写实主义风格插画、Q版风格插画等。为了设计合适的文本图画，配合绘本故事的文本内容，使之更加符合特殊儿童的看图特点，图画组教师参考了"社交故事—按通"APP的插图风格，使画面尽量避免不必要的修饰和点缀，风格上则偏向Q版风格插画，放大海贝的动作及与行为相关的场景细节，以引导学生的正确行为。

（三）声情并茂，讲故事

有声绘本不仅仅是口语版本的印刷书籍。在很多情况下，它们就像精心制作的音频剧，讲故事的声音不仅可以引起孩子的兴趣，更可以增强故事角色的深度。

1. 以声音引人入胜

我们在选择讲故事的配音员时也做了多种尝试。普通学校的老师通常会选择学生来做故事讲解员，对孩子来说，同龄人的声音更有亲和力。但是我们学校的学生大多存在语言障碍，一些语言发展较好的孩子与普通孩子相比依旧存在语言缺陷，因此本校学生难以胜任这个配音员的角色。我们的方案是由教师担任故事讲解员。虽然教师大多很会讲故事，但是第一次配音时，教师的读音偏向科普阅读，大家觉得对于低年级的特殊儿童来说，吸引力不够。于是我们进行了第二次配音。让教师将自己的情感代入到"小海"和"贝贝"身上，用接近童声的语音进行配音。第二次配音之后，课题组选择了几位学生试听，最后确定了配音方案（图3-2-7）。

2. 以起伏突出要点

配音可以说是有声绘本的二次创作。没有感情色彩的声音无法塑

图 3-2-7   配音组研讨

造出有血有肉的小海贝形象。故事文本中的语言虽然简单，但我们要尽可能绘声绘色地用语言表达出"当我们做出正确行为获得赞扬时的愉悦心情"。以餐前准备中的语言为例："大家都知道，饭前一定要洗手。别着急，我们先来排排队。"这里的"排排队"用重音突出了排队这个行为的重要性，短促、轻快的语调让学生觉得要达到这样的行为要求并不困难。几乎每一篇有声绘本我们都进行了多次试录、沟通、调整，让有声绘本通过特殊孩子愿意接受的语音语调向他们有效地传递信息。

四、一日常规课程绘本故事的运用与成效

（一）运用

1. 班级日常教育

一日常规绘本故事编写完成之后，我们首先在学校公众号上发布音频版，并将视频版分发给各班班主任，供班主任们在晨会课、班会课使用。

教师结合每月的一日常规训练内容，根据班级学生的能力特点，

运用直接介绍故事（低年级）或间接连接旧经验（中高年级）的策略，以复述故事、阶段讨论、情境表演的方式引导学生学习、巩固良好的行为习惯。当学生熟悉故事内容之后，部分班主任会分页张贴在教室墙上，或在教室固定区域设置阅读角，摆放绘本，在课间休息时引导学生阅读。从教师说故事到课后延伸创设视觉环境，不断呈现绘本故事，辅助特殊学生在阶段时间内对指定的一日常规内容不断地强化，正向引导学生形成良好的行为习惯。

2. 康训资源

一日常规绘本故事作为教育资源，有机渗透于日常教学与康训中，特别对自闭症学生的行为干预起到了积极的作用。有关自闭症儿童社会交往能力的干预方法有两类：以技能为主的干预和以认知为主的干预。社会故事法是以认知为主干预策略的典型代表。我们的绘本故事正是以社会故事的编写理念组织语句的，减少了大量的修饰性语句。教师在对自闭症学生进行个别训练时，以绘本故事为教育资源，帮助自闭症学生理解学校生活情境下的适当行为，引导自闭症学生开展绘本故事中的各项活动，并训练单项技能，鼓励自闭症学生表现出社会期待的行为。

3. 家庭教育指导

特殊学生家长在教育孩子时缺少合适的资源，有了一日常规绘本故事后，家庭的亲子活动就可以充分利用起来。一日常规绘本故事也使家校共育有了共同的依据。家长可以根据绘本内容按照共同的要求教育孩子。通过学校引导，家长以一日常规绘本故事为范例，仿写家庭一日常规故事，指导学生在相关、延伸情境中泛化技能，养成良好的家庭生活习惯及期待的社会行为。

如五年级（1）班班主任与家委会代表们商议，结合校本的绘本故事，将相应生活技能、社交礼仪、行为规范要求泛化到家庭生活中，涵盖行为习惯、生活自理、社会交往、认知提升、言语语言五个板块

（表3-2-3）。

表3-2-3　以绘本故事指导家庭生活行为规范

一、行为习惯	二、自活自理	三、社会交往	四、认知提升	五、言语语言
1. 吃早饭	1. 晨起	1. 进校	1. 垃圾分类	1. 亲子游戏
2. 个人物品管理	2. 刷牙	2. 乘坐公共交通	2. 交通规划	
	3. 穿衣	3. 外出就餐		
	4. 帮忙做家务	4. 游乐园一起玩		
	5. 餐后整理			

在家长的配合下，学生演绎并形成班级的视频小故事。这样的活动不仅可以让家长了解一日常规的具体内容和实施步骤，亲眼见证学生的成长和进步，还激励家长提出建设性的意见。通过学校和家庭合作，学生和家长结对，大手拉小手，共同促进特殊学生的发展。还可以利用亲子阅读，共同理解绘本故事情节，不仅可以增强学生对绘本内容的理解、内化，还可以拉近家长与孩子的距离，增进亲密感。

（二）成效

我们的一日常规课程绘本故事不追求文字的深度，也不追求有艺术感的插图，更强调实用性，行为指导清晰，易于被学生理解，具有可读性。

1. 学生通过阅读绘本提升自我意识，积极改变行为

通过大量阅读绘本，学生在行为教育中能更好地理解故事情节和人物角色，提高语言表达能力，更好地表达自己的想法和情感。经常听到有学生说："贝贝和小海是我学习的榜样，我要和他们一样，成为

金海贝。"此外，一日常规绘本还涉及角色的自我认知和自我反思，通过观察角色的行为和思维过程，学生可以增强对自己的认识，理解自己的感受和想法，并在行为上进行积极的调整和改变。

2. 结合教学目标，教师运用绘本情境促进学生改变

一日常规绘本给教师提供了教学资源，教师可以选择与目标行为教育内容相关的绘本，在集体教学或个训时运用。负责康训的教师表示："我在个训课中和学生一起模拟了《多彩晨会》绘本中的场景。其中点名签到的环节正好是个训课开始的重要环节。有了绘本示范，学生清楚地知道自己应该做什么。"班主任会选择绘本中的情节，在班会课上组织学生进行角色扮演和情境训练。通过参与角色扮演，学生体验和理解了不同的行为选择和后果，使他们的行为决策能力得到提高。

3. 家庭使用绘本延展教育时空，巩固学生行为

数字化的绘本故事素材方便家长随时随地使用绘本故事进行良好的行为塑造，延展教育的时间与空间。部分家长表示特别喜欢一日常规绘本："书店的绘本对我家孩子来说理解起来太困难了，但这套为我们孩子量身定制的绘本，让我们的亲子阅读变得更愉快。孩子会看着绘本跟我讲很多学校里发生的故事。"运用写实的方式绘制的绘本，让家长在实际使用时不仅可以更好地将图画中的某个场景与学生在校的现实场景对应起来，更能将绘本与家庭生活联结起来，符合特殊学生的认知特点，极大地促进了学生对良好行为的认识，为促进学生养成良好的行为习惯奠定了基础。

五、绘本故事内容

绘本故事《健康晨起》

1. 丁零零……闹钟响了。它在对小海贝说：起床啦！起床啦！

2. 听到小闹钟的提醒，小海贝马上起床。

3. 你看，他自己穿好衣服，把被子也叠好了，还把床单拉得整整齐齐。

4. 接着小海贝来到卫生间，他要刷牙洗脸啦！

5. 上上下下、左左右右、里里外外，牙齿刷得真干净。

6. 挽起袖子，拧干毛巾，认真擦呀擦，小嘴巴、小眼睛、小鼻子、小耳朵，仔细瞧一瞧，小脸真干净。

7. 刷完牙，洗好脸，小海贝看到爸爸妈妈已经为自己准备好了早餐，她笑眯眯地说："谢谢爸爸，谢谢妈妈！"

8. 妈妈说："早餐很重要。好好吃饭，身体才健康，上学时才有精神。"

9. 看到小海贝好好吃早饭，也不挑食，爸爸妈妈对他竖起了大拇指。

绘本故事《快乐上学》

1. 上学时间到啦！小海贝背起小书包准备出发了。

2. 出门前，小海贝对爸爸说："我去上学了，爸爸再见！"

3. 爸爸笑眯眯地朝他摆摆手说："宝贝再见！路上注意安全哦。"

4. 小海贝沿着人行道，靠着右边，非常小心地往学校方向走去。

5. 过马路时，他一定会停下来，看看红绿灯，嘴里小声说：红灯停，绿灯行。

6. 红灯亮着，小海贝耐心地等在路边。

7. 绿灯亮啦！他先看看左边，再看看右边，确定没有车辆开过来，他沿着横道线穿过了马路。

8. 小海贝在路上遇到了同学，他们不奔跑、不打闹，一起上学去。

9. 只要按时出门，按照爸爸妈妈说的路线走，小海贝就能准时到达学校啦！

绘本故事《文明进校》

1. 小海贝很喜欢到学校上学。每天早上，小海贝高高兴兴地背着书包到学校。

2. 来到校门口，小海贝跟妈妈说："妈妈，再见!"

3. 见到执勤老师，小海贝立正、行礼，对老师说："老师早上好。"

4. 见到门卫伯伯，小海贝微笑打招呼，说："伯伯早上好。"

5. 见到同学，小海贝高兴地跟同学招招手，大家一起走进校园。

6. 大家都夸小海贝是个有礼貌的好孩子。

7. 走进教室，小海贝贴上自己的名字贴。

8. 他把书包挂在课桌旁。

9. 小海贝拿出绘本，静静地坐在自己的座位上看书。

10. 老师和同学们都喜欢懂事的小海贝。

绘本故事《文明进校（防疫版）》

小海贝度过了一个特别长的寒假，终于又能到学校上学啦! 你们看——

1. 每天早上，小海贝戴着口罩、背着书包高高兴兴地到学校。

2. 来到校门口，他跟妈妈摆摆手，说："妈妈，再见!"

3. 见到护导老师，小海贝大声地说："老师早!"并把自己的健康表交给老师查验。

4. 见到同学，他笑嘻嘻地跟同学招招手。大家排队进学校，前后隔开一米的距离。

5. 走了几步，小海贝在老师的提示下站立不动，进行体温检测。

6. 测温通过啦! 小海贝可不能忘了消毒双手呀!"手心搓搓，手背搓搓"。

7. 沿着地面上的指引箭头，小海贝很快来到了教室。

8. 挂好书包，他拿出绘本，静静地坐在自己的座位上看书。

9. 回到安全、有序的校园，小海贝和老师们都很高兴！

绘本故事《多彩晨会》

1. 丁零零，早上 8 点，晨会课开始啦！

2. 老师跟小海贝问早，她大声地说："小朋友们，早!"

3. 小海贝们大声地回应："老师早!"

4. 晨会课上，老师先会一个一个点名。老师叫"贝贝"，贝贝起立说"到"。老师叫"小海"，小海起立说"到"。

5. 大家听到老师喊自己的名字，都要及时回应，说"到"。

6. 接着，老师带小海贝们一起认读日历表，

7. "今天是 9 月 21 日，星期一。"

8. 小朋友们还跟着老师一起聊当天的天气，是晴天、阴天还是雨天。

9. 大家还一起讨论不同的天气要注意什么，大晴天要注意防晒，下雨天别忘了带伞。

10. 晨会课上，老师还会带领小海贝们一起读一读课程表，说一说当天会有些什么活动。

11. 知道了一天的课程和活动，小海贝们可以提前做好准备。

12. 哦，对了，小朋友们的作业可不要忘了交哇！不同的作业，要分类摆放，还要放得整整齐齐。

13. 做好了准备，快乐的一日学校生活开始啦！

绘本故事《出操准备 & 阳光体育》

1. 天气晴朗，空气清新，每天的阳光体育活动要开始啦！

2. 听到铃声，小海贝们快快地离开座位开始排队，小红随手关上了电灯。

3. 瞧，大家非常安静地跟着队伍往前走。

4. 下楼梯时，都能保持一定距离，小心地扶着扶手靠右走。

5. 一二一，一二一，听着运动员进行曲，跟着老师的口令。小海贝们踏步进场啦！

6. 立正、稍息、向前看齐……认真做好每一个动作。

7. 升国旗，奏国歌，站站好，敬个礼……大家都是热爱祖国的好队员。

8. 升完国旗做早操，跟着节奏动起来。

9. 伸伸胳膊、踢踢腿，扭扭脖子、弯弯腰，我们的身体充满了活力。

10. 体育活动开始了。

11. 大家根据统一的安排，来到自己班级的活动区域。

12. 有的拍皮球，有的打羽毛球，

13. 还有的滑滑梯，我们班玩的是扭扭车。

14. 不争，不抢，轮流玩，遵守规则讲文明。

15. 你来，我来，一起来，互相分享多快乐。

16. 大家从小爱运动，个个身体一级棒！

绘本故事《认真上课》

1. 上课铃响啦！我们回到教室里。我们都安静地坐着，等着老师来上课。

2. 老师说："上课"，我们快速地起立，站得很端正。

3. 老师说："同学们好！"我说："老师好！"

4. 老师讲课时，小朋友都能认真地看、认真地听。

5. 每次老师提问后，我们都积极举手。

6. 当老师叫到自己的名字时，小朋友起立，响亮地回答问题。

7. 我们听老师的指令轮流参与活动。

8. 我们按照老师的要求认真上课。有时，小朋友们会互相合作，努力完成一件事情。

    9. 老师表扬一个小朋友，大家都为他感到高兴。

    10. 我们要上卫生间或身体不舒服了，就举手告诉老师。

    11. 得到老师的同意后，我们才离开教室。

    12. 下课了，我们与老师说"再见"。

绘本故事《课间休息》

    1. 丁零零，下课啦！

    2. 课间十分钟，小海贝们是怎么安排的呢？我们一起去看看吧！

    3. 有的小海贝去上厕所。

    4. 有的小海贝去倒水喝。

    5. 看，他们慢慢走路不奔跑，排队等候不着急。

    6. 还有的小海贝在教室里观察小植物，一起聊聊天，一块儿玩游戏。

    7. 小海贝们轻轻说话，文明交谈，放松眼睛，放松心情。

    8. "丁零零……"上课预备铃声响，小海贝们快快回到座位上坐好。

    9. 大家拿出下节课需要的物品，准备上课啦！

绘本故事《餐前准备》

    1. "同学们，餐前准备开始了！"午餐时间到了，小海贝们准备吃午饭啦！

    2. 大家都知道，饭前一定要洗手。别着急，我们先来排排队。

    3. 涂上肥皂"搓、搓、搓"，手上的细菌全赶跑啦！

    4. 捏紧小拳头，洗干净的小手可要保护好。

    5. 回到座位上，小海贝把餐垫铺铺好，餐具也摆好了。

    6. 看，取餐盒的时候，他双手小心地端着餐盒。

7. 慢慢地走到座位边,把餐盒轻轻地放在桌子上。

8. 听老师介绍今天的菜谱,每个菜都有不同的营养哦!

9. "同学们,我们开始用餐啦!"听到广播里的用餐铃声响了,小海贝们一起开动吧!

绘本故事《文明用餐》

1. 学校的餐盒里有品种丰富的饭菜。

2. 有些菜,小海贝很喜欢吃,很快就吃完了。

3. 有些菜,小海贝不太喜欢吃,他也会尝试吃几口。

4. 老师说:"吃不同的食物,身体更健康。"

5. 老师说:"自己把午餐吃完是个好习惯。"

6. 今天,小海贝把餐盒里的饭菜都吃完了,老师们都表扬他。

7. 吃完饭,小海贝把嘴巴擦干净。

8. 吃完饭,小海贝把桌子擦干净。

9. 干净的小海贝人人爱。

绘本故事《餐后整理》

1. 午饭吃好了,小海贝开始清理桌面啦!

2. 他先把几颗掉在餐垫上的饭粒捡到餐盒里。再把餐盒里的饭粒、骨头,汤碗里的汤汁小心地倒进湿垃圾桶里。

3. 然后,看我们的小海贝弯下腰,轻轻地把餐盒叠在一起,把汤碗叠在一起。

4. 篮筐里的餐盒、汤碗叠得好整齐呀!

5. 小海贝拿来一块抹布,仔仔细细把餐垫和桌面擦干净。

6. 擦好后,他又来到水池边,把自己的调羹也冲洗干净了。

7. 瞧,他还认认真真地漱了漱口、擦了擦小嘴和小脸。

8. 哈哈,对着镜子笑一笑,牙齿白又白,小嘴小脸真干净。

9. 哦，对啦，洗干净的餐具要及时收进袋子，放进书包里。

10. 餐后，小海贝学会自己整理，大家都非常喜欢他！

绘本故事《午间扫除》

1. 午餐后，我们开始午间扫除啦！

2. 如果桌面和地面上有食物残渣和油渍，我们要及时清理和打扫。

3. 午间扫除开始的时候，小海贝们先用抹布把自己的桌面擦干净。

4. 小海贝们按照分配的任务开始劳动啦！

5. 丁丁负责擦黑板，她把黑板槽也擦得干干净净。

6. 小红小蓝相互配合，清扫地面。

7. 地面扫干净后，小黄和小绿开始拖地板。

8. 劳动结束，小海贝们把劳动工具整理好，再把手洗干净。

9. 小海贝的教室真干净！

绘本故事《午间活动》

1. 小扫除结束，快乐的午间活动开始啦！

2. 我们去看看，教室里的同学们在干什么呢?!

3. 小红在图书角认真地看故事绘本，书可以让我们学到很多知识，我们要和书做好朋友。

4. 小兰和小黄在下棋，你一下，我一下，不吵也不闹，玩得乐呵呵。

5. 瞧，那边还有一位同学正在搭积木呢！哇，他盖起了一座大城堡。

6. 咦，这位同学在干什么呢? 哦，他在休息呢，中午歇一会儿，下午精神会更好。

7. 嘘！我们轻轻地，不要打扰他。

8. 小海贝的午间活动真丰富。

绘本故事《社会实践》

1. 社会实践是小海贝最喜欢的活动啦！

2. 每月一次的社会实践活动，会有志愿者叔叔、阿姨和老师一起带领小海贝们走出校园，参与社会体验。

3. 活动前，老师教小海贝们的知识和技能，大家要牢牢记住。

4. 老师说的活动安排，小海贝们也要认真听清楚。

5. 走出校园，安全第一。在路上，小海贝们可不要东张西望，要注意交通安全。

6. 大家要紧跟着老师和志愿者，千万别掉队啦。

7. 活动中，每个小伙伴要积极学习，积极体验，不会、不懂就要问老师和志愿者。

8. 大家也要敢于说出自己的想法，和小伙伴们一起交流。

9. 有的活动需要大家一起合作完成，小海贝们就要互相帮助，好好配合。

10. 当然啦！在外面我们一定要懂礼貌，做听话、懂事的好孩子。

11. 活动结束后，小海贝们安全地回到学校。

12. 社会实践活动中，小海贝学到了新本领，认识了新朋友，掌握了新技能，得到了老师和志愿者的表扬。小海贝真高兴呀！

绘本故事《放学准备与离校》

1. "丁零零……"放学铃声响了！

2. 一天的学校生活快结束啦！小海贝们开始做放学准备工作。

3. 大家把桌面上、桌肚里的书本、物品都放进书包里。

4. 小红把黑板擦干净。

5. 小绿去倒垃圾。

6. 小蓝把教室的窗户都关上了。

7. 大家把桌子排得整整齐齐，又把椅子轻轻地推到桌子下面。

8. 准备工作做好了，小海贝们都自己背好书包，在教室里排好队伍等待放学。

9. "丁零零……"铃声又响了！

10. 在老师的带领下，大家非常有序地排队离开教室。

11. 下楼梯时，小海贝们扶好扶手，一个接着一个，靠着右边慢慢往下走。

12. 在学校门口，小海贝们会听从老师的指挥，耐心等待前面的班级先离开校园。

13. 轮到自己的班级啦！老师说："同学们再见！"小海贝们整齐、响亮地回应："老师再见！"

14. 大家还不忘跟保安叔叔说声"再见"呢！

15. 如果自己的家长还没来，小海贝可不会随便离开，会乖乖地在校门内等候。

16. 自己回家的同学，路上会遵守交通规则，也不会到处闲逛，快快地、安全地回到家里。

游戏棋的设计与使用

　　浦东辅读学校一日常规课程的研究目的是帮助智力障碍学生养成良好的行为规范和生活习惯。一日常规课程不同于学科课程，它以学生活动课程研究为载体，将训练内容进行可视化设计，用正确的行为图示引导学生，用可以模仿和学习的操作方法带动学生掌握一日常规。

　　为了丰富课程的实施形式，让学生在"玩中学"，课题组尝试通过游戏棋这一载体，把一日常规教育的学习内容以图文结合的形式融入棋类游戏之中，在寓教于乐中探索行之有效的教育游戏，以提高智力障碍学生的行为规范意识和适应生活的能力。

一、一日常规课程游戏棋的设计思路和原则

（一）设计思路

　　在学校一日常规课程的实施过程中，课题组发现，智力障碍学生的学习能力弱，记忆力差，一日常规的内容不经常复习的话容易遗忘，而且智力障碍学生的知识迁移能力较差，说教多、操作少的话会导致学生的习惯养成教育得不到有效巩固。无论是教师还是家长，都希望

通过一些有针对性的资源辅助他们掌握一日常规的要求。

通过平时的观察，我们发现，游戏材料有助于智力障碍学生掌握知识和技能，如他们能在玩飞行棋的过程中记住先后顺序、数字等，操场上的跳房子游戏也会吸引学生三三两两地结伴去玩。我们据此想到，能不能将一日常规和游戏棋结合起来，设计一款内容丰富、玩法多样，能让学生的大脑和肢体活动起来的棋类游戏。

（二）设计原则

1. 体现科学性

游戏是孩子的天性，游戏棋的设计符合智力障碍学生的心理特点与认知水平。皮亚杰认为，游戏的发展与认知的发展是同步的，游戏中大量的重复性行为表明，孩子已经获得的发展将在不断重复中得到巩固。

游戏具有巩固和促进儿童发展的功能，在使用游戏棋的过程中，一日常规的内容不断得到巩固，同时学生的社交能力、专注力、记忆力也得到了反复训练。

2. 体现支持性

游戏棋作为一种课程资源，为学生学习一日常规课程提供支持性环境。游戏棋能够加强一日常规课程实施的效果，能促进学生行为习惯的养成，让他们判断并能记住正确的行为要求、习惯要求；游戏棋也能在日常学科教学活动中使用，帮助"上课好习惯"在课堂教学中的落实；游戏棋还可以对家庭教育提供支持，通过亲子游戏的形式巩固需要家校配合的一日常规内容的学习。游戏棋帮助特殊儿童在游戏中建立并养成良好的行为习惯，使课程目标有机渗透在每一个教学环境中，使课程的实施和对学生的教育功能自然地实现。

3. 体现趣味性

快乐情绪对记忆与学习的影响是重要的。"以游戏为基本活动"，既要"寓教于乐",更要"寓学于乐"。因此,我们在设计游戏棋时,要从学生的兴趣点出发,只有孩子感兴趣的才是适合孩子的,才能充分挖掘游戏棋的教育功能,让孩子在"玩"的过程中感受游戏棋带来的快乐,获得愉快的情绪体验,将一日常规内化于心、外化于行。

(三)一日常规课程游戏棋的设计方案

一日常规课题组开发的一日常规课程游戏棋内容丰富、玩法多样,从呈现方式上主要分为地面棋和桌面棋,从游戏规则上主要分为规则棋和自定规则棋。

1. 游戏棋的内容设计

游戏棋从一日常规课程中精选了 30 个有趣、可操作的知识点,将其印在棋盘上,主要分为以下两类。

(1)正确行为小贴士。

将正确行为小贴士印在游戏棋盘格上,当学生走到这一格时能读一读或做一做,例如走到"见到老师问声好"这一格,可以引导学生向陪同游戏的教师问好,同时得到"前进一格"的奖励。走到"七步洗手我会做",能做出七步洗手动作的学生就能得到"再来一次"的奖励。这样的游戏能使学生懂得正确行为会得到正向支持和奖励。

(2)错误行为判断题。

将一些错误行为印在棋盘上,例如"放学路上闯红灯",先让学生判断对错,帮助学生树立正确的是非观,同时还设置了"返回起点"的惩罚,让学生体会到违反法律法规会得到严格的惩罚,虽然在游戏中会产生一定的挫败感,但会帮助学生理解社会规则,并降低今后踏上社会的试错成本。

2. 游戏棋的款式设计

智力障碍学生的思维是直观、具体、形象的,活动环境对他们来说有非常重要的作用。在游戏棋盘创设上,我们进行了大胆的尝试,让学生在多样的游戏棋环境中增强对一日常规训练要点的理解。

（1）融入校园环境的走廊跳棋。

走廊跳棋是将一日常规的内容印在不同颜色和形状的大型贴纸上，数字按顺序间隔0.5米设置在教学楼的走廊上。

走廊跳棋比较适合低中年级学生，颜色和形状丰富的游戏棋装点在教学楼的走廊地面上，很容易激起孩子们参与游戏、学习一日常规的兴趣。

图 3‑3‑1　走廊跳棋

（2）可移动的大型户外游戏。

大型户外游戏打破了传统的游戏棋形式，更适合在户外运动和融合活动中使用。课题组设计制作了5米乘5米的可移动式地面游戏棋盘，这种形式创新、空间宽松的地面棋，使每个参与游戏的师生都能在活动中变成一颗动态的棋子，跳一跳、说一说、做一做……以身体运动积极主动地投入一日常规课程的学习之中。

（3）便携式的桌面游戏。

桌面游戏也是由课题组的教师们精心设计的，更适合高年级学生使用。棋子代表的是每一个参与游戏的个体，标配是印有学校吉祥物小海贝的棋子。我们鼓励学生设计、创作代表自己的棋子，自己画的

图 3－3－2　地面游戏棋盘

小瓶盖、乐高造型积木等在学生手中变身为一颗颗可爱实用的小棋子。

桌面游戏棋盘上的游戏内容也可以根据班级和家庭需求设置、更换，更具个性化，并且游戏棋便于携带，课堂上、午间休闲活动中、回家后都可以玩。

图 3－3－3　桌面游戏

3. 游戏棋的规则设计

游戏需要规则，有了规则并遵守规则，游戏才能顺利开展。课题组游戏设计团队的教师根据学生身心发展水平和棋盘特点设置游戏规则。但是在具体的执行过程中可能会突发其他状况，需要师生共同合作，完善规则。

（1）基本规则。

规则一：不限制人数

游戏棋打破了传统棋类双人及多人对弈的限制，可以一人单独进行，也可以两人、多人，甚至全班一起进行。

规则二：按棋盘要求完成规定动作

"说一说"，如按照"见到老师问声好"练习问好；"做一做"，如按照"阳光体育来做操"，做一做海贝韵律操；"判一判"是判断对错，知道错误行为要接受惩罚，如按照"放学路上闯红灯"，错了就要返回起点等。

规则三：要有棋品

游戏中不能要赖，要接受可能到来的失败；在旁观看的同学必须做到"观棋不语"等。

（2）自定义规则。

师生可根据班级学生能力自定义规则。如教师和学生可以商量游戏是跳着走还是一步一步走；用"剪刀、石头、布"的形式来决定谁先掷骰子，骰子掷到数字几就在棋谱上走几步。

在实践中我们发现，有时候不需要一副完整、定义好的游戏棋，简单的棋盘、棋子也可以让各班教师凭借已有的经验去创新，去制定规则，呈现新的游戏形式。

二、一日常规课程游戏棋的使用

一日常规课程游戏棋在课间休息、阳光体育活动、部分学科课堂中使用。在使用的过程中我们发现，游戏棋有寓教于乐的特点。

（一）利用不同时空

1. 课间休息

课间休息时，经常看到学生在教师的带领下、同伴的陪同下一起通过游戏学习一日常规，游戏棋丰富了学生的课余生活。

例如，陆家嘴校区有一个学生每次上完厕所，都会从游戏棋的起点数数，一开始他只会从一数到十，后来一旁的教师和同学会带着他一起往下数，现在他都能数到终点的三十了。还有不喜欢主动交流的自闭症学生一步一格地认真读儿歌，过一段时间后，教师提问他就会准确回答了，在掌握一日常规的同时，孩子的交流能力也在提高。

2. 阳光体育

德育处将一日常规游戏棋作为阳光体育的一项游戏内容安排在每天的大活动时间，每周会有一个年级轮到一日常规游戏棋的活动，每学期按 18 周算，每个年级就有两周轮到玩游戏棋，对一日常规课程的学习起到很好的巩固作用。

轮到游戏周的班级学生会合作将大型游戏垫铺在操场上（下雨天会放在室内运动场所），分组制定游戏规则，通过游戏，学生的合作能力和交流能力得到了显著提高。

3. 学科结合

学科老师也经常将游戏棋作为辅助教学的工具使用。游戏棋可以在班会课和晨会课上帮助教师讲解一日常规课程的知识点。低年级学生学习了数字之后，数学老师会借用游戏棋开展掷骰子的练习，巩固数字 1—6 的学习。

（二）组织不同玩法

1. 日常玩耍

通过日常玩耍，学生可以循序渐进地学会游戏棋的规则。比如，一开始由教师带着学生一格一格按顺序走，熟悉每一个一日常规的要求并做一做。慢慢地，教师在游戏棋中引导学生通过标志格，请他们说出相应标志的意义，逐步把游戏方法教给学生，便于他们自主玩。

2. 组织比赛

在游戏棋中引入比赛机制，先到终点的棋手获胜，但要在教师的要求下，完成自己经过的这些格子中的任务。在比赛中要尊重规则、尊重对手。

三、一日常规课程游戏棋的使用成效和思考

1. 不用教师、家长的说教，在潜移默化中学习、感受，无压力

将一日常规的训练点融合在游戏棋中反复练习，不用教师、家长反复说教，在潜移默化中学习、感受，使学生无压力地加深对一日常规的理解。

例如，大多数学生能根据棋盘要求完成游戏，不半途而废，遇到个别学生无法理解游戏规则时，教师只需指定他完成一项简单的任务，比如原地不动练习站姿、跳格子游戏等。在玩游戏棋的过程中，学生心不在焉和好动的现象有所减少，他们的自控能力和规则意识明显增强。

学生在游戏中自主操作，用心体验，享受到学习的快乐、探索的快乐、成功的快乐，在玩耍中有所感悟，养成良好的习惯，身心获得全面、健康、和谐的发展。

2. 不用教学、练习的重复，在自然而然中巩固、内化，无痕迹

内容丰富、形式多样、与学生日常生活密切联系的游戏棋活动，最大限度地为学生创造了操作与体验的机会。在此过程中，学生化被动为主动，反复练习，了解了一日常规的含义和作用。将一日常规养成教育融入有趣的棋类游戏中，使一日常规自然而然、无痕迹地在学生心中开花结果，根深蒂固。游戏棋的趣味性和教育意义，也让越来越多的师生从被动体验到主动使用游戏棋。

3. 不用分类、分层的设计，在亲身实践中体验、理解，无差别

游戏棋再一次将教学内容梳理后直观呈现，不用教师分类、分层的设计，只需亲身实践，便能体验、理解规则。我们在课间、阳光体育活动、日常教学中都发现，一日常规游戏棋因为规则性强，学生一旦不守规则就无法进行，每个学生都必须按照规则游戏，自觉约束自己的行为，才能被同伴接受。

这种寓教于乐的特殊教育方式能潜移默化地影响孩子，既能促进其自信心、规则意识的养成，也能促进其自制力、耐性与合作能力的提高。

四、一日常规课程游戏棋进一步的开发和思考

1. 加强个别化辅导和家庭使用指导

在游戏棋使用过程中会出现一些能力弱的学生无法参与的情况。针对这些学生的学习特点，教师可以开展个别化游戏辅导，等他们熟悉规则后慢慢加入到集体游戏中来。

我们可以将一日常规游戏棋的空白棋谱和游戏规则发放给家长，请家长和学生一起制作家庭版的游戏棋，鼓励学生养成家庭一日常规好习惯。

2. 运用信息化手段，设计特殊学生能参与的电子游戏棋

通过细致、有目的地追踪观察和潜心思考，教师结合游戏棋使用过程中反馈的各种信息，在原先设计的游戏棋的基础上，产生了新的设想和新的玩法。

教师开始尝试根据游戏棋中的要素和规则设计电子游戏棋，在数字化转型的大背景下，这样的一日常规游戏棋将会有新的研究意义。

（姚　慧）

一日常规课程指导下的温馨教室创建

一日常规课程是指为帮助智力障碍学生在校一日生活中养成良好的行为习惯，提升生活适应能力而开展的系统教育。马克思说过："人创造环境，同样，环境也创造人。"我们必须建立支持性的环境，以一日常规的创建为抓手，帮助智力障碍学生减少问题行为的发生。

一、以"可视化"为特色，优化温馨的一日常规物质文化

（一）营造可视化的班级环境，发挥育人功能

苏霍姆林斯基说过："无论是种植花草树木，还是悬挂图片标语，或是利用板报广播，我们都将从审美的高度深入规划，以便挖掘其潜移默化的育人功能，并最终连学校的墙壁也在说话。"在班级环境文化建设上，我们根据学生的不同年段精心设计和布置，使教室的每一面墙壁、每一个角落都具有教育内容，让有限的教室空间成为无限的教育资源。

比如，为了帮助智力障碍学生获得对自我、他人、集体的正确认知，我们设置了"早安签到墙"，将学生的照片姓名牌贴在签到墙上，对不同年段的学生提出不同的要求——低年级学生由教师点名，中高

年级采用学生自主、轮流点名。有些班级为了帮助智力障碍学生提升自我管理的能力，引导学生关注身边事，设置了"气象我知道"的温馨提示，及时预告第二天的天气情况，指导学生根据天气搭配合适的衣服。有些班级为自闭症学生设立了"每日任务"，引导自闭症学生明确自己在校一日常规的具体内容和要求，并按照要求实施；有些班级为了培养学生的自信心、责任感等，设立了"今天我值日"的小栏目，为不同能力的孩子设置班级劳动小岗位，锻炼孩子的劳动能力，提升孩子为他人服务的意识。

图 3-4-1　可视化班级环境布局

（二）创设结构化的活动流程，建立良好行为习惯

做任何一件事都有一个流程，从早晨起床的步骤，到洗刷的先后顺序，为什么有的同学会有好的习惯，而有的同学却只能依赖成人的提醒呢？很大程度上还是因为对这个流程不够熟悉，普通孩子亦如此，更何况是我们智力障碍学生呢？

为了帮助学生熟悉学校一日生活流程，我们设计了"结构化的时间程序"，将学校生活的每一个时间段和课程内容都详细罗列在黑板上，低、中年级的课程内容采用纯图片或图文并茂的呈现方式，满足不同能力学生的需要，完善学生的一日生活。

许多一日常规课程排在非课堂教学的时间段，如课间休息、午间用餐、餐后整理等，我们将其具体步骤或具体内容以朗朗上口的"三字经"形式，让学生在潜移默化的诵读过程中受到教育，逐渐习得良好的行为习惯，并以此规范行为，减少问题行为的发生。

图3-4-2　结构化时间程序

图3-4-3　一日常规"三字经"

二、以"活动"为主线，营造温馨的一日常规精神文化

（一）开展一日常规体验活动，提升自理能力

《中共中央国务院关于进一步加强和改进未成年人思想道德建设的

若干意见》指出，加强未成年人道德建设要"坚持知与行相统一的原则。既要重视课堂教育，又要注重实践教育、体验教育、养成教育，注重自觉实践、自主参与，引导未成年人在学习道德知识的同时，自觉遵循道德规范"。为了提升学生的自理能力，我们采用了"课堂情境模拟体验"和"生活场景实际体验"的活动。在每月初，我们会根据当月重点训练内容，依据学生能力提出不同的要求，如针对"午间用餐讲文明"这一训练内容，我们会利用晨会课、班会课的时间和学生一起学习，并进行模拟练习。每天的午餐时间就是学生最好的体验时刻。此外，我们还将用餐要求等以微信"告知信"的方式发给家长，让他们在家庭环境中一起配合学校，家长定期通过线上平台上传学生在家吃饭或外出就餐的视频，通过集体分享引导学生内化行为，养成良好用餐习惯。月底的社会实践活动中，我们也会邀请志愿者一起，带领学生到餐厅实际体验文明用餐，真正地将校内所学运用到实际生活中。

图 3 - 4 - 4　一日常规体验活动

（二）丰富一日常规评价制度，养成良好习惯

制定评价制度对进行良好行为习惯的教育起着重要的导向和监督作用。我们会根据每月一日常规重点训练内容，选取一两个具体的要点，利用班会课等时间让学生学习和体验。每天晨会课，我们也会集中点评学生前一天的行为表现，包括打卡本自评、队员的互评、教师的点评，并及时展现在班级的专栏中。月底我们鼓励学生积极参加月月赛活动，评选一日常规"金海贝"奖。

学校通过形式多样的评价来营造良好的学习氛围、环境氛围和生活氛围，挖掘每个孩子身上的闪光点，让每个学生在每个阶段的每个好习惯都受到激励和表扬，让不良习惯得到矫正。在这个过程中跟自己横向比较有了较大进步的学生，就能得到相应的奖励，这就广泛地激发了每位学生内在的潜力，调动起他们培养良好习惯、人人争做一日常规"金海贝"的积极性。

图3-4-5　一日常规评价制度

三、以"自主"为核心，创建温馨的一日常规制度文化

（一）强化学生的规则意识，让学生在规范中成长

1. 借助一日常规"三字经"，不断深化和完善

懂得遵守规范不仅是自身的发展需要，也是社会发展的需要。我

们要让学生知道，做任何一件事情都是有规则的，如在大街上走路有交通规则，如果不遵守交通规则，就容易产生交通事故；和小朋友做游戏有游戏规则，如果你不遵守游戏规则你就会影响到别人。同时还可充分利用教材资源，强化其规范意识，培养其良好的行为习惯。

教育家叶圣陶认为，教育归根结底就是使学生养成适应社会的习惯，学生只有懂得这些道理才会去自觉地遵守。为了帮助学生将一日行为好习惯内化于心，我们在组织学生学习时，改变单一的说教、背诵、灌输，形式活泼多样，采用学生感兴趣的、易于接受的形式帮助学生提高学习的成效，特意将训练内容和要求编排成一日常规"三字经"儿歌，让学生在诵读的过程中，巩固技能，逐步养成习惯。

2. 发挥一日常规榜样力量，互相监督和促进

智力障碍学生天真活泼，他们的一个心理特点就是模仿，在培养行为习惯方面，"榜样的力量是无穷的"，榜样是无声的力量，是学生良好行为习惯的典范，是行为规范化的模式。学生有很强的向师性，他们会自觉不自觉地模仿教师的言行。因此在日常生活中，我们也要注意在生活的点滴细节处，尽可能给学生做一个好的表率，努力做到：要求学生做到的，自己首先做到；要求学生不做的，自己坚决不做。

同龄人的典型、身边的榜样，是学生熟悉的，更容易引起学生关注，更有说服力，更真实有效。因此，每月的一日常规训练过程中，我们会及时反馈，表扬表现突出的孩子以及进步明显的孩子，让他们成为别人学习或模仿的对象，在互相监督的同时，也培养孩子们的自信心，激发他们的成就感。

家长作为孩子的第一责任人，在孩子的成长过程中起着至关重要的榜样作用。家长应该展示积极、健康和道德的行为。无论是在处理压力、解决问题还是与他人互动时，家长都可以通过自己的行为给孩子展示正确的态度和方法。在学校一日常规活动中，教师积极培养学生生活自理能力的最大目标就是希望他们能将学校中习得的技能泛化

到家庭生活中。因此，我们推出了一系列一日常规亲子小课堂，将教育小妙招分享给家长，引导他们积极参与到一日常规家校共育的活动中。家长通过自己的语言和行为示范，更好地发挥榜样作用，帮助孩子健康成长，并成为"知规范、懂规矩、守规则"的人。

（二）发挥学生的主动意识，让学生在自主中发展

育人，不应该等到"三十而立"，而是要"三岁而立"。在儿童时代，无论是家长还是学校、社会，都必须鼓励孩子拥有自食其力的勇气，养成"凡是自己能够做的，必须自己去做；凡是自己应该做的，当尽力去做"的良好习惯，把"劳动最光荣"的观念深深扎根在学生的心田。每月的一日常规学习内容有许多都需要自己独立完成，比如进校以后要自己洗手、挂好书包等，餐前要主动上厕所、洗手、拿出勺子等，孩子们习得了这些技能后就需要获得体验的机会，无论家长还是教师，只要我们放手让他们自己去做，他们一定可以做得很好。

"德育无痕"，也许温馨教室的建立没有固定的模式，没有固定的舞台，它已经融于我们每天的教育教学工作中了，我们将继续投入到一日常规课程的温馨教室创建，帮助辅读学校的学生养成良好的在校行为规范和生活习惯，为他们将来融入社会打下基础，提升他们目前和未来的生存质量，作为班主任，只要心中充满爱，"温馨"之花会开遍每个学生的心田。

（肖　靓）

家校共育篇

以一日常规课程为载体的家庭教育指导策略初探

　　家庭是孩子成长的起点，父母的教育在塑造学生行为习惯方面具有至关重要的作用。在布朗芬布伦纳（Urie Bronfenbrenner）的生态系统理论中，家庭和学校都属于学生直接接触的微观系统，对学生的成长发展产生深远影响。我国在 2010 年发布的《国家中长期教育改革和发展规划纲要（2010—2020 年）》、2015 年教育部发布的《关于加强家庭教育工作的指导意见》以及 2022 年正式施行的《中华人民共和国家庭教育促进法》等文件，为学校教育与家庭教育的结合提供了明确的方向和更高的要求。这些政策文件的颁布表明了国家对家庭教育的高度重视，也为我们进一步探索如何有效地结合学校教育和家庭教育提供了重要的指导。

　　在日常教育工作中，我们发现部分家长在面对孩子行为问题时，常常表现出紧张、忧虑和困惑情绪，缺乏有效的教育意识和方法，难以纠正孩子的错误行为。如果这些问题得不到解决，将不利于学生的社会融入和长远发展。一日常规课程的有效实施需要家长的积极配合。学校不仅要关注学生在校的一日表现，更有责任和义务开展家校联动，对家长进行有针对性的方法指导，减轻他们的精神负担和压力。

　　对于学生行为习惯，学校重在教育，家庭重在养成。我们通过让

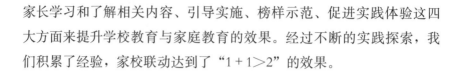

家长学习和了解相关内容、引导实施、榜样示范、促进实践体验这四大方面来提升学校教育与家庭教育的效果。经过不断的实践探索，我们积累了经验，家校联动达到了"1＋1＞2"的效果。

一、学习推动，了解一日常规教育内容

（一）开展家长课堂，提升家长的课程实施执行力

俗话说，家长是孩子的第一任教师。因此，家长在塑造孩子的人生观、道德规范、待人处事方式等方面具有关键性影响。家庭是孩子接受日常常规课程的重要场所，而家长在这些方面的行为和态度，对于孩子的学习和成长至关重要。虽然许多家长已经认识到家庭教育的重要性，但往往不知道如何更好地实施家庭教育或解决所遇到的问题。

为了提升家长在课程实施中的能力，学校充分利用社会资源，整合优秀教育资源，定期组织专家为家长开展各类主题培训。如，学校邀请了美国加州大学的王勉教授进行了主题为"如何在家庭环境中实施积极行为支持模式以促进孩子的行为养成"的讲座。讲座中，教授向家长阐述了他们和孩子之间实际上是一种伙伴关系，要建立良好的伙伴关系，需要遵循七大原则：沟通、专业能力、尊重、负责、平等、倡导、信任。

学校从上海市心理咨询中心引进了"应用 PEERS 社交技能小组"亲子课程，旨在教授家长有效改善特殊儿童的人际关系。同时，学校还邀请了上海市精神卫生中心的教授来为家长讲解如何识别特殊儿童的情绪问题。每次讲座结束，学校都会发放活动反馈表，收集家长对此类活动的评价和建议，以便不断改进和完善相关课程。活动举办以来，一直受到家长的好评。

除此之外，学校还建立了"云端俱乐部"，旨在促进家校共育，搭建起学校与家长、家长与家长的沟通桥梁。通过专题情境案例的讨论，家长可以相互交流、思考，并获得教师的专业建议，以解决他们在日常

教育中所面临的真实问题。经过多次云端活动的开展，家长的观念得到了改变，内在热情被更大程度地激发出来。他们更加主动地参与学校的日常教育活动，并加强与学校的交流和沟通，以确保学校日常教育工作的有效推进。在云端俱乐部活动中，家长从一开始的被动参与逐渐转变为积极主动地参与讨论和分享自己的教养经验，形成了良好的互助氛围。

（二）推送课程告知信，增强家长的课程参与意识

在我们的日常课程中，我们将主题内容划分为十五个单元。在每个单元课程开始之前，我们通过微信公众号发布"给家长的一封信"，详细介绍该单元的学习内容。在这封信中，我们不仅提供了课程的"三字经"练习口诀，还提供了在家庭环境中实践这些内容的具体方法。通过这些方式，家长可以在课程开始之前对孩子的近期课程内容有初步了解，并在课程实施期间指导孩子在家庭中实践，确保家校之间的课程实施能够实现无缝链接。

在实施一日常规之"午间扫除"主题教育活动过程中，我们通过课程告知信向小A的母亲传达了孩子们将在学校学习午间小扫除基本技能的消息，包括擦桌子、扫地、拖地、倒垃圾等，以熟悉各自的劳动岗位，并按时完成班级的清洁工作。同时，我们要求孩子们每天进行自评打卡。

根据课程告知信的指导，小A的母亲首先关注了小A在校的劳动岗位，然后与她一起确定了在家中的劳动岗位（扫地）及劳动时间（吃完饭），并制定了相应的奖惩规则。

在初期，小A的母亲协助小A熟悉她的劳动任务，详细地指导她如何扫地。同时，全家人一起督促小A每天完成扫地的任务，并及时向学校教师反馈孩子在家里的劳动情况。

一段时间后，小A养成了打扫的习惯，并掌握了扫地的技能。小A的母亲与小A讨论后决定更换她的家庭劳动任务为拖地。

通过日积月累的努力，小A在劳动意识和劳动技能上都得到了较

大的提升。

　　除了微信公众号的推送，我们经过整合和优化形成了完整的课程体系，并汇编成了一日常规"家校指导手册"。该手册向家长详细介绍了我们的课程理念和目标，同时涵盖了 16 个主题的绘本、"三字经"、结构化流程图、微视频等丰富多样的教育资源。此外，我们还整理了大量生动的家庭教育案例，为家长提供一日常规家庭教育的实践指南，帮助他们科学地培养孩子的良好习惯。这些举措不仅拓宽了一日常规课程实施的空间和广度，更为家长提供了一个全面、实用的育儿指导手册。

二、阅读引导，形成一日常规教育意识

（一）开发绘本，形成亲子阅读体系

　　有人指出："绘本是通过图画与文字共同构建完整故事的独特艺术形式，是图文并茂的精彩演绎。"显而易见，图画是绘本的核心元素。我校中重度智力障碍儿童及自闭症儿童的数量占全校学生总数的比例呈现出逐年增长的趋势，其中大部分儿童在语言能力上存在缺陷。而绘本的独特之处在于即使是不会说话、不识字的儿童也能够进行阅读。

　　我们首先在一日常规课程的 15 个单元中挑选了适合制作绘本的主题，然后以孩子们熟悉的学校吉祥物"小海贝"为主人公，创作了 16 个绘本小故事及配套的有声读物。这些故事从"晨起"到"放学离校"，覆盖了特殊学生在校一天所需习得的基本行为习惯。绘本的画面主体突出、色彩鲜明、文字简短、对话简单直白又富有趣味，符合智力障碍儿童和自闭症儿童的心理特征，能够吸引他们的注意，深受孩子们的喜欢。同时，每本绘本的内容紧贴一日常规课程主题，能够有效地激起学生们的阅读欲望。

　　针对学生在出操准备和阳光体育中出现的情况，学校编制了《一日常规绘本故事之出操准备和阳光体育》。以小 A 同学为例，他体型偏

胖，平时不喜欢运动，出操时总是很慢，排队不积极，也经常不愿参与阳光体育活动。针对他的情况，班主任选择了这一绘本进行辅导。通过"海贝"的视角，小 A 看到了阳光体育活动的丰富、有趣，有各种项目可以体验，逐渐产生了兴趣。同时，小 A 在绘本中学习了出操的具体要求。虽然绘本里的一些字他还不认识，但通过教师和家长的讲解，小 A 能够理解并逐渐做到相应的要求了，如听到铃声去排队、安静地跟着队伍走等。

（二）掌握方法，指导家长亲子阅读

亲子阅读，指的是家庭中大人与孩子共同参与的阅读活动。鉴于特殊儿童在阅读绘本时的能力限制，他们更需要成人的引导。而家长与孩子一起阅读绘本是最佳的教育方式。我们强烈建议每天在固定的时间段开展亲子共读活动。在此期间，家长应引导儿童仔细观察绘本的图文，因为绘本的文字、图像会刺激特殊儿童的视觉系统和大脑皮层，他们可以将绘本的图文与日常关于"一日常规课程"的实践体验相结合。同时，父母生动形象地讲述故事，也会激发儿童的聆听兴趣。对于有能力的孩子，家长还可以鼓励他们结合自己的实践体验讲述自己的故事，从而使孩子更深刻地感受这些绘本所带来的无限乐趣，进而将其内化为自己的行为。

三、榜样示范，学习一日常规教育规范

（一）发挥家长以身示范的作用

美国心理学家阿尔伯特·班杜拉（Albert Bandura）指出，儿童主要是通过观察学习来习得新行为的。儿童生活习惯的行为表现，很大程度上源于他们对成人行为的观察和模仿。家长作为孩子人生旅途中的第一个榜样，其言行举止都会对孩子产生潜移默化的影响。这种影响比教师

的一次课程或一次谈话更加具体、生动、形象，教育效果也更为深刻。因此，家长应该时刻注意自己的行为表现，为孩子树立正面的榜样，以便促进孩子良好习惯的形成。

在常规课程的入学主题单元教学中，上学不迟到是一项重要内容。过去，低年级学生的迟到现象较为普遍。然而，自一日常规课程开展以来，家长逐渐认识到了良好习惯养成对特殊儿童未来生活的重要影响。因此，他们以身作则，提醒、监督并激励孩子养成遵守时间的良好习惯，这也使学生获得"全勤奖"的比例大幅提升。实践证明，在教育孩子方面，家长的一言一行是最为直接有效的方法。通过自身的行动去影响孩子，可能会产生事半功倍的效果。

（二）引导向多样性、层次性的榜样学习

和普通儿童一样，特殊儿童同样具有较强的模仿能力。然而，由于理解能力的限制，他们对事物的辨别能力相对较弱。因此，学校在实施一日常规课程的过程中，倾向于采用正面引导的方式。学生更容易观察到身边的同学并对其进行模仿和学习，而身边同学的良好行为正是他们能够切实做到的。

学校会围绕每月的教育重点，在学生中寻找可以模仿的优秀对象，作为其他学生的学习榜样。例如，对于一批批优秀的金海贝，包括"餐后整理能手"和"出操准备标兵"等，通过升旗仪式颁奖、专题板报、学校网站、大屏幕、微信公众号等渠道展示他们的名字、形象和事迹，还有班主任和家长的评价语，让学生及家长能通过各种渠道了解优秀学生的事迹，最大限度地发挥榜样的作用。

班杜拉的强化理论提到了"替代强化"，指观察者看到榜样或他人受到强化，从而使自己也倾向于做出榜样的行为。当学生看到身边的同学因表现好受到各种表彰时，会在心里产生模仿学习的动机，培养良好的行为习惯。榜样的力量是无穷的，榜样引导策略运用得当，必

能起到很好的教育效果。

四、实践体验，践行一日常规教育要求

（一）营造实践体验环境

根据社会学的观点，特殊教育课程应具有实用性，尤其是针对中重度智力障碍学生，应采用"直接教学法"来提高他们适应社会的生活能力，而非"间接地"进行教学。因此，我们在设置一日常规教育课程时充分考虑了注重情境和注重体验原则，让智力障碍学生在实实在在的生活情境中，亲身去实践，去面对一些真正的问题。

例如，在一日常规课程之餐后整理这一单元中，除了在校园内要求每位同学吃好饭清桌面以外，我们还拓展了餐后整理这一单元的内容，通过课程告知信提醒家长在带孩子到一些快餐店就餐时，督促或协助自己的孩子清洁餐桌，并将餐盘归还到指定地点。这样的日常实践活动进一步培养了特殊儿童的良好行为习惯，提高了他们的社会适应能力，为他们今后更好地融入社会打下了坚实的基础。

小B同学特别喜欢去某连锁快餐店，以前每次吃完后都是家长帮忙收拾或是留给服务人员收拾。在学校公众号发布的"一日常规课程告知信"中，小B妈妈了解到小B在学校正在学习餐后整理。根据告知信中的提示，小B妈妈不仅要求小B在家练习餐后整理，在外出就餐时也要进行餐后整理，希望做到在各种情境中统一要求，培养他餐后整理的行为习惯。小B妈妈先是和小B讲清楚"每次餐后要收拾好下次才能再来"，再是以身作则，示范和引导如何收拾、清洁餐桌，归还餐盘等，教小B将学校里教师教的内容在外出就餐时运用。刚开始小B只会在熟悉的某连锁快餐店尝试完成餐后整理，在其他店就餐时总要督促才能完成，在环境比较复杂的快餐店也需要较多的协助。但小B妈妈每次都坚持要求他完成餐后整理，给予他足够的时间，等他

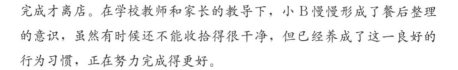

完成才离店。在学校教师和家长的教导下，小 B 慢慢形成了餐后整理的意识，虽然有时候还不能收拾得很干净，但已经养成了这一良好的行为习惯，正在努力完成得更好。

（二）丰富实践体验形式

自实施一日常规课程以来，家长已逐渐打破了以往与学校教育相互隔离的状态。每个月，他们会细致地阅读课程告知信，并根据主题教育内容，通过各类活动对他们的孩子进行教育。

以一个具体的例子来说明，学生小 J 的父亲在"课间休息"这一课程单元中，与小 J 共同探讨并制订了合理安排休闲时间的学习计划。考虑到小 J 体质较弱、容易生病的现状，他们制订了一份锻炼计划，每天晚饭后进行约一小时的运动，包括动感单车、简单的重量训练和滨江徒步。现在，小 J 已经养成了运动和合理饮食的习惯，她的体态以及身体各部分的控制力也得到了显著改善。

另一个例子是学生小 T 一家，在寒假期间，父母与孩子一同认真完成了教师布置的餐前准备和文明就餐两个方面的打卡作业。他们发现孩子对视频打卡非常感兴趣，因此利用这一机会反复拍摄视频，进一步强化了孩子的意识和行为，成功促进了这两种行为习惯的养成，这一举措取得了非常好的效果。

在实施特殊儿童一日常规课程的过程中，应开展家校联动，充分发挥学校和家庭的教育主导作用，同时积极引导和调动其他各方力量。例如，我们可以借助社区志愿者的力量和社区丰富的教育资源，为学校的一日常规课程提供有力的支持，形成学校、家庭和社会的教育合力。这样可以帮助学生更好地适应家庭环境、社区环境和校园环境，为他们持续、长久的生涯和社会融入打下坚实的基础。

（龚　波）

基于低年级家校共育问题分析的解决策略及实施路径

——以辅读学校一日常规课程为载体的实践研究

家校共育是家庭、学校在明确主体责任的情况下进行多方配合与沟通，共同培育和教育孩子，从而达到最佳育人效果的一种育人体系和机制。在新时代背景下，家校共育作为一种较新的家庭与学校沟通交流互动的模式，更加强调家庭与学校的相互配合与支持，综合运用各种积极的教育影响，形成对孩子的教育合力。就特殊教育领域来看，近年来伴随着融合教育的兴起，进入特殊学校的学生能力普遍较差，低年级的孩子无法自理、需要阿姨照料和看护的现象愈发普遍。大多数特殊儿童的家长能够很好地扮演孩子生活的照料者这一角色，而把教育和培养孩子技能的责任更多归于学校。因此，培养学生的生活自理能力及良好行为习惯，成了特殊学校教育的一项重大任务。要促成学校和家庭教育的一致性，"如何进一步提升学生对家庭生活、社区生活的适应性，将家校共育以学生的家庭、社区生活需求为基础，实现进一步的对接"成为了特殊学校家校共育的重大议题。

一、家校共育问题及原因分析

（一）家校共育双方权责不明，家长执行力度不够

家庭教育和学校教育互通合作，才能发挥教育的最大功效，相信

已成为大部分教师和家长的共识，但在当前的家校共育实践中，家校双方权责边界仍然不够明确，导致家校共育效率低下。

以我校正在实施的一日常规校本课程为例，课程内容按照一日生活流程来安排，从"晨起"到"放学前整理"一共15项内容，每一项都匹配了具体目标，并按年段划分。通过每日不同时段，落实随时随地的浸润式教育，大多数学生在养成一日常规好习惯的同时，对校园生活的适应性也在逐渐提升。然而从对学校一日常规课程实施情况的调查来看，低年级的特殊学生家长普遍反映，孩子在家不如在校表现好，在学校养成的良好行为习惯未能泛化延续到家庭环境中。这与家长的教养方式、教育观念有关，同时也与家长的配合度、执行力有关。从前期收集到的低年级家庭一日常规训练的家长问卷可以看出，大多数家长是在配合学校完成任务，而对"如何在家自发自主开展对儿童的行为训练"缺少方法和思路。

由此可见，目前的家校共育是以学校教育为主导的，家庭教育未能与学校教育对接，一方面是因为学校主导的家校活动与家长的可支配时间不统一，导致家长参与不积极；另一方面与家校双方的教育理念不一致、家长对学校教育不够了解、更倾向于单独行动有关，因此家校共育未能有效发挥合力，取得最佳育人效果。

（二）家校共育形式单一，难以满足个性化需求

家校共育是双向活动，是教师和家长相互配合、相互支持的过程，但现行的家校共育仍主要采用传统的家校合作方式，家长会、家长学校、家访等，以及开放的学校网站、公众号等。整体来看，此类形式的家校共育内容比较宽泛，更倾向于家庭教育指导，且方向上更重系统实施，轻个性化指导；形式上基本以"教师的讲"为主，认真倾听、贯彻执行的家长只是少数，加上家长家庭教育方面的知识也是碎片化的，很难形成一整套行之有效的教育方法。

与普通儿童相比，特殊儿童间存在更多、更显著的个体差异，这些差异使他们在教育过程中存在一些特殊的需求，唯有针对其个体差异，结合他们的实际情况，采用个别化教育方法，才能更好地吸引家长力量，做到家校一致，落实教育干预举措，变被动配合为平等合作。以学校一日常规课程为例，部分家长认为课程内容过于简单，还有部分家长则认为目标过高，与孩子能力水平不相符，仅有少部分家长能按照课程要求在家实施有效训练。可见，目前这种比较单一的家校共育形式无法兼顾每个孩子的需求，难以真正发挥家庭教育的力量。

　　总体来看，无论是学校的一日常规课程，还是特殊儿童家长在家开展的家庭教育训练，都偏向于一种单向输出的状态，沟通与交流不足，双方各行其是，导致针对学生一日常规训练的家校内容不完全一致，影响了家校共育的有效开展，削弱了家校共育的积极作用。

二、家校共育问题的解决策略

（一）调查分析，寻求双向需求

　　针对家校双方单向输出、学生习得的技能很难得到泛化的现状，"如何进一步提升学生对家庭生活、社区生活的适应性，将家校共育以学生的家庭、社区生活需求为基础，实现进一步的对接"，成了我校一日常规课程在推进家校共育实施时必须思考和亟待解决的重要问题。

　　1. 不同领域的训练目标需要不同程度的家校合作

　　通过对低年级学生家长的访谈和调查，我们初步了解到在家长心目中孩子最需要掌握的在校一日常规、日常家庭生活及社区生活所涉及到的一日常规，从而形成从"晨起"到"入睡"的家校一日常规课程内容表格（表 4 - 2 - 1），确定了学校一日常规和家庭一日常规的"对接点"，明确了哪一部分的训练目标以学校为主导，哪一部分以家庭为主导，哪些又是需要家校密切配合共同推进的。

表4-2-1 一日常规实施细目表

项目	目标	实施
晨 起	1. 按时起床	家庭实施及日常训练
	2. 和家人问早	家庭实施及日常训练
	3. 在协助下穿衣洗漱	学校教授相关技能 家庭日常训练
餐后扫除	1. 学习劳动技能：擦桌子、捡垃圾等	学校教授相关技能 家庭日常训练
	2. 把手洗干净	学校教授相关技能 家庭日常训练
……	……	……

2. 以不同类型家庭的个性化需求促进课程修订

通过梳理不同障碍类型儿童家庭的问卷反馈情况发现，自闭症儿童家庭对家校共育的个性化需求更强，集中于儿童的问题行为、社会规则及人际交往等领域；其次是脑瘫等肢体障碍儿童的家庭，在孩子行为习惯的个性化需求上，他们更重视生活自理能力的训练；而其他一般智力障碍儿童的家庭在家校共育上的需求与学校一日常规课程的规定最为接近。我们根据不同类型家庭的个性化教育需求，重新对一日常规课程的训练内容进行了单元主题划分，比如：①生活技能训练，包括用餐、餐后整理、个人物品管理、帮忙做家务、垃圾分类等方面；②社交技能训练，包括做客、一起玩耍、家庭亲子游戏等方面；③社会规则训练，包括乘坐公共交通、外出就餐、电影院观影、交通规则等方面。

（二）多元发展，构建家校共育矩阵

在发现家校双方共育需求的基础上，针对以往一日常规课程家校合作中存在的单向度问题，我们最终确定低年级一日常规课程家校共育的开展要在延续传统家校合作途径的基础上，以微信为载体搭建一个系统而开放的网络共育平台，形成"家校共育矩阵"，即能够触达家长群体的多种家校共育渠道组合。

家校共育矩阵分为横向矩阵和纵向矩阵。横向矩阵指学校在家校共育方面所进行的各种形式的布局，包括：传统的家校合作形式如家长会等，旨在让家长全面了解学校教育以及孩子在学校的表现和学习情况；家长开放日、家访、家长学校等，主要是针对家长需求进行家庭教育指导；开放的学校网站、公众号、云端家长俱乐部，在记录学校和班级活动动态的同时，也和家长一起分享新的教育理念和做法。

纵向矩阵指家校共育形式内部的纵深布局，面向不同的家长群体，解决不同家长需求，采用不同模式的家校共育。如一日常规家校微信公众号所承担的职能包括定期发布不同主题的家庭一日常规训练指南，细化解读学校一日常规课程，同时通过视频访谈对不同家庭集中反映的学生问题行为、家长的心理困惑等进行具体的干预方法指导及心理疏导；组织家长云端俱乐部，为家长分享心路历程提供畅所欲言的平台，保障教师和家长间更准确地传递信息，建立良性互动。

多元化的家校共育模式为学生一日常规训练的有效落实、泛化提供保障，把碎片化的德育活动、零散的家庭教育指导纳入系统的教育渠道，为学校与家庭、家长和家长之间的深度合作提供空间与机遇，促使教师、家长间进行深度融合与交流，也由此产生目标一致的教育合力。

三、家校共育的实施路径

（一）线下面对面交流

1. 家长进学校

我校组织了每月一次的个训家长开放日、每学期一次的校园开放日，邀请家长走进学校，进入课堂，通过参观学校环境创设、观摩课堂教学了解学生在校情况及学校教育的开展。一方面让家长直观感受学校的教学活动、校园生活，消除家长对教师的陌生感、疑虑感，进一步建立对教师的信赖；另一方面希望能对家长在家实施家庭教育、开展行为训练有所启发，主要是通过校园内随处可见的视觉化提示、教室里的程序化流程图、课程安排表、午间扫除岗位分工图、七步洗手法、出操列队视觉提示、图片沟通板……

不少家长认为自身不具备教育特殊孩子的专业能力，常常苦恼在家不知道怎么教，对孩子的许多问题无力应对。学校邀请家长观摩个训课，引导他们观察教师的教、孩子的学，并在观摩后交流自己的想法，对家长而言是提升家庭教育能力的良好机会。

相比电话、网络等线上的交流，面对面的交流或许不够便捷，却更容易拉近教师和家长间的距离，获得更好的效果。而在面对面的沟通交流中，引导家长观摩教学过程，从而体悟、表达、倾诉，教师本着"家校协同解决问题"的原则给予家长实时反馈。

2. 教师进家庭

由于特殊儿童迁移能力差，他们在学校所学的知识与技能难以运用到其他环境中。加之每个孩子障碍类型不同，都有特殊性，这无疑增加了家长实施家庭教育的难度。因此必须有针对性地结合学生实际情况，提高家校合作的质量和效果，"教师进家庭"开展实地探访、交流就显得尤为重要。

除了寒暑假对每个孩子的上门家访外，这里重点强调的是对个别孩子的专门家访，是在筛查家长问卷的基础上，选出部分急需家庭教育指导的、儿童能力较弱的、较具代表性的家庭作为上门家访的对象。一方面与家长交流，了解家长的想法和期望，感受孩子的生活环境；另一方面发现家庭中存在的问题，就家长的期望和孩子现状提出有针对性的家庭教育建议，指导家庭正确开展一日常规训练。下面以我校二年级小Z同学为例。

小 Z 同学是一名生活自理能力严重低下的脑瘫儿童，认知较弱，是班里唯一需要穿纸尿裤上学的孩子。为了改善小 Z 同学的生活能力，和纸尿裤说"拜拜"，班主任王老师在上门家访时了解到：因为孩子疾病、肢体上的障碍，家里大人对其照料得无微不至，小 Z 事事依赖家人，需求得不到满足就哇哇乱叫，很少配合家长以合理的方式表达需求。经过交流，王老师提出几点建议：①固定时间上厕所：养成按时如厕、提前解决的好习惯；②尝试图片沟通：每次上厕所前先指认一遍图卡，从家长引领指认逐渐过渡到儿童自主指认；③视觉化流程图：将如厕流程分解成几个小步骤，每一步都以清晰的图卡形式张贴在卫生间，引导他按部就班操作。小 Z 的家人不仅在训练小 Z 自主如厕方面采取了这些措施，在和老师展开一次次的交流后，他们的教育理念和方式也在潜移默化地改变着，在家庭环境中设置了沟通板、冷静角，还有随处可见的图卡及视觉提示……现在的小 Z 同学越来越少依赖纸尿裤了，偶尔也能以手势和指认图卡的方式表达需求了……

（二）利用新媒体快捷通道

1. 每日一签，分享家庭教育理念

每日一签是由家校共育课题组教师共读一本书，然后摘录书中每一章的精华，在保护学生隐私、征得家长同意的基础上选取学生在校的生活照，制作每日一签，每天早上分享至微信群。每日一签上看似简短的一段话，往往包含了许许多多的教育智慧和正能量，甚至有家长在群里坚持每天打卡，把每日一签视为元气满满的一天的开始。这一小小的举措在提升家校凝聚力方面发挥了不可估量的作用，相信长此以往，家长也能从中习得更多的实施家庭教育的方法，不断提升自己的教育理念。

2. 每周一发，开展家庭一日常规训练指导

公众号还坚持每周发布一篇课题组教师创作的推文，发布内容包

括不同主题的家庭一日常规训练指南、细化解读学校一日常规课程，同时对不同家庭集中反映的学生问题行为、家长的心理困惑等进行干预方法的指导及心理疏导。

比如针对"晨起"这一主题的家庭一日常规训练，首先对低年级孩子在家的晨起情况发起调查，以访谈主要照料人的形式进行，了解孩子在家有无起床困难问题、穿衣服能否自理、洗漱能否自主等。其次针对家长们集中反映的关于晨起方面的问题，课题组教师一起协商，查阅资料，共商干预措施，思考解决办法，最后以案例讨论的形式撰写相关推文，推文内容既包括对家长的访谈视频汇录总结，更有对家长实施家庭训练的方法建议。比如，制定程序化日程表，帮助孩子养成按时按序做事的好习惯，使早起常规化、有序化；使用"游戏唤醒法"激发孩子的起床动机，同时满足他们感官刺激的需求；从易到难、逐步深入地教孩子穿衣服，把握训练的先后顺序：从脱到穿、从穿鞋袜到穿上衣裤。公众号这一系列的推文都是建立在访谈家长需求的基础上，由组内教师原创发布的。因为素材取自家长，加上语言通俗易懂，较少涉及晦涩的理论及专业词汇，特殊儿童家长在阅读时更能得

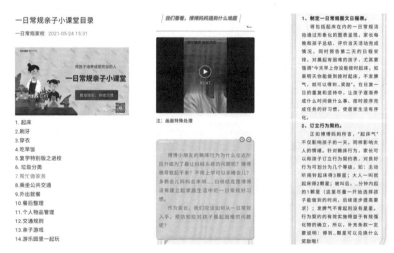

图 4-2-1　公众号一日常规推文

到共鸣和启发，不少家长在后台留言自己孩子的情况，主动交流自己的经验和困惑，为我们进一步推进一日常规课程的家校共育坚定了信心和方向。

3. 云端俱乐部，家长来支招

在创建运行公众号的过程中，我们发现不少家长在育儿实践中总结出的教育方法与经验可以对其他家长起到启发与借鉴的作用。为了给家长提供相互交流的平台，也为了更好地促进教师与家长间的良性互动，我们每周会在微信群"家校共育云端俱乐部"里发布不同主题的情境案例讨论。首先假定一个常见的、家长都熟悉的生活场景，接着设定教育情境，提出问题后引导家长思考交流：如果你遇到这样的情况，会怎么应对？讨论交流时，群里大多数家长都十分积极，结合自身的经验心得献计献策。以下是以"分床睡"为主题的讨论举例。

生活场景举例：小奇是一个七岁的男孩，因为独立能力比较差，晚上必须要有妈妈的陪伴才能入睡，因此小奇一直和爸爸妈妈睡在一张大床上。

问题提出：①作为家长，您认为特殊儿童几岁和父母分床比较合适？②孩子不和父母睡，和爷爷奶奶睡一张床，您觉得合适吗？③锻炼孩子分床睡，您有什么好的办法和建议吗？

对于这个话题，显然群里所有家长都经历过，都有话说，从家长的交流讨论可以发现：大多数家长认同孩子在这个年龄已经不应该再和父母睡在一张床上，但由于孩子受自身能力弱或其他条件限制，有部分孩子和家人一起睡觉，有部分孩子正在尝试分床睡。总体来看，大多数孩子和父母分床睡，但可能存在分离焦虑，对于分离焦虑的应对，家长们也各有各的办法，比如睡前讲故事、抱糖果抱枕、分床不分房等，最后由课题组教师进行总结，一方面赞扬不少家长分享的方法经验，肯定父母在家庭教育上共同参与、互相合作的重要性，另一方面也巧妙指出是否分床睡背后可能被忽略的问题：儿童性别意识的培养。

（张梦娟）

明确家庭指导，共促学生成长

一、班级现状

学校每个月都会围绕一个一日常规主题进行训练，平时也会随时进行督促和指导，所以，我们班的学生在一日常规的各方面都做得比较好，养成了好多好习惯，也能够很好地适应学校生活。尤其在餐前准备方面做得非常好，除了个别能力特别弱的学生外，大部分学生都能在餐前做到先洗干净自己的双手，再自己取勺子，然后安静地等待用餐铃声响，其中两位学生需要口头提示，其他几位学生都能独立按正确的顺序进行操作。

今年因为疫情的关系迟迟不开学，寒假比原来延长了十多天，后面又开始了三个月的网上授课，学生离开了学校和班级环境，也没有与教师和同学进行面对面的交流，家毕竟是他们熟悉的环境，加上身边有宠爱他们的家长陪伴和照顾，家长一般对孩子没有什么要求，所以在家推行一日常规的难度要比学校大多了。好在有之前在校训练的基础和已经养成的好习惯，加上家长的配合指导，还是可行并且有效的。

二、培养措施

应先给学生和家长提出明确的要求，除了按时按要求上网课完成作业之外，在家的生活作息要规律，早睡早起不能睡懒觉，每天一日三餐要准时，不要长时间看电视玩手机等。以餐前准备为例，要求学生在家用餐前能够自己洗手，再帮家长做餐前准备：擦桌子、摆放碗筷、端菜、盛饭，然后等家里人全部坐好了再开始吃饭。在生活课上安排了洗手和餐前准备的内容，洗手要用七步洗手法，擦桌子要先把餐桌上的东西（如茶杯、钥匙等）搬到另外的地方，再把厨房抹布搓洗干净，再把餐桌桌面按从上到下或从左到右的顺序擦干净。摆放碗筷按家里几个人用餐摆几套，筷子、勺子、碗碟摆在餐桌靠近座位的地方。端菜要求学生把家长做好的菜一个一个从厨房稳稳地端到餐桌上，盛饭要求学生先把电饭煲打开，把刚煮好的米饭打松，再把饭盛到饭碗里，吃多少盛多少。又配了相关的操作视频便于学生模仿，让学生和家长对这些操作方法和步骤都有一定的了解，并在每天的生活中进行训练，拍小视频发在群里进行交流和分享，教师和同学及时点评和互动。

当家长在超长假期里照顾孩子已经感到很疲惫时，会认为让孩子去做不仅做不好，自己要督促指导反而更累，还不如自己做。但在生活课上学习了正确的方法之后，家长会发现按照老师教的方法步骤一步步做还是很有效果的，同时也在群里看到有的孩子学得像模像样，成了家长的小帮手，也都开始认真进行训练了。虽然因为孩子的基础和学习能力有差异，后期效果并不同步，但相对于个体而言总是有一些进步的，有的学生虽然不能全部完成，但能完成其中的一两个步骤也很不错，相信假以时日，只要家长不放弃、学生多努力一定能行。但也有能力特别弱的孩子，由老人带大，基本上教师提出的要求他们都不予理会。

　　在餐前准备这方面，我们班的王同学、顾同学和孟同学这三位学生是表现最好的。他们先是按照七步洗手法学会了认真洗手，杜绝病从口入。再用抹布把餐桌擦干净，在家长烧好菜后帮家长小心地把菜和汤端到餐桌上去，再摆放碗筷，并且学会了盛饭，这是家长平时认真指导并给予孩子尝试机会的结果。有些学生能力也还可以，但是家长觉得他们不行，没有耐心陪伴和指导，所以孩子几乎没有进步。而有的学生虽然能力很弱，但是家长一直耐心地教导，也积极打卡，所以进步很大。

　　在家进行一日常规训练看似是教师给学生和家长增加的学习任务，但其实是为了帮助学生更好地养成生活好习惯，更好地适应家庭生活。认真训练的家长看到孩子的进步尝到了甜头，如从小被父母和四位老人宠着的某位同学，原来自我管理能力很弱，但经过这段时间的在家学习，妈妈和奶奶发现原来孩子什么都能一学就会，而且做得很好，就放心地把很多家务交给孩子做了。但还是有些家长只是为了完成教师交代的学习任务摆拍一下，并没有给孩子很多的机会去尝试，也没有耐心好好教导，所以没有形成良好的习惯。

三、达成效果

　　网课有别于在校期间教师和学生直接面对面的交流，只能依赖于家长对孩子的指导和陪伴，但家长与孩子是一对一或者二对一的模式，也是网课的优势所在。所以，除了给学生明确的训练要求并提供相应的图片和视频，还要给家长详细的方法步骤和指导建议，让学生和家长知道要做什么、怎么做，我觉得是非常重要的。在此过程中，家长要及时用照片和视频形式记录孩子的学习训练过程，发到群里，一方面是为了督促家长进行指导训练，另一方面也是利用班级群营造交流互动的氛围，教师的及时点评和积极鼓励，能给学生和家长信心，可以更好地凝聚教师、学生和家长之间的感情。另外，还可以针对某一个训练内容组织一个小竞赛，比一比哪位同学做得又快又好，激发学生的学习兴趣。总之，网课有网课的优势，有一对一的私人助教，有学生熟悉的环境，有方便取得的训练道具等，利用好了反而比在校学习更有效、更便捷。经过几个月的网课后，大部分学生都取得了很大的进步。

（顾靖欢）

让家庭成为学生学习和成长的加油站

辅读学校教育以生活适应为主要目标，涵盖生活数学、生活语文和劳动技能等学科，旨在让学生在学习中获得实用的知识和技能，并将所学应用于日常生活，进而提高他们的生活质量。根据学生的特性和学习生活的实际需求，一日常规课程设置了生活基础知识和技能、行为道德规范和集体社交技能等方面的内容，以提升学生在学校、家庭和社会的生活适应能力。本文将探讨班主任如何通过指导家庭进行一日常规教育，使家庭成为学生学习和成长的坚实后盾。

一、建立积极氛围，让家长主动配合

（一）建立家长参与计划

为了帮助学生将知识转化为实践操作，从纸上谈兵升级到运筹帷幄，班主任需要积极发掘并利用家庭资源。家庭是学生重要的日常活动场所，家庭成员是学生最早的启蒙教师，他们的行为习惯和脾气秉性在家庭中得到塑造。因此，班主任要充分认识到家庭教育对学生成长的重要影响，并利用这种影响来强化学生在学校学习的效果。

为了实现这一目标，班主任可以在一日常规教育中建立家长参与计划。这个计划可以指导家长如何在家庭中扮演教师的角色，共同参与到学生的培养中来。这样，家庭不仅可以成为学生休闲娱乐的场所，也可以成为他们学习和成长的加油站。

（二）实施家长引领计划

家庭教育具备非常明显的精细化培养优势。因此，我们可以根据学生的个性化特点来划分教学小节，以实践活动为主体，以此实现学习难度的显著降低。在这个过程中，家长可以运用语言表述，用详细的步骤进行教授，"首先……，然后……，最后……"，通过这样的方式，学生可以更加清晰地理解并掌握每个步骤。此外，家长还可以运用肢体动作进行示范，例如如何正确地拿拖把。通过这些方法，学生不仅可以在家长的指导下进行学习，还可以通过观察家人的日常生活场景进行模仿，实现寓教于乐，并以此促进学生的学习积极性。

（三）鼓励家庭成员共助

家庭教育通常采用多对一的教学模式，需要投入大量的时间和精力，家庭互动具有群体交流的特性，可以观察到家庭成员不同的反应，让学生能够从多个角度检验自己的学习成果。同时，家庭教育不仅能帮助学生学会交往和合作，还能够充分发挥学生的学习能动性，达到择善而从的效果。

我们应该鼓励家庭全体成员共同参与培养计划，保持教育的一致性。让学生通过参与家庭交流，悄无声息地积累学习经验。用熟悉、生活化的语言传递正确操作的方法或秘诀，这样可以使学生在家庭教育中获得更好的学习效果，并为他们未来的发展打下坚实的基础。

二、搭建沟通桥梁，让家长了解内容

（一）加强家校稳定性联系

首先，我们必须建立起与家长之间的有效沟通机制。家长可以了解学生在校的学习进展和身心状态，而教师也可以充分了解学生在家庭环境中的行为表现和兴趣爱好。在完成家校沟通和确认后，我们应与每位学生的家长保持至少每周一次的联络，及时关注学生在青春期的各种变化，深入了解学生情绪波动和突发行为背后的原因。同时，我们还要帮助家长解答疑问，逐步形成一种互相信任、彼此支持的家校关系。

（二）实施家校目的性沟通

在一日常规课程的家庭指导中，为了使家长明确自身的工作任务，首先需要了解自己负责的具体内容。学校已经统一制作了示范视频和文字口诀（"三字经"），这些资源可以帮助家长更好地理解学习内容。在确定具体的学习目标后，可以根据学生的能力再进行分层，确定最低目标，并在后续的基础上逐步提高。例如，在"进校"这一课中，学生需要做到进校问好、在家庭中向家人问好的习惯练习。

在沟通过程中，教师需要使用生活化的语言来拆分和解释小目标，让教学目标有迹可循，并让家长明确"我要做什么，应该怎么做"。同时，家校交流需要具有明确的目的性，教师需要提供清晰的评价标准，家长则需要如实反馈孩子的表现。如果有特殊情况，可以在备注栏中进行填写。

（三）保持家校同一性要求

要在家庭和学校两个不同的练习场所构建统一的练习标准，确保变量得到控制，为学生提供规范的行为模式。特殊儿童在性格和能力方面存在较大的差异，他们适应的学习环境和节奏也各不相同。在学习新技能时，他们往往需要投入大量的时间和精力，不仅用于学习，还用于适应和调整。为了促进特殊儿童习得技能，家庭和学校应对同一事物保持一致的要求，从方法和结果上进行标准化的评估，保持学生认知上的统一性，降低外界环境的影响，减少再次消化和理解的步骤。

三、形成互动机制，让家长反馈成效

特殊儿童掌握新知识时需要借助大量的实践经验来内化理解，并在不断的行动中实现意义的构建。为了促进他们的长期练习，应设定阶段性的目标，这样可以降低学习的难度，肯定学生的努力和成果，并激励他们积极参与。因此，设定有效的评价方式以及与家长进行定期的互动以达成目标显得至关重要。

（一）"周循环"反馈

在构建能力主体框架的关键阶段，我们通常以周为单位进行循环评估和调整。首先，我们会密切关注学生在家庭环境中的表现，并与其在校内的表现进行综合评估。我们会与家长进行深入交流，详细记录学生进步和退步的方面。

在此基础上，我们会为学生制定下一周的学习目标，并根据实际情况及时进行调整。我们着重关注改善学生的薄弱环节，即"补差"，同时也会关注提升学生的整体能力。

为了更好地跟踪和评估学生的学习进度，我们建议家长以照片或视频的方式记录学生的学习过程。这样，学生可以自己回顾整个操作过程，进行学习总结，从而更好地吸收和巩固所学知识。

（二）“数据化”比对

家庭生活具备学习优势，其规律性可帮助学生创造稳定的练习环境，减少外部环境的影响，专注于单一项目的学习。这有利于学生在初期练习中构建目标行为的基本框架。在家长进行学习成果评价时，可以采用数据比较法来客观评估学生的学习进展。通过记录所花费的时间和达成目标的情况，计算出目标达成度，将评估结果以数据的形式呈现，使评价结果更加清晰、准确。

表 4 - 4 - 1　数据比较表

项目分类	目标行为		观察时间	干预方法
	持续时间	发生次数		

（三）“视频化”呈现

在教育过程中，家长的示范作用具有至关重要的作用。通过运用视频记录每一层次的练习，统一生活化的语言和行为，树立统一过程与目标，可以显著增强学生实践的准确度。口头述说是一种抽象的交流方式，而身体力行则是一种具象的表达方式。通过真实、可观的操作步骤，可以帮助学生扎实理解已有的文字知识。例如，在练习扫地时，家长可以让学生观察自己如何打扫卧室地板，详细地说明各个操作动作，再让学生用相同的方法扫一扫客厅。当学生遇到疑惑时，他们可以反复观看视频，观察示范动作并进行模仿，在思考与实践下自己找到解决方法，知道“应该怎么做”，最终完成任务。此外，视频记录也可以作为作业资料长期保存，便于后期归纳总结。

四、精进学习成果，让家长持续助力

特殊儿童的每一次练习都是为了完善他们的生活技能，为他们的未来社会生活奠定基础。然而，特殊儿童普遍存在记忆较弱、学后易忘的特点，常常出现"我没学过这个内容，我不会"的情况。因此，我们需要加强练习和巩固，使新学的知识成为服务于生活的常备技能。在学校，由于课时的安排，我们总是在不断地学习新知识。学生大多只能在晨会、午休和社会实践等碎片化的时间展示他们过去学到的知识或能力。

（一）单一内容巩固练习，转化为学生生活习惯

在后续的巩固阶段，家庭的作用变得尤为关键。学生需要更多的时间和空间来实践和运用所学知识，不断的练习可以避免遗忘。由于学生已经具备一定的能力，可以以一个月为周期进行评估。在深入探索的过程中，可以进行个别调整。如果发现有遗忘的情况，就需要增加练习的频率。在这个环节中，可以利用以前积累的示范照片或视频来进行回顾和操作。这不仅可以提示退步的学生进行自我查漏补缺，而且还可以关注学生能力的提升。例如，在基本的问候之后，可以根据学生的能力拓展更复杂的表达方式，如点头问好、微笑问好、说"××好"等。此外，还需要观察学生完成任务的过程和细节动作，以帮助他们进行调整和提升。例如，回答问题时应该先思考再回答，语句应该连贯，尽量不要一个字一个字地思考；拖地时不仅要保证地面的干净，还要注意自身的清洁，避免弄湿衣裤。

（二）各类内容反复实践，内化为生活适应能力

在练习时，学生通常学习的是纯粹的技能，但当他们在实际环境

和连续情境中应用这些技能时，会对接下来发生的事情产生影响，这就需要他们具备更进一步的行为适应能力。因此，学生需要克服自身的社交障碍，掌握诸如排队等待、主动提问等社会交往技能。这些技能应该在练习过程中逐步添加，以帮助学生调整行为、提高能力。

每位学生都具有独特的个性，我们不仅要教导他们学会知识，更要追求全面发展，以充分挖掘潜能。对于表现优秀的学生，我们可以进一步提高对他们的要求，并增强他们在生活环境中的适应能力。例如，在集体放学的过程中，如果学生 A 已经能够熟练地整理好自己的物品并排队等待放学，教师可以安排他担任班级助手的角色，提醒其他同学完成各自的放学任务（如推椅子、摆放桌子、关窗等）。这种角色扮演的实践方式也可以类推到家庭环境中，使学生能够更好地适应各种生活场景。

然而，需要注意的是，这种实践方式对学生的自我管理和语言表达能力提出了很高的要求。为了确保实践过程的顺利进行，我们还需要培养学生的耐心和良好的沟通能力。这些能力都只能在反复的实践过程中逐渐培养和形成。因此，我们需要耐心引导学生逐步适应这种自我管理的学习模式，以促进他们的全面发展。

（付丽君）

携"超级助教"，沐"云端暖阳"

——二年级家校携手开展一日线上教学

对于大多数教师而言，线上教学的那头是"学生"，而对于辅读学校的教师而言，线上教学的那头是"由家长陪伴着的学生"。

因此，每一个辅读学校教师在接到线上教学通知时就面临着压力，一个孩子便是一个家庭，这在特殊教育中体现得尤为明显。是的，我们的孩子很特殊，他们固执、刻板、拒绝接受变化，情绪时常不稳定；他们学习能力弱，在学习时经常需要辅助。但他们首先是个孩子，天真纯粹，一样喜欢被表扬、被关注，只有行之有效的线上教学才能给他们提供最好的支持。

虽然授课的地点改变了，但教师身上的责任却不减分毫。我所带的是二年级的孩子，自闭症儿童居多，情绪障碍非常严重，从一年级入学开始，一些学生经常在课堂上出现严重情绪行为问题，给教学带来很大的挑战，有时需要助教将其带离教室，单独看护，等到他们情绪平稳时再送回教室。

如今，孩子们需要居家参与线上学习，每天的一日常规被打乱，这对他们来说是一次新的尝试，孩子们能适应吗？年龄比较小，加上特殊孩子的线上学习更需要家长的时刻陪伴。这些孩子大多由老人看护，爷爷奶奶们会操作线上教学平台吗？这种担忧让我每天在关注防疫安全的同时，也多了一些忐忑。

一、云端相聚，每一个都不能落下

　　心中时刻记挂着这些学生，我不停思索着即将开展的线上教学，所有的学生都能如约参与线上学习吗？家长有没有什么困难？我开始逐一调查，了解到了以下情况。

表 4-5-1　学生线上学习参与情况

学生名单	宸宸	小翊	小晨	小熊	小涵	乐乐	艾米	希希	铭铭
能否参与线上学习	能	能	能	能	能	能	能	申请不参与	
线上学习陪同者	父母		奶奶	爷爷	外婆	住家阿姨			
主要照料者	父母		祖辈			住家阿姨		父母	祖辈

　　希希和铭铭两名学生申请不参与线上学习，我的内心非常着急，这两名学生平时在学校中很乖巧，对教师也特别依恋。在疫情形势严峻的情况下，线上教学刻不容缓，两位孩子不参与线上学习实在太可惜了，于是我分别拨通了两位家长的电话。

　　"希希妈妈，希希不能参与线上学习，主要是有什么困难呢？""铭铭爸爸，铭铭很乖的，主要是什么原因不能参与线上学习呢？"在交流中，我了解到希希家里主要是设备的问题，爸爸妈妈因为也要使用微信办公，可能不能时时刻刻让孩子在微信上进行线上学习；而铭铭是单亲家庭的孩子，爸爸需要工作，平时主要由爷爷奶奶照顾，老人在电子产品的操作上有困难。家长虽有心支持，却也力不足。

　　一周没有见到两个孩子了，他们一直不参加学习也不是办法。于是，我将教师上课的视频或直播课的回放链接发给家长，让孩子抽空练习，经过一段时间的尝试，希希妈妈表示问题可以克服，会尽量陪同希希参与线上学习。随着疫情形势的严峻，家长全部转为居家办公，铭铭爸爸也能利用在家的时间辅助铭铭参与课堂。最终，学生都在云课堂相聚了。

二、润物无声，每一次都认真尝试

为了让学生更好地适应线上学习，增强居家上课的时间概念，我们播放学生熟悉的上课铃声作为每一节课的开始，增强上课仪式感。班级中自闭症的孩子以视觉占主导，仅仅以在微信群发送语音、图片、视频的形式开展教学是不够的。比起普通孩子，特殊孩子更需要时时刻刻的引导，甚至需要一对一的互动，才能使他们专注于当前的学习活动。

于是，每天的晨会课上，升国旗、聊天气、知晓一日安排……除了这些常规内容外，教师还设立了"为上海加油""友爱的邻居""我的早餐"等互动环节，学生纷纷通过晒出自己的照片、视频，发送语音等方式分享，时不时地教师还会邀请学生一起来拍"大头贴"，学生争先恐后地挤进镜头，"咔嚓"一下，记录下线上课堂的难忘瞬间。

特殊学生大多坐不住，我在与家长沟通时发现，学生与教师面对面时，会更愿意坐在位子上听课。因此，教师开始整装出镜，通过企业微信小班直播课的形式，实现与学生的面对面交流。

在教学内容上，我们优先选择适合学生居家学习的内容和素材，如"我的三餐""整理自己的餐具""家具""家用电器"等学习内容，上课期间也尽量使用学生熟悉的场景图片，激起学生的亲切感。在每天的课程中，也会安排一些休闲娱乐内容，这是学生最开心的时刻了。"蚂蚁运粮""抓老鼠""水上漂""赶猪"等有趣的互动活动常常让家长也忍不住参与进来，让这一段时光的运动体验，变成了亲子、探究、DIY 的高光时刻。

三、上下求索，每一课都努力跟进

直播课上，我端坐在电脑桌前，看着一张张熟悉的小脸，我的内心和他们一样紧张又激动，同时我又充满了感激。我深深明白，对于特殊儿童而言，能够让他们端坐在电子屏幕前，隔着屏幕专注看向教师，家长必定在背后付出了很大的努力和支持。

小熊是一个自闭症女孩，疫情期间父母工作忙，陪在她身旁的是七十多岁的爷爷，爷爷年纪大了眼神不太好，每次需要看图片回答问题时，爷爷总是尽量把眼睛向屏幕前凑，然后再一遍遍地提醒小熊回答老师的问题。小熊的口齿发音不太清楚，为了让老师听清孩子的回答，总能听到爷爷在旁边轻轻提醒孩子"说清楚一点！再来一遍"。别的学生可能说一遍就结束了，而小熊在爷爷的提醒下至少得说三遍。正是因为这一遍遍的重复练习，线上学习以来小熊的口齿越来越清晰了。乐乐是一个自闭症男孩，课堂上经常看到小他三岁的妹妹，每天陪他一起上课，"哥哥，说'老师好！'""哥哥，拿一个球，要当心哦！"小大人的样子也感染着屏幕前的我。

"同学们，听一听，这是谁的声音呢？"绘本课上，教师提出了这样一个问题。

孩子们开始争先恐后地发言，点开语音，在孩子们奶声奶气的声音背后，总有另一个声音：

"乐乐，这是谁的声音？"

"隆隆，这是谁的声音？公鸡的声音……跟爸爸学……公鸡的声音。"

"晨晨说，山羊怎么叫？咩咩咩……"

为了让孩子听清听懂老师的提问，家长模仿着教师的提问在孩子耳边一遍遍地重复、一遍遍地引导，第一天、第二天……第一周、第二周……孩子们慢慢能跟着教师一页页地听绘本、看绘本了，甚至能学着说绘本里的内容，读懂简单的绘本故事了。

居家学习期间，家长是教师重要的合作伙伴。在课堂上，我看到每个学生都能端端正正地坐好听课，提问时孩子身边的超级助教都会一遍遍地提醒学生。我从他们身上看到了一份专注、一份执着、一种成长的喜悦、一种换个角度看世界的眼光……这样一群超级助教，让我们的学生在一般人认为不可能的情况下做出很多非凡的事情，把"不可能"变成"可以"。

四、如切如磋，每一遍都耐心指导

线上教学的难，并不是难在让学生学习技能，而是难在好不容易在线下课堂中慢慢形成的师生默契能不能继续保持。当然能，要保持这种默契，就要调动家长的积极性和提高辅助方法的准确性，帮助学生继续维持良好的课堂习惯与学科规则，教师不仅"备"学生，还"备"家长，通过示范指导，在潜移默化中将方法落实于课堂，指导给家长。

在语文课"我会写"的课堂练习中，教师这样要求："请同学们注意描写准确，笔顺正确，并且书面整洁哦！"在书空环节，老师会作出要求："请同学们把手机屏幕或平板固定在面前，伸出右手食指来书空哦！"

又如在数学课上学习"2的合成"时，学生刚开始说的是"1加1等于2"。老师便会提醒："请同学们注意先说清楚1和1合起来是2。""我们先理解了合成再学习加法算式哦！""点数的时候我们要手眼口一致，一个一个点数哦！"

再如在言语课上，老师也会亲身示范，"嘴巴圆圆，发出'ɑ'"，"看着老师的口型，一起模仿"。

就这样，一次次的示范指导，一次次的纠错改进，在指导学生的同时，也给家长传授了正确的学习方法。在线上教学中，教师让家长感受到了自己在家校共育中的价值感，提升了家长的自我效能，进而改善了特殊儿童家庭中的亲子关系。良好的亲子关系也能对学生产生积极的心理影响，让行为习惯的养成事半功倍。同时，家长得到方法，在居家学习期间能够做到随时教育、随机教育，协同家庭成员共同教育，使教育的成效不断提升。

苏霍姆林斯基曾说："教育的效果取决于学校和家庭影响的一致性。"自线上教学开始，我们看到爸爸妈妈齐上线，辅助孩子们完成一个个小活动；还听到爷爷奶奶用慈爱的声音配合教师引导孩子积极发言。这种陪伴和付出让我们感动，也再一次看到了家长的力量。渐渐地，教师和家长之间配合更加默契，当课堂需要拍摄视频的时候，一个个家长化身为摄影师，认真拍下孩子操作练习的步骤和细节；需要回答问题时，家长又变成孩子模仿说话的支架，帮助孩子理解问题，纠正孩子的发音；休闲娱乐课上，家长继续变成孩子合作玩耍的伙伴，和孩子一起挑战一个个亲子活动任务。平凡的家长成为特殊儿童线上教学的超级助教，用爱和智慧协助教师为特殊孩子的线上教学保驾护航。

五、同心同力，每个人都用心评价

每天的新授课程后，就是学生的练习时间了。一个个练习视频上传后，教师们会逐一点评。

"乐乐，你读得很准确，如果声音再响亮点就更好了！"

"艾米擦桌子的姿势很标准，再用点力就能把小桌子擦得更干净了！"

"隆隆都数对了，数的时候不着急，一个一个点数哦！"

"ㄐㄐ嘴巴再圆一点，发音就更加标准啦！"

教师的这种个性化点评既是再一次强调要求，也是对家长的再一次指导。家长可以根据教师的点评，及时作出调整，让孩子再一次改进提高。在这个过程中，我们也能看到家长的不厌其烦，耐心细致。

同时，为了让特殊学生直观地感受到教师的表扬和鼓励，教师使用学生熟悉的星级奖励法，在学生上传的练习视频上贴上一个个五角星，"一颗星、两颗星、三颗星……"，逐渐增加的小星星让学生充满了荣誉感。同时，教师和家长事先约定，当孩子集满一定的星星时，可以兑换喜欢的奖励和奖品，孩子得到自己喜欢的礼物也会主动拍照和大家分享。每周学习结束，教师也会根据学生的学习情况在微信群里进行颁奖，"努力进取奖""最佳默契奖""劳动小达人"等个性化电子奖状的颁发再一次让学生充满了动力，一个个迫不及待地拍手欢呼。

在居家学习期间，教师和家长始终坚持正向引导，用表扬激励代替批评指责，为学生即使是一点点的进步喝彩，让他们感受到满满的成就感，激发学生学习良好行为习惯的内驱力，提升特殊孩子的自信心。

六、道阻且长，每一天都倾心守望

我们坚持一件事情，并不是因为这样做了一定会有效果，而是坚信，这样做是对的。

虽然我们的孩子是低年级，有着各种各样的障碍，我也经常会因为他们突然爆发的情绪而无奈和苦恼，但更多时候我看到他们站上了更高一级的台阶，即使是微小的进步，都会由衷地兴奋与惊叹。

对特殊孩子来说，他们成长的起点是健康的心理、稳定的情绪、自信的面貌，而这些需要无缝连接的教育、无微不至的关注，更需要时刻坚持的信念来助力。在线上教学中，我们看到每一个具有不同障碍、不同能力起点、不同教育需求的学生，一小步一小步地迈进，一点一滴地取得进步。我们看到学生的口齿越来越清晰，数理概念越来越清楚，读书、写字也越来越有模有样……在线上学习的调研中，还收到了很多家长的感言，一位有情绪行为问题学生的家长这样说：

孩子以前早上起床特别拖拉，吵吵闹闹个不停。现在能够按时起床，而且每天情绪稳定。每天起床就会兴奋地告诉家长今天要上课，会主动问几点了，什么时候开始上课，看到别的学生传上来的视频也要去点开看一看、听一听，能按照教师的要求一件事一件事地做，感觉进步很大。

我们的特殊学生被称作是被上帝特别宠爱的孩子。特教人总是带着把"特别的爱给特别的你"这样一种心态来教育他们，只因存于内心的爱的力量。

乱云飞渡仍从容，风雨无阻更向前。在教师和家长共同的守护下，用默契凝聚力量，以守望静待花开。只谈教育，不论特殊。尊重每一个生命，注重每一个特殊孩子的终身发展，让他们能生活、会生活、乐生活、爱生活，成为一粒不断焕发生命力的种子，感受和创造生活的幸福。

（谢　红）

一日常规课程推进中的家校沟通新尝试

——以微信公众平台宣传为例

随着信息技术的迅速发展，特殊教育领域也迎来了新的机遇与挑战。信息技术的广泛应用促进了教育手段和方式的革新，为特殊教育提供了更为广阔的发展空间。在此背景下，微信公众号作为一种创新的信息传播和互动平台，正逐渐成为特殊教育领域学校与家庭、教师与家长之间沟通与互动的重要工具。

《关于加强特殊教育工作的指导意见》等政策文件指出了教育改革的重点方向，强调通过信息技术的应用来提升特殊教育的质量。微信公众号作为信息技术的新应用，为特殊教育领域提供了便利的交流平台。该平台操作便捷、形式丰富、交流高效，有效推动了家校合作和共同育人的实践，为特殊学生提供了更为全面的教育支持。

微信公众号"浦东辅读"已成为学校宣传的重要渠道，通过其发布的内容和互动反馈，促进了家校共育工作的推进。例如，一日常规课程在微信公众号上发布了教学动态和要求，为教育方法的分享和家校互动提供了更为便捷的平台。信息技术在特殊教育领域的广泛应用是符合政策精神的创新举措，而微信公众号作为这一领域的重要工具，为促进家校共育工作提供了有效的沟通和交流渠道。

一、一日常规课程在微信公众号中推送的可行性

（一）家长对微信公众平台的态度

为了更好地了解家长的需求和期望，我们在问卷调查中设计了一系列问题，包括他们对微信公众平台的关注程度、使用频率、满意度以及对平台建设的建议等。通过统计分析，我们发现大部分家长对微信公众平台的建立持有非常积极的态度，他们认为这是一个便捷、高效、实用的学校信息服务平台。

此外，在面对面的访谈中，我们也收集到了一些家长对微信公众平台的实际使用体验和反馈。他们普遍认为，微信公众平台的建立不仅方便他们获取学校信息，还增强了学校与家长之间的沟通和互动。一些家长还表示，通过微信公众平台，他们能够更好地了解学校的最新动态、政策、课程设置等信息，从而更好地参与孩子的教育。

（二）家校互动的内容和重视程度

家长非常重视家校共育，并深知其在孩子成长过程中的重要性。为了更好地促进家校沟通，学校在微信公众平台上设置了专门的互动内容，以使家长能够更加便捷地参与家校共育。通过浏览学校微信公众号推送的校园新闻动态，家长能够及时了解学校内部的各项活动，还能对学校的工作提出自己的意见和建议。这种互动方式为他们提供了一个畅所欲言的平台，同时也加强了家校之间的联系和沟通。

家长普遍认为，学校推送的新闻非常及时，活动内容也能够在平台上迅速呈现。这种方式让他们更加了解孩子在学校的情况，并且能够更加具体地掌握孩子在学校的表现。一位家长表示，在平台上看到孩子的照片会非常高兴，并且会更加关注学校的微信公众号。

（三）微信公众平台与一日常规课程

初始阶段，我校微信公众平台并未专门设计一日常规课程的功能板块。然而，随着一日常规课程每月主题教育的推进，学校开始通过公众号发布相关课程内容。通过精心策划和制作，平台定期发布与每月主题教育相关的课程内容和活动信息，为学生提供丰富多彩的学习体验。同时，平台还为家长提供了解孩子学习状况和参与度的新渠道，进一步加强了家校沟通与合作。

数据统计表明，一日常规课程相关的推送对家长极具吸引力，访问量有时甚至有 500 次以上。家长纷纷表示，这些推送内容丰富、实用，能够更好地帮助他们了解孩子的成长轨迹。同时，学生也对这些课程表现出极大的兴趣和参与度，纷纷表示这些课程让他们在轻松愉悦的氛围中收获了知识和技能。

二、一日常规课程在微信公众号中推送的内容与形式

（一）立体化的通知

学校课程的实施需要家庭与学校的紧密协作，共同营造一个良好的学习环境。特别是行为训练类课程，我们更需要家长的鼎力支持和积极参与。这类课程旨在培养学生的良好行为习惯和自我管理能力，让他们在日常生活中更加自信、自律，从而更好地适应学校和社会。

为了确保行为训练类课程的顺利实施，我们会在每月初向家长发送一份训练告知信。这份告知信会详细说明本月训练的重点内容，包括学生需要掌握的技能和知识，以及学校将教授的课程。我们还会向家长介绍一些具体的训练方法和策略，帮助他们更好地指导孩子。此外，告知信中还会明确提出家长需要配合的事项，例如监督孩子的训练进度、提供必要的支持和鼓励等。

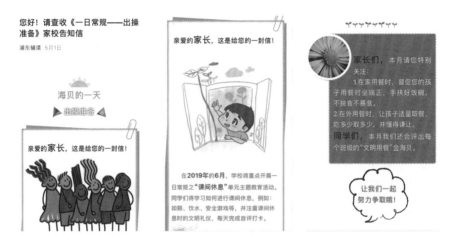

图 4‑6‑1　学校微信公众号上的告知信

（二）家庭教育随手可用的资源

　　家校合作在内容和形式上提出了更高的要求，微信公众平台在实践层面上能够充分满足这些要求。倪俊杰先生在 2015 年出版的《在微信上建学校》一书中，详细阐述了学校对微信公众平台的可利用性。微信公众号平台不仅为教师的教学提供了便利，还为家长提供了了解学校新闻动态、学生活动展现、学生评价及家长参与点评等的渠道。

　　在家校告知书中，我们详细地整合了课程研究的所有成果，以展示我们努力工作的价值。我们将课题组精心编制的一日常规"三字经"、示范图等重要资料，放上了微信公众号，使教师、家长、学生能够随时打开微信进行深入学习。这些资料不仅方便快捷，而且能够拓展教学的时间和空间，使学习不再局限于传统的课堂。

　　此外，我们的微信公众号平台还为学生提供了丰富的作业信息、精美的课件以及各种资源等服务。这些服务内容丰富多样，涵盖了各个学科，满足了家校合作在内容和形式上的高要求。通过这个平台，学生可以轻松地获取各种学习资源，家长可以及时了解学生的学习情况，教师可以便捷地布置作业和分享教学资源，真正实现家校之间的深度合作。

图 4-6-2 学校微信公众平台的资源分享

（三）多元化的评价手段

每个月，我们都会认真评选出每个班级表现最为优秀的学生，并授予其"金海贝"称号。与传统的纸质奖状相比，我们的表彰方式更加丰富多彩，更具有多元性和创新性。我们不仅会颁发象征着无上荣誉的金海贝照片，还会制作感人至深的视频，记录这些学生的风采和努力。此外，我们还会邀请教师和家长撰写声情并茂的评语。评选过程和结果会被精心整理，并在我们的官方公众号上发布。这样，获奖的同学将不仅仅是一时的榜样，他们的事迹会一直引领着大家朝着更高的目标努力。同时，这也将形成一种良好的竞争氛围，让更多的学生能够积极向上，互相学习，共同进步。这种积极行为支持的正面管教方法，能帮助学生实现从"他律"到"自律"的转变。

通过微信公众号平台支持的金海贝评选活动，我们成功地吸引了大量关注。家长和教师会积极转发相关信息，亲朋好友也会关注并支持学校的活动。同时，随着社会大众对教育重视程度的不断提高，许多非直接相关参与者也会关注学校的微信公众号平台。这些关注者中不仅有教育行业的专家学者，也有社会各界的热心人士。他们共同关注着教育领域的发展，为构建一个更加关注教育的社会氛围贡献力量。

在这样的背景下，一个良好的教育生态系统正在形成。这个生态系统以儿童成长为中心，通过微信公众号平台为儿童提供丰富多彩的学习资源和活动。家长和教师可以更好地了解孩子的学习情况，为他们提供个性化的教育支持。同时，社会大众的关注和支持，也为儿童成长提供了有利的大环境。

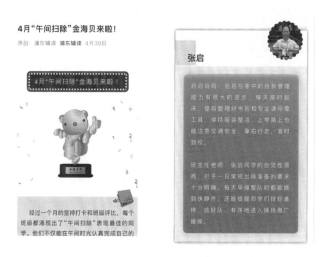

图 4 - 6 - 3　学校微信公众平台发布的活动

三、一日常规课程在校园微信公众号发布的成效和思考

（一）让家长成为课程建设的参与者

在传统的家校共育模式中，无论是直接面对面的交流，还是间接的对话沟通，其交流和合作范围相对狭窄，已经无法满足家校共育的

新要求，无法有效调动双方的积极性，对孩子的教育产生了一些阻碍。随着科技的发展，我们有了新的解决方案——微信公众号平台。

微信公众号平台不仅可以提供便捷的联系方式，使学校和家长可以随时随地保持沟通，而且还可以发挥更高层次的宣传和教育作用。通过这个平台，无形中向家长输入新的教育观念，使他们对家校共育的重要性重新建立认知。微信公众号平台为家长提供了了解学校课程平台的渠道，使他们能够了解课程内容和建设方向，成为课程建设的参与者，而不仅仅是旁观者。

（二）使家校沟通更畅通，更有效

学校微信公众平台推送的一日常规课程相关信息，不仅提供了教师、学生和家长可以共同浏览的高效信息共享平台，更在时间成本和家长解放方面发挥了显著优势。此举犹如一个强大的工具，将教师、学生和家长紧密地联系在一起，激发了家校互动的积极性，使教育过程更加协同和高效。

通过这个平台，各方能够即时了解最新信息，这无疑为家长、学生和教师打开了一扇透明、互通的窗口，还为各方提供了一个互动与答疑的空间。家长、教师的互动促进了换位思考，使教师与家长之间的沟通更具针对性。通过相互倾听和理解，我们可以更轻松地发现存在的问题和矛盾点所在，为解决这些问题提供更有效的途径。

学校微信公众号平台作为一扇开启校园理解的窗户，向家长和社会公众展示了学校的形象和活动，使学校不再是一个孤立于外界的封闭领域。通过建立微信公众号平台，学校实际上选择了一种与家庭和社会开放联结的方式，构建了一个互动交流的网络，充分展现了一种开明、包容的态度。家长不仅可以实现与教师的一对一沟通，还可以与学校进行更加平等的对话，开启一种全新的交流模式。

（姚 慧）

小学生涯，让我们双向奔赴

——一位年轻班主任给一年级新生家长的话

我是上南校区二年级 2 班的班主任张老师，去年今日，我以新生班主任的身份参加了新生家长会……转眼间一年过去了，我的那群宝贝也从一年级荣升二年级了。而我今天能够坐在这里和大家聊一聊小学生活那些事，真的深感荣幸。

开学的日子越来越近，昔日形影不离的小家伙们即将开启新生活，我想在座的各位心里一定五味杂陈，甚至"坐立难安"。家长心里藏着很多问题，小到孩子到了新环境能不能找到教室、厕所，能不能和教师同学好好相处；大到我的孩子能不能顺利渡过小学生涯，新学校是不是最好的归宿……我理解这重重顾虑，学生步入小学生涯，即将面对他们成长中又一次重大而有意义的、与家庭短暂的分离，这次分离考验的不仅仅是学生，更是我们的家长。接下来，我想从几个方面来分享自己带班的一些故事、感悟，希望能给我们的家长带来点滴启发，让孩子们更快更好地适应并享受丰富多彩的小学生活。

一、相信学校，相信老师，让我们坦诚相待

每一个加入辅读大家庭的学生都是独一无二的个体，在此之前，

无论是班主任还是任课教师对学生的了解都不够，如果学生在某些方面存在特殊需求或者需要格外留意照看的地方，比如在某种情况下可能突发情绪问题、对某类声音很敏感、对某些食物存在过敏现象……诸如此类的问题请一定事先主动告知班主任，不要等着教师来发现，因为防范问题永远比事发后再解决问题更容易且更明智。虽然我们现在还不熟悉，但在未来的无数个日子里，我们的班主任就是孩子在学校的爸爸妈妈，我们的助教阿姨就像照顾孩子生活起居的奶奶一般。从今天起，我们就是密切合作、荣辱与共的家校共同体，所以，千万不要因为怕麻烦老师而有所隐瞒。

去年我在接班前，请家长做了问卷调查，其中有个开放性问题是"您对老师的期望是什么"，没想到却收到了一个出奇一致的回答"希望老师有耐心、有爱心"。在座的各位面对这个问题或许也大都是一样的回答吧。而我要说的是：我们辅读学校的教师不仅有爱心、有耐心，更有一颗专业心……一切为了孩子，这是我们的共识；让孩子融入集体，享受校园生活，掌握必要的社会化技能，从而融入主流社会，是我们的共同目标。信任是顺利沟通的基础，只有家长把一颗心放下来，在信任的基础上配合教师的工作，教师才有动力付出更多。如果在某些问题上和教师有了不同意见，没关系，保持心平气和，与教师直接沟通。记住，和孩子有关的任何疑问都可以找班主任，虽然我们的工作很烦琐，未必能在第一时间看到消息，但只要看到，我相信一定会给您回复。

二、相信孩子，接纳孩子，他只是慢一些

每个班都有能力好的学生，也有能力相对弱一些的学生。在教师眼里，孩子们都一样，却又不一样，态度上我们一视同仁，教育上我们分层落实，为有特殊需求的孩子提供个性化支持。在这个过程中，

家长如何看待自己的孩子和其他孩子的差距很重要，这不仅关乎到孩子，也关乎到自身的幸福感。

　　我带的班级有个小不点，刚入学时小小的个头，放在幼儿园小班里都丝毫不突兀，是我们年级唯一一个没有语言、要穿尿布、不会自己吃饭的孩子。妈妈与教师的交流是客气疏离的，对班级工作还算配合，但每次交流都是我问什么她答什么，很难深入聊下去，每次交谈结束，妈妈都会说一句"这个孩子能力很弱，麻烦老师了"。相处几天后，我发现这个小姑娘其实很乖，她从来不哭，日常就是吃手、睡觉、看动画片。教室里有动画片看时她两眼炯炯有神地盯着屏幕，上课就秒睡，唯一不变的是无论睡觉与否，大拇指或食指必定含在嘴巴里，两根手指已经吮吸得变了形……如果置之不理，手一直放在嘴里，怎么腾出手来玩玩具、拿东西、学吃饭呢？要想提升孩子的自理能力和学习参与度，对于这个已经严重影响到她学习和生活的问题行为，显然不能放过。即使妈妈说很难戒掉，我依旧开始了种种尝试：①寻找替代品满足她的口腔刺激，先是牙胶，然后是安抚奶嘴；②让小姑娘练习掰纸板、撕纸，一方面锻炼手部力量，另一方面让她手头有事可做。前者很快放弃，因为替代品被她扔得远远的；后者也半途而废，因为做着做着，纸板也被她往嘴里送……后来，我又想到了一个办法，在她手上涂苦甲水，管用了小半天，结果，还是失败了。她连苦甲水的味道都不怕了。我把这一系列失败完整记录下来，分享给家长看，妈妈终于有些触动了，在我的建议下买了防吃手手套，戴上手套后的孩子，终于可以参与同学们的活动了，手头能玩的东西也逐渐丰富起来。差不多一个月后，小姑娘摘了手套也不会去吃手了，这个问题算是彻底解决了。

　　与吃手同步的还有吃饭问题，刚入学时，小不点每一口饭都需要我和阿姨喂进去。两周后，小姑娘第一次自己拿起调羹成功将第一口饭送进嘴里，虽然漏了一大半，却让我们激动不已。两个月后，在吃饭这件事上，我只需要帮她把菜剪碎拌好，她就可以全程自己把调羹里的饭菜送进嘴里……这个过程中，有餐具的不断调整、有吃饭座椅的变换，还有我在喂饭过程中逐渐减少的辅助，更有家长配合度的不断提升。那天我拍了她吃饭的全程视频，妈妈看了，感性地说："张老师，谢谢您，真的想不到孩子第一次自己吃饭是在学校学会的。"在电话里，她也倾诉了自己对这个孩子从不能接受到面对现实、消极应对，再到如今看到了些许希望的心路历程……

分享这个案例，是想告诉大家，无论您的孩子能力如何，我们都要勇敢接受他的不完美，看到他的优点。不要对比他人，只对比自己孩子的进步，既然我们成为了特殊孩子的守护者，就请真正接纳他，接纳任何样子的他。如果内心实在苦闷彷徨，身为班主任的我们愿意随时聆听您的心声！

三、保有期望而不盲目，合理定位很重要

对于我们的孩子，我想说"要对他有一个合理的定位"，这里的"定位"不仅仅是认识孩子的现状，更有基于现状对孩子未来的思考，简单说就是长远打算。说到这个，又想起一个很乐观的家长，孩子二年级时，这个爸爸说"我家小子就喜欢切菜，在厨房瞎忙活，以后可以去做厨师"。但孩子三年级时，情绪大变，攻击自残很是让人头疼，爸爸来陪读了一段时间，聊天中说到"不敢给他玩菜刀了，以后厨师是做不了了"。可当看到职校的学生在校园洗车时，爸爸又重燃了希望之火："这小子也喜欢玩水，长大了可以去洗车啊！"当时我的回应是："还是先控制好情绪吧，不然职校可能都很难进去。"

理想是要有的，乐观的心态是要保持的，但如何让孩子离理想越来越近，是要我们去规划的。我们都希望孩子将来能自理、自立，能融入社会，那不妨从现在起，在心中为孩子确定一个清晰的定位，并

思考：三年、五年、十年后他会是什么样子？我对他的期望是什么？为达目标，我该从现在起为孩子提供哪些支持？

相信很多家长或多或少都有过这样的思考，因此带孩子穿梭于各个机构做康复训练。那么，究竟哪些训练是孩子更需要的？这就不得不提到我们评估中常说的五大能区：运动、精细、认知、语言、社交。要说哪个最重要，我认为是最后一个——社交。另外四个并非不重要，而是这些技能最后都要服务于让孩子更好更健康地融入社会，提高他们的生活质量。

在我看来，学生最需要掌握和强化的除了社交，还有自我照料、休闲娱乐的能力。相比学业认知，这些领域的训练往往更不易，且没有量化标准，这也是为什么很多时候我们拿学业说事，却忽略了最本质最核心的问题还没解决。会清楚地表达需求，回应简单的问题，不打扰他人，遵守公共规则更重要。在家里，他能自理吃喝拉撒，能够在大人忙的时候自己寻找玩具或活动去打发时间，能以良好的心态独处，以安全健康的休闲方式安排自己的活动，这些才是让孩子成为健康、受欢迎的人的基础，才是我们教育孩子的着力点。这也是为什么我们在孩子一年级时更注重生活自理能力的训练、行为习惯和学习习惯的养成。每天晨会课检查学生的脸洗干净没，没洗干净的对着镜子再擦一遍；每天检查指甲、衣服是不是整洁清爽；每天吃完午饭一定要带孩子们出去兜兜转转……因为我希望我的这群孩子走出去是受欢迎的，会跟别人相处，能被别人喜欢。

父母之爱子，则为之计深远。在与孩子相处的过程中，请时刻提醒自己"我希望他将来能成为什么样的人"，愿我们都能做有心的家长，于日常生活中助力孩子成长进步。

成长不期而遇，遇见如期而至。回首这一年，连勺子都拿不起的小不点能自己吃饭了，爱哭的小胖哭闹的频率从一天数次降到几周一次了，坐不住的秋秋课堂上不会离座了，进校即想家、拒绝参加任何集体活动的小花成为班里的小管家了……各位亲爱的家长，此刻，相信孩子，信任我们的教师，放下焦虑，让我们携手同行，双向奔赴，一年之后，你会看到不一样的孩子，邂逅不一样的自己。

（张梦娟）

家长，你准备好了吗？

虽然我今天是以一名老班主任的身份坐在这里，但我想和大家分享的并不是我多年做班主任的经验。作为一名老班主任，我和很多家长打过交道，也经常和其他教师一起探讨如何处理家校沟通的问题。如今各位家长的孩子来到我们浦东辅读的大家庭，我们每一位教师都时刻准备着，那么家长，你准备好了吗？今天，我希望各位家长了解一下从教师的角度来看，为了今后更好的家校合作，可以做哪些准备。

一、有效沟通的前提——信任

孩子上学了，他们要和家人分别，开始适应新的环境，他们哭闹、紧张、不安；我们家长也会如此：孩子在学校吃了吗？哭了吗？被教师关注了吗？这份不安可能会导致信任危机。

我相信每一位教师从家长的手中接过一个孩子的手，同时也是接下了一份责任；我相信面对孩子的教育问题时，教师与家长的目标永远保持一致——期待孩子的成长。

社会新闻上个别教师的负面消息有时会产生蝴蝶效应，出现一些严重的家校信任危机。但是在我的周围，我所接触的每一位教师，都是竭尽所能地关爱着每一位学生，会为他们不吃饭而着急，也为他们无缘无故发脾气而焦虑，学生的一举一动牵动着每一位教师的心，为此会去不断地找原因、想方法，都是希望学生经过一段时间的学校生活能更能干，更适应社会。家长们，我们和你们是天然的战友，不应该站在对立面，不断质疑或是无视教师的建议。毕竟，只有家校同心，力朝一处使，在互相信任的基础上，孩子才能在一个高效支持的环境下更好地成长。

在座的每一位家长，我们因为孩子而结缘，都期待着孩子能拥有美好的未来。在辅读学校的九年，我们不仅仅陪伴在孩子左右，也陪伴着在座的每一位。我想我们可以给彼此多一点信任，少一点防备，这样沟通才会更加有效。

二、班主任心理

说完最重要的核心信念，我也想剖析一下自己作为班主任的心理。

班主任是非常爱操心的群体，也不知道是职业病，还是爱操心的人都成了班主任。普校的班主任喜欢从后门窗口默默观察学生，我们特教的教师没有特殊原因不离开教室。所以家长如果有任何问题都可以首先找班主任了解情况，班主任不清楚的也会上传下达，帮助家长沟通协调，解决问题。班主任管理着这方小天地，也请家长让班主任们永远在情报的第一线。

有问题先找班主任，肯定不会错。

三、家长的准备

剖析了自己作为班主任的一些心理情况，我们再来聊一聊家长应该做好哪些准备。

（一）认识自己的孩子

理解孩子，要从孩子身心健康发展的角度，正确定位，合理规划。

我们班小帆的家长非常焦虑，每次谈话，她总喜欢加一句"他不行，他做梦"。处处都在否定这个孩子，但话语背后隐藏的是家长的高要求。一年级我们在学 10 以内的数时，这位家长就和我抱怨他数不到 100。这是和谁比较呢？是和其他普通的孩子，在我们看来这是不必要的烦恼和焦虑，也很容易增加学生的压力，影响家庭关系。后来有段时间，孩子一上学就呕吐，在家休息了很长一段时间。在停掉他的课外班，运用脱敏训练的方式后，他才逐步恢复正常上学。

确实，现在自媒体上"别人家的孩子"特别多，3 岁数到 100 的比比皆是，但大部分孩子尤其是特殊孩子做不到。家长不要自己制造焦虑，多细心观察，多看到孩子自身的进步，才是最重要的。

今年家访时，一位家长见面就说："这个暑假我们的家庭氛围很好，过得十分和谐。"在交谈的过程中，她讲述了孩子的变化：晚上睡得好了；愿意吃的东西种类多了；写字还是喜欢过分加粗，但是结构更规整了，等等。最后她说："我知道她问题还是很多，不知道开学后能不能适应，应该还是需要一些时间来调整，但是我觉得她还是有进步的。"我听到妈妈的这些话真的特别惊讶，在这之前，虽然孩子动手能力很强，但生活适应方面比较刻板，情绪认知也不算好，妈妈因此一直都非常焦虑。经历了 4 年多，妈妈已经能够比较客观地面对孩子的情况了，也坦言下一个重点是女孩的青春期发育问题。这对我们之后的家校共育有一定的帮助。

当我们的孩子不能判断自己需要什么，可以做什么的时候，家长就要通过感知和观察，尽可能客观地认识孩子的能力和需求，在不断尝试的过程中放弃一些东西，才会收获另一些东西。

（二）学会放手

学会放手，但不放弃。

这里我又要讲到班里的两个孩子。一个就是小帆，开学第一天他默默地哭，外婆确保他进了校门就走了。之后他哭了不到两个星期，终于适应了学校生活。另一个孩子小枫，到了门口也是默默流泪，不肯进来。每个看到的教师轮番劝说，终于一点点挪进校门口，但接着就不动了。爷爷在门口看，还跟着一起劝说，两个人一个说一个听，让孩子更不愿进去了。花了两个星期左右，我们做到的就是，把爷爷劝走了，他也能自己进校门了。但是一旦家人又忘了，要看着他进校，那一段时间他就会故态复萌，后续直接影响到他入校后不肯进教室。因为没能完全做好家长工作，只能从学生身上下手，直到四年级才基本解决这个问题。

所以家长一定要做好对孩子果断放手的准备，不要一味心软。

我们要舍得让孩子练习并学会做一些力所能及的事，比如背书包、穿裤子、穿鞋、吃饭等，虽然看似轻松，有时候我们大人想到等他做要么磨磨蹭蹭，要么做不好，还不如帮他做掉算了，等他长大了自然就会了。事实不是这样的，任何事情都需要学习。教和学都需要一个过程，需要时间。孩子的成长都有迹可循，在能力足够、条件充足的情况下，我们要舍得让孩子去体验，去尝试，其间肯定会经历很多困难，但并不是长大了，这些困难就会消失。这些困难是必然存在的，我们要做的是帮助孩子克服这些困难。

我们要舍得在孩子行为不妥时及时正确引导，而不是一味开脱，将孩子大声喊叫、自伤、伤人认定为不懂事的表现。在集体环境中我们要发展孩子的自控能力、基本的规则意识（如公众场合要保持安静、不打扰别人等）、使用简单工具的方法（如餐具使用、公共设施的正确使用等）等，这是让孩子从居家状态顺利过渡到社会适应的能力要求。

孩子行为不妥必有原因，我们要在了解原因之后找到解决的措施，尽量避免不良行为一再发生，而不是听之任之。孩子需要有是非观，如果他不能理解为什么要这样做，那就用训练和反馈来告诉他。

当然我们也不要走另一个极端——孩子不行，我们就放弃吧，真正要做的是"学会放手，但不放弃"。

（三）坚持

坚持是一个可贵的品质，想要放弃的时候，就想想孩子的未来吧。

坚持关爱和支持："我们的孩子需要我们坚定的爱与无限的支持，就如同花儿需要阳光和水分一样。无论是阳光灿烂还是阴雨绵绵，我们的关怀始终如一，为他们的成长提供坚实的后盾。"

坚持积极的态度："教育是一场充满挑战的征程，而我们对孩子的信任就是一面坚定的旗帜。在这个旅途中，我们将带着乐观、勇敢的心态，与孩子一起穿越每一个学习的山川峡谷。"

坚持寻找解决方案："教育就像一本神秘的书，我们在寻找着每一页的答案。即便是小小的进步，也是我们心中的小星星，我们将不停地探索、努力，寻找最适合孩子的成长路径。"

坚持与孩子共同成长："我们和孩子共同成长，就像树木与土地相互滋养。我们是成长过程中的伙伴，相互学习，相互陪伴，一同在智慧的花园中播种，一同收获。"

坚持建立合作关系："家庭和学校是孩子成长的两座灯塔，我们将手牵手，共同搭建一座桥梁。这座桥梁不仅联结着学校和家庭，更联结着我们对孩子未来的期许和憧憬。"

（唐秀英）

学生教育篇

一日常规背景下智力障碍新生行为习惯的养成

　　党的二十大报告明确提出，教育的根本任务是立德树人，培养德智体美劳全面发展的社会主义建设者和接班人。这一战略性要求为教育工作指明了方向。对于特殊儿童而言，良好的行为习惯对其社会适应能力培养至关重要。小学阶段是习惯养成的重要时期，如何通过强化行为习惯教育来提升智力障碍学生的个人素养和社会适应能力，已成为特殊教育界的重要目标和使命。

　　我校自 2017 年起实施一日常规，旨在总结习惯教育经验，探索适合特殊学生的行为规范教育模式。该常规覆盖了智力障碍学生在校期间的各项活动，为全校学生提供了一套完整的行为规范。然而，值得注意的是，不同年龄阶段和认知水平的学生在行为习惯养成方面面临的问题和需求各不相同。智力障碍新生入学前由于自身认知水平的限制、学龄前早期干预的不当或缺失，以及家庭教育中家长的溺爱和放任等因素，养成了许多不良行为习惯。

　　作为一年级新生的班主任，在引导班级智力障碍新生参与学校一日常规课程的过程中，应思考如何有针对性地开展班级行为习惯教育。

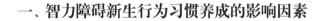

一、智力障碍新生行为习惯养成的影响因素

（一）入学适应水平

特殊儿童在进入辅读学校这一新环境后，需要在家庭和学校的协同帮助下进行身心调整，以逐渐适应并建立与新环境之间的平衡关系。这种适应过程称为入学适应。智力障碍新生面临着诸多挑战，如周边环境、教学形式和社交关系的巨大变化。这些变化对他们的入学适应能力提出了更高的要求。有研究表明，智力障碍新生的入学适应水平将直接影响他们在校的规则意识、生活自理、社会交往等多方面能力的提升，尤其是对他们的行为习惯发展产生深远影响。因此，为智力障碍新生提供必要的入学后支持，引导他们尽快适应学校生活，是帮助他们养成良好行为习惯的关键措施。

（二）自身障碍特点的限制

相较于一般儿童，智力障碍儿童在认知发展、社会适应、学习适应以及情绪调节等方面存在显著不足。这些儿童的情绪容易受到外界刺激的干扰，并可能因此引发负面情绪。部分轻度智力障碍儿童还会出现一系列的心理健康问题，如学习障碍和沟通障碍等。研究指出，大脑额叶的发育水平和执行功能的发展水平对学生的行为习惯发展具有重要影响。由于特殊儿童在调节和控制自身行为方面的能力较弱，他们往往更容易受到外界因素的干扰，难以明确意识到当前活动的目的和任务，无法达到教师的要求。因此，对于班级智力障碍新生的行为习惯养成教育，必须充分考虑其身心发展特点，并据此选择有针对性的教育策略。

（三）家庭教育方式

儿童行为习惯的养成，并非仅限于学校环境，家庭教育在这方面的影响力同样不可忽视。家庭教育的观念、方式均对儿童产生深远影响，而家庭的经济状况、成员结构、父母职业及受教育水平等因素，也直接或间接作用于儿童良好行为习惯的养成。然而，当前针对智力障碍儿童的家庭教育环境并不乐观。一方面，部分家长对智力障碍儿童失去信心，选择放弃或忽视他们的教育，导致这些儿童在社会福利机构或学校中流失；另一方面，部分家庭对智力障碍儿童心存愧疚，从而对孩子过度纵容，忽视了对智力障碍儿童行为习惯的培养。

因此，要改善智力障碍新生的行为习惯，我们必须重视并联合家长的力量，使家庭教育的作用得到最大程度的发挥。只有通过这种方式，我们才能有效地应对智力障碍儿童在家庭教育方面所面临的挑战，从而为他们创造一个更加健康、有益的生长环境。

二、智力障碍新生行为习惯养成的策略

（一）以一日常规为媒介，提高新生入学适应水平

在面对新环境时，学生常常会遇到适应困难的问题，这往往是因为他们还不清楚在新环境中可以做些什么，以及不可以做些什么。为了解决这一问题，我校开展的一日常规活动以朗朗上口的"三字经"儿歌为依托，以学生参与学校各项常规活动的照片为表现形式，图文并茂地向在校学生提供了详尽、直观的行为规范。

我们发现，通过这个媒介，可以有效地引导智力障碍新生快速熟悉在校期间的各项常规活动，并在此过程中规范学生的行为，培养他们良好的行为习惯。例如，在新生入学初期的午间活动中，班级经常会出现吵闹、跑跳甚至攻击同伴的行为。针对这一现象，我们借助一日常规中"午间活动'三字经'"的内容，结合高年级学生正确参与午间活动的照片，为学生直观讲解午间活动期间"我们可以做什么"和"我们不可以做什么"。经过一段时间的实践，班级学生越来越清楚

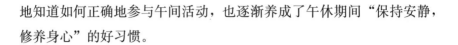

地知道如何正确地参与午间活动，也逐渐养成了午休期间"保持安静，修养身心"的好习惯。

（二）以"结构化教学"为途径，建立个别化教育系统

结构化教学是一种系统化地安排特殊学生的学习环境、时间、材料、程序、互动、设备及手段的方式，旨在通过充分运用视觉媒介如图片、照片、文字、符号等，提高教学要求和指令的可理解性，从而帮助特殊儿童在高度结构化的环境中高效且轻松地学习。它主要包括五个部分：视觉结构、常规、环境安排、程序时间表以及个人工作系统。

在班级管理中，教师可以利用视觉线索如照片、图片、文字或数字等来表示一日常规的作息时间和工作程序，让学生能够"看着"程序时间表进行各项常规活动。这种方法可以减少学生仅靠听觉信息行事的焦虑以及对成人提示和指导的依赖，增强学生理解、安排、预测和组织学习与生活秩序的能力。当需要改变活动时间或工作流程时，只需调整程序时间表就能让学生明白并应对环境的转变，从而减少因转变而带来的焦虑情绪。

更重要的是，教师可以在全校统一的一日常规基础上，为不同障碍类型、不同障碍水平的学生提供个别化的可视化程序时间表。例如，对于在课堂上经常出现"离座"行为的学生，可以在其程序时间表中加入"上课时间坐坐好"的视觉提示，帮助学生更好地管理自己的课堂行为。将结构化教学的理念运用于班级管理中，可以为每一位学生建立个别化的程序时间表，帮助学生在视觉线索中养成良好的行为习惯。

（三）以"家校协同"为抓手，夯实行为习惯的养成

在特殊学校，为了有效培养学生的行为习惯，教师需要积极与家

长进行沟通和合作。学校作为教育的主要场所，应该承担起与家长建立良好沟通的责任。通过与家长的合作，教师可以更好地了解学生在家庭环境中的表现，并及时发现和纠正不良行为习惯。

为了促成家庭教育与学校教育的一致，我校以"浦东辅读"公众号为主要平台，定期发布每月一日常规的教育重点，明确学生在行为习惯方面的要求和标准。通过这种方式，家长可以及时了解学校的教育重点，并在家庭环境中配合学校开展行为习惯的培养。

教师积极借助学校公众号发布的内容，与家长就如何在家庭环境中培养行为习惯进行探讨。通过这种沟通方式，教师可以与家长达成共识，共同促进学生的健康成长。同时，家长也可以及时了解学生在学校和家庭中的表现，从而更好地协助教师开展教育工作。

家校协同的方式可以促进家班共育，夯实行为习惯的养成。教师与家长之间的密切合作可以为学生提供更加全面的教育支持，帮助他们养成良好的行为习惯，为他们未来的发展奠定坚实的基础。

三、总结

良好的行为习惯是塑造个体各项能力的基础，对于刚刚入学的智力障碍新生而言，养成良好行为习惯是一项巨大的挑战。在教育过程中，教师应当引导学生规范自身行为，帮助他们初步建立规则意识，促使他们逐渐养成良好的行为习惯。

（苏朦朦）

低年级学生劳动能力的培养
——以二年级"午间扫除"主题的实施为例

2020 年，中共中央、国务院印发了《关于全面加强新时代大中小学劳动教育的意见》，在全社会掀起一股劳动教育的热潮。树立正确的劳动观，养成良好的劳动习惯对学生一生的发展都大有裨益。这一点，对智力障碍学生亦然。

结合《上海市辅读学校九年义务教育课程方案》的总目标，根据特殊儿童身心特点与教育需要，我校开发了含有 16 个主题内容的一日常规课程，重在培养学生良好的行为习惯和自我管理能力。其中，餐前准备、餐后整理、放学前整理、午间扫除等主题内容中渗透的培养学生自我服务与生活自理能力的理念，与国家倡导劳动教育的号召不谋而合，尤其午间扫除，更是培养智力障碍学生劳动能力的集中体现。

一、低年级智力障碍学生劳动能力培养的必要性和可能性

（一）低年级智力障碍学生劳动能力培养的必要性

苏联教育家苏霍姆林斯基曾说"儿童的智力在他的手指尖上"，发展儿童的劳动能力能够有效促进儿童智力因素与非智力因素的同步发展。培养智力障碍学生的劳动能力不仅可以锻炼学生的动手能力、协

调能力，还能增强学生的独立性与自信心，尤其对低年级智力障碍学生来说，早培养，早养成，早受益。

然而现实情况是，大部分学生为独生子女，加上特殊孩子能力较弱，学得慢且忘性大，使得成人往往自觉或不自觉地剥夺了学生动手的机会。如此包办，不仅限制了学生劳动能力的发展，也让学生养成了过度依赖的习惯，这对培养特殊学生的生活自理能力是非常不利的。因此，从低年级开始注重培养智力障碍学生的劳动能力非常有必要。

（二）低年级智力障碍学生劳动能力培养的可能性

进入小学，大部分智力障碍学生都已发展出一定的粗大运动与精细动作能力，随着年龄增长和不断练习，动作的灵活性与协调性也在不断提高，为其参与劳动过程提供了可能。此外，学校的一日常规课程以学生日常生活为主线，将劳动的理念贯穿其中，从上位给予班主任切实指导，进而为低年级智力障碍学生劳动能力的培养指明方向，保驾护航。

二、以一日常规——午间扫除为抓手，培养低年级智力障碍学生的劳动能力

二（1）班共有 7 名学生。入学时，教师通过家访了解到，将近一半的学生在家完全属于"衣来伸手，饭来张口"的被照顾状态，另一半学生可以在成人的语言提醒或动作辅助下，自己穿衣、吃饭等，但对于扫地、擦桌等家务劳动，家长从未放手让孩子尝试。

如前所述，在一日常规课程所涵盖的 16 个主题内容中，"午间扫除"无疑是劳动的集中体现。笔者以二（1）班"午间扫除"为例，浅谈如何培养低年级智力障碍学生的劳动能力。

（一）劳动能力培养第一步：观念先行

1. 渗透"劳动光荣"的思想，变"要我做"为"我要做"

观念决定行为，行为养成习惯。对于对"劳动"完全没有概念的智力障碍学生来说，要想改变他们的行为进而培养劳动能力，首先要做的就是改变学生的观念，不断渗透"劳动光荣"的思想，变"要我做"为"我要做"。

如何用学生喜闻乐见的方式不动声色地渗透"劳动光荣"思想呢？笔者主要依托音乐和"午间扫除'三字经'"。首先，学习儿歌《劳动最光荣》，并通过给歌曲编排活泼形象的舞蹈，让学生在趣味化的学习过程中，不断强化"劳动最光荣"，从而对劳动产生先入为主的光荣印象；其次，利用晨会、班会等时间，带领学生诵读"午间扫除'三字经'"，用通俗易懂的语言向学生解释每一句话，并将照片中哥哥姐姐们的事迹编成劳动小故事，极尽赞扬和肯定，充分激发学生想要参与午间扫除的积极性。

2. 埋下"热爱劳动"的种子，由"激励"产生"期待"

除了学习演唱儿歌《劳动最光荣》和诵读"午间扫除'三字经'"外，笔者还借助"无声老师"的作用，通过在教室布置午间扫除的主题板报，让学生在潜移默化中了解午间扫除的各个岗位，同时在其心中埋下渴望劳动的种子。最后，在不断的意识渗透后，告知学生"只有表现好的同学才能在班级中获得劳动岗位，获得大拇指（大拇指对我班学生有很强的激励作用）"，以此激励学生好好表现，获得一个宝贵的劳动岗位，从而吊足学生胃口，让他们更加期盼能够劳动。经过近半个月的习惯培养，班级学生已经对劳动岗位充满了期待，据家长反映，有段时间，同学们经常在家嘟囔"我要劳动，劳动最光荣"。

（二）劳动教育第二步：因人设岗

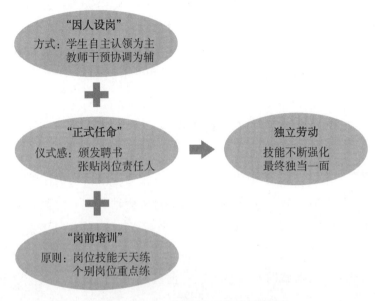

图 5-2-1 "午间扫除"劳动教育

1. 认领个人岗位

前期宣传工作告一段落，小岗位实践将劳动能力的培养落到实处。其中，班级小岗位是根据学生人数和能力水平有针对性设置的；在岗位认领过程中，先详细讲解每个岗位的职责与要求，然后以"学生自主认领为主，教师干预协调为辅"的方式完成岗位认领，最后由教师正式任命并颁发聘书，给予充分的仪式感；同时将岗位要求与责任人的照片张贴于教室醒目位置，接受大家监督。

2. 实施岗前培训

虽然岗位是依据学生能力设置，但认领了劳动岗位，并不意味着学生就可以做到、做好，因此，岗前培训必不可少。利用晨会、班会、课间、大活动、午间扫除等一切可利用的时间，以"岗位技能天天练，个别岗位重点练"为原则，勤抓不懈半个月左右，学生的劳动技能便有了明显进步。在岗前培训过程中，不断重复岗位要求，比如"黑板净、板槽清"，或者给简单明了、操作性强的动作要领，比如擦桌子"左边—右边—左边—右边"等，可以很好地帮助学生迅速掌握技能、强化认知。随着学生对技能越来越熟悉，教师的培训辅助便可逐渐撤出，最终让学生独当一面。

（三）劳动教育第三步：自主实践

1. 支架适时，学生自主实践

培训结束后正式上岗的第一个月，是教师应该密切关注的状况多发期。这段时间，教师要放手，以学生自主劳动为主，但适时提供支架也很重要。以擦桌子为例，岗位培训时学生已经掌握"左边—右边—左边—右边"的擦桌子方法，但是撤出教师的语言和动作提醒，放手让学生自主实践时，又会出现一直在同一个位置左右擦，导致桌子的中部很干净，但是上部和下部擦不到的状况。对此，笔者为学生提供了"彩虹贴纸"（很多学生喜欢画画，对色彩比较敏感）的支架，具体做法是在桌子左右两端贴上同色贴纸，让学生从桌子左端的红色贴纸出发擦到右边找对应的红色贴纸，然后折回来擦到桌子左端的黄色贴纸再擦到右边找对应的黄色贴纸，如此几个来回，整张桌子就都可以擦到了。等到学生养成习惯，贴纸慢慢减少直至全部拿掉，就会收获一个已经形成肌肉记忆的擦桌小能手了。

2. 反馈及时，教师正向评价

自主实践的过程中，适时的支架很重要，及时的反馈同样必不可少。当学生表现特别好：比如听到广播报"小扫除时间"便不用提醒就能自动到岗时；比如学生不用教师提醒或帮忙，就能保质保量完成岗位工作时；再比如能力比较弱的学生岗位完成度比之前有进步时，都是教师不吝表扬、及时强化的大好机会。语言夸奖、击掌鼓劲、大拇指奖励等反馈方式都可以，而且要充分发挥团体优势和围观效应，在所有学生的面前极尽表扬，既是激励学生本人，也是"赏一劝百"，让其他同学更加"卖力"，从而一举两得。另外，在最初的半个月或一个月，教师的奖励要频繁，要有激励性，且奖励的语言要言简意赅、具体明确，务必让学生知道自己是为什么受到奖励，这样下次学生想要被表扬就知道该怎么做了。

为避免奖励失去效力，在持续的奖励强化了学生的劳动习惯后，要转用间歇强化策略，顾名思义，偶尔强化，间歇表扬，这样也能消除学生的功利性劳动，真正养成劳动习惯。

（四）劳动教育第四步：以校带家

1. 成果显现，带动家庭跟进

在学校的小岗位劳动常态化以后，拍摄学生的在校劳动视频发给家长，用事实说话，从而大大提高家长配合度，也为学生将劳动技能迁移到家中提供可能。在带动家庭跟进初期，有两点小贴士：①建议家长以学生在学校掌握的技能为切入点，先在家中劳动起来（可以的话，劳动要求和动作口诀也与学校保持一致）；②当学生开始在家劳动时，家长也要不吝表扬，让学生在家长的正向反馈中感受到支持和关注，同时鼓励家长拍摄视频回发给教师，通过在班级中播放和表扬，让学生有种"原来我在家表现好，老师和同学们也都知道"的感觉，从而更加愿意劳动，实现家校劳动教育的无缝衔接。

2. 成效记录，深化劳动育人

如图所示，从午间扫除掌握的劳动技能出发，家长在家开发出更多适合孩子的劳动项目。班级群里互相分享劳动时刻，既是对家长和孩子的正向反馈，也是借鉴交流。在这一点上，也有两点小贴士：①开发学生的其他劳动潜能时，建议新旧技能交替练习，减少挫败感，保持成就感，从而维持学生的劳动热情，不断提升其劳动能力；②行有余力的家庭，可以设置"家庭扫除日"，在劳动中增进亲子关系，让劳动成为媒介，让劳动教育落地，也让劳动教育变得欢乐、有爱。

三、低年级智力障碍学生劳动能力培养的总结与反思

（一）总结

1. 成效

经过近一个学期的学习和反复练习，现在二（1）班的学生只要听到"小扫除开始啦"的广播，就很清楚自己该做什么，擦桌子、排桌椅、擦黑板、扫地……大家迅速到位，互相提醒和帮助，已然成为习惯。在本学期的"午间扫除"评比中，二（1）班还获得了低年级组"示范班级"称号，极大地鼓舞了学生的劳动热情。同时，学生将在校学到的劳动本领迁移到家庭中，不仅让家长非常欣慰，也大大增加了学生的归属感与自豪感。诚如一位家长的感慨"从没想到孩子在家能够主动扫地，还像模像样……感恩学校和老师，我相信，他念叨的'自己的事情自己做，大人的事情帮着做'会实现的"。

2. 经验

（1）劳动育人，以点带面。

劳动何以育人？劳动过程磨炼人，劳动本身是媒介。从完全没有劳动意识到熟练掌握一项劳动技能，学生提升的不仅是动手能力，更是在不断改进中培养坚持做好一件事的韧性、耐性。"纸上得来终觉浅，绝知此事要躬行"，通过身体力行的动手操作，让劳动的种子在学生心中生根发芽，最终培育出健康健全的人格；劳动教育不仅仅能教会学生扫地、擦桌，更能帮助他们养成良好的卫生与行为习惯，让特殊学生融入主流社会的愿景落地。劳动能力的培养就像一个支点，撬动的是学生综合素质的提高，让学生在获得成就感后勇于尝试更多可能，这也是劳动育人的意义所在。

（2）劳动媒介，联结家校。

诚如苏霍姆林斯基所说，"家庭与学校相结合，可以最大限度地促进孩子的综合发展"。对于家校合作共育的必要性和重要意义，大家早已达成一致意见。发挥家校共育正合力的前提是信任。信任不是凭空建立的，笔者认为，教师可以借助劳动能力培养跨出第一步。"不是因为相信才看见，而是因为看见才相信"，这句话同样适用于家校信任的建立。当下，一切被包办的特殊孩子越来越多，他们的劳动能力不断被弱化甚至忽略，改变这一点便是打通信任的关键。通过学生在校劳动技能的养成，让家长直观看到学生的改变，从而为学生将劳动技能迁移到家中提供可能。学生劳动技能迁移和泛化的过程便是信任建立的过程，通过互通有无的真诚沟通，必然形成家校共育正合力，从而真正让特殊学生学有所得，学有所用，学有所成。

（二）反思

对低年级学生劳动能力的培养成效明显，值得欣慰，但同时也有需要改进的地方：①家校社作为一个完整的存在环境，社会也应该是特殊学生劳动能力培养的重要一环，但限于各种原因，这一部分目前缺失。下一步，也许可以从社区出发，引导学生参与力所能及的劳动，比如社区环保日的卫生打扫等，让学生真正参与到社会生活中。②面对程度越来越重、障碍类型更加复杂多样的"材"，教师想要因材施教，提供真正有效又适切的支架，必然需要更多的观察、试错与思考。除了传统的鼓励引导、生活实景演练，借助视频、结构化流程图以及口诀要领等方式培养学生的劳动能力外，需要不断探索更加行之有效的方式。

（高成双）

用餐"小事"，技能"要事"，礼仪"大事"

——一个低年级特殊儿童学习用餐技能与礼仪的个案

近年来，随着社会环境的不断变化，浦东新区辅读学校新入学儿童的障碍类型呈现多样化趋势，障碍程度也日益严重。这些儿童在生活自理能力方面普遍较低，尤其是在低年级阶段，他们还在努力适应学校生活的过程中，很多基本的生活技能亟待加强。其中，用餐成为了他们面临的首要难题。

在低年级时，我们可以看到很多学生由于精细动作缺乏、手眼协调能力差，用餐时经常一片狼藉，有些学生甚至需要喂食。此外，也有部分学生表现出挑食、剩饭、直接用手抓食等不良行为。用餐作为日常生活的基础技能之一，对于这些特殊儿童来说，却往往是一项巨大的挑战。用餐不仅关乎着个人的基本生活技能，更关乎着个人品行修养。一个懂得用餐礼仪的人，不仅能够更好地享受用餐的乐趣，更能够成为一个受他人欢迎和尊重的社会成员。因此，如何帮助低年级学生养成良好的用餐习惯，做到文明用餐，是辅读学校教育中的一项重要任务。

下面以"文明用餐"为例，详细阐述一日常规课程下如何培养低年级学生的用餐技能和礼仪。

一、案例介绍

杨同学就读于辅读学校二年级，是一名智力发育迟缓儿童，认知水平较好，语言表达能力强，能够主动沟通。但是他的短板也很明显——精细动作能力很弱，手指无力，连使用勺子吃饭都存在困难，更别说其他生活技能。

通过实际观察，杨同学的用餐技能现状如表 5－3－1。

表 5－3－1　杨同学用餐技能和礼仪现状

用餐姿势：趴伏在桌子上；右手拿勺，左手有腾空、不断捏动手指的刻板行为。
用勺技能：很少用勺子，经常用手抓食，在提醒后会用手抓饭放到勺子上，然后再用勺子进食；很挑食，不吃蔬菜，只吃没有骨头的肉，很少吃米饭，几乎是数着米粒进餐。
进餐过程：不会打开饭盒；边吃边发出"哼哼"声；有时候勺子举起来后，停在半空，被提醒后继续进餐，但是遇到不喜欢的会吐桌子上；经常把米饭撒满全身以及桌面、地板上。

一日常规课程对用餐的要求是：吃饭时，坐端正。小饭盒，扶扶好。细细嚼，慢慢咽。一口饭，一口菜。不挑食，不剩饭。通过对比可以看出，杨同学的用餐过程存在较大的问题：坐姿、挑食、用勺技能等都不符合规范。在与家长沟通后，我们找到了杨同学不良用餐习惯的原因：手部精细动作能力较弱，不会使用勺子，在家吃饭的时候由外公喂食；家里饭菜口味较重，杨同学不喜欢学校清淡的午餐；另外牙齿不好，咀嚼能力弱，也是他挑食的原因之一。

二、过程描述

为了更好地使杨同学养成文明用餐好习惯，在与家长以及各学科教师沟通后，我们为杨同学制订了详细的训练计划。

（一）集体环境中的训练

在集体环境中，我们将课堂教学和真实情境相结合，对杨同学的用餐技能和礼仪进行训练。

1. 生活适应课中的训练

一日常规课程在用餐礼仪活动环节编制了短小精悍、通俗易懂、朗朗上口的"三字经"，配以视觉辅助图，为集体环境中的用餐教育教学提供了优质资源。

（1）眼睛观察。

生活老师会细心地引导学生进入一个特定的问题情境，即观察什么样的行为是不符合用餐礼仪的。为了使学生更加投入，教师会出示一些学生居家或在校用餐的照片。这些照片会真实地展现用餐时的行为，以便学生能够观察识别出哪些行为是不符合礼仪的。

（2）诵读口诀。

在用餐时，教师会带领学生一起朗诵用餐要求，这些要求包括：吃饭时，坐端正；小饭盒，扶扶好；细细嚼，慢慢咽；一口饭，一口菜；不挑食，不剩饭。通过反复诵读，这些用餐礼仪要求会深深地印在学生的心中。

对杨同学来说，这些礼仪要求可能有些烦琐，因此教师将用餐要求缩短为"三字经"形式：坐端正、手扶好、勺拿稳、大口吃。这种简洁明了的方式让杨同学更容易记忆和理解用餐礼仪。在这个过程中，教师的作用不可忽视。他们不仅教授了杨同学正确的用餐礼仪和饮食习惯，还通过亲身示范和引导，帮助孩子养成了良好的餐桌习惯。

（3）情境练习。

在一个模拟的用餐情境中，用餐的过程严格遵循了"三字经"的原则。杨同学在整个过程中展现出了极高的兴致，他不仅用眼睛关注着食物的颜色、形状和大小，还用心品尝了食物的味道，甚至用手指轻轻触碰了食物的质地。这种眼到、口到和手到的表现，无疑加深了他对用餐礼仪的理解、掌握和内化。

2. 用餐实景中的训练

真实情境的训练对杨同学来说具有极高的吸引力，能够充分激发他的学习热情。这种训练方式不仅有助于他掌握技能，而且有利于他将所学的技能成功地迁移到其他类似的情境中。在用餐实景中进行训练，杨同学可以学习到如何在现实生活中运用用餐礼仪，以及如何得体地与他人交流。这种训练既具有实用价值，也有助于提高杨同学的社交能力和自我表达能力，以便将来杨同学能更加自信和从容地应对各种用餐场合。

（1）搭建脚手架。

为了帮助杨同学提升使用餐具的能力，教师精心搭建了一个脚手架。考虑到杨同学的牙齿状况和较弱的咀嚼能力，以及他在使用勺子处理大块食物时存在一定的困难，教师在午餐时特别注意将杨同学的菜用剪刀剪碎，并与饭混合在一起，以降低他食用的难度。

在杨同学使用勺子的能力得到提升之后，教师逐渐减少了对他的辅助，仅在取出饭菜里的各类骨头时给予帮助。而杨同学在教师的指导下，逐渐学会了如何使用勺子，如何发力，为独立用餐打下了坚实的基础。

（2）师生共评。

为了确保杨同学能够充分掌握并实践文明用餐礼仪，教师精心策划了一项特别的活动。在这个活动中，教师为杨同学赋予了一个重要的职责——礼仪监督员。这个职位不仅需要杨同学以身作则，还需要他观察并指导其他同学的用餐行为。

每天用餐时，杨同学会和教师一起，细致地观察每一个学生的用餐情况。他们会仔细观察同学们的举止、言语和用餐习惯，寻找哪些行为是符合文明用餐礼仪的，哪些行为是需要改进的。杨同学的任务就是对这些行为进行一一点评，并给予那些表现出文明用餐礼仪的同学及时的奖励。

这种对他人用餐行为的纠正和点评，对杨同学来说是一种非常有效的学习方法。通过观察他人的行为，杨同学可以更进一步地理解什么是文明用餐礼仪，什么是不符合礼仪的行为。同时，通过点评和奖励，杨同学可以更加深入地理解礼仪的重要性，并激发自己和其他同学学习礼仪的动力。

（二）康训环境中的训练

杨同学使用勺子的能力非常薄弱，每次用餐时都会将米粒撒在地板和衣服上，这种情况不仅影响了他的饮食质量，还导致了食物的浪费。为了改善这一情况，在与负责杨同学作业治疗的翟老师进行了深入的沟通后，我们为他设定了康训目标，旨在提升他运用手指操作物体的能力以及双手之间的配合能力。

为了实现这些目标，我们制定了一系列具体的训练措施。首先，让杨同学使用木夹、燕尾夹等来夹取物品，这样可以锻炼杨同学手指的灵活度和力量；其次，我们使用镊子来训练杨同学捏取物品的能力，这有助于提高他的手眼协调能力。通过这些训练，杨同学手指的灵活度得到了改善，手部动作执行能力和手部力量得到了增强，使用勺子的能力也得到了提高。

此外，我们还针对杨同学的双手配合能力进行了训练。我们让他练习拧瓶盖等动作，来提升双手之间的配合能力。翟老师通过串珠、勺子舀豆子、勺子运豆子来锻炼杨同学的手眼协调能力以及精细动作能力。为了帮助杨同学快速泛化康训课上习得的技能，训练时候使用的勺子是他平时吃饭用的。

（三）家庭环境中的训练

家长在特殊儿童的康复和发展过程中扮演着至关重要的角色。他们不仅是孩子生活中的重要支持者，还是孩子技能学习和社交能力发展的重要推动者。在特殊儿童康复的过程中，家庭因素被视为关键，它可能直接或间接地影响孩子的用餐技能和礼仪的发展。从前期观察结果我们可以清晰地看到，杨同学用餐过程中出现的问题，一个重要的原因就是家庭因素。家庭环境、家庭成员的行为和态度对杨同学的用餐表现产生了直接或间接的影响。因此，想要有效地提升杨同学的用餐技能和礼仪，我们更需要家庭的积极配合和参与。

在与杨同学的家长进行沟通后，我们发现他们非常关心孩子的康复进程，并愿意积极配合我们的工作。为了更好地帮助杨同学，我们决定与家长合作，配合集体和康训教学，共同制订居家训练计划。通过与家长的紧密合作，我们希望能够在居家训练计划的支持下，帮助杨同学在用餐技能和礼仪方面取得显著的进步。同时，我们也希望家长能够在这个过程中更好地理解孩子的需求，为孩子的康复和发展提供更多的支持和帮助。

1. 自己的事情自己做

杨同学是一个在家中备受宠爱的小男孩，由于家人对他的照顾无微不至，很多事情都由外公代办，这使得杨同学缺乏独立的生活自理能力。为了帮助杨同学锻炼自己的生活能力，杨同学的爸爸妈妈经过商量，决定让他自己动手做自己的事情。其中，自己吃饭就是一项重要的任务。

为了与祖辈沟通并取得他们的支持，杨同学的爸爸妈妈亲自出面，向他们解释放手让杨同学做事情的重要性。在这个过程中，他们需要细致、耐心地反复练习，这对家庭教育提出了很大的挑战。令人欣慰的是，杨同学的家人非常配合，他们理解并支持这个决定。

现在，杨同学每天的口头禅就是"自己的事情自己做"，这表明他已经逐渐养成了自理的习惯。他的家人也意识到，只有通过这样的方式，才能帮助杨同学成长为一个独立、自信的人。

2. 一日常规入家庭

在家庭生活中，用餐的礼仪和规矩同样非常重要。为了帮助杨同学养成好的用餐习惯，我将学校用餐的行为要求拍成视频，然后发给家长，让家长在家庭用餐时监督杨同学的行为。

为了激励杨同学在家庭用餐时好好表现，家长做好记录，并将记录及时反馈给教师。如果杨同学表现良好，教师可以在班级奖励系统中给予他大拇指和海贝贴奖励，用来鼓励他继续保持良好的用餐习惯。

3. 配合康训，每日打卡

杨同学用餐困难的原因之一是他的手指力度不够，手指的协调性也不太好。即使翟老师的康复训练课程中有针对性的练习，但课堂上的练习时间相对较少。因此，需要家长在课后配合，在家中为孩子进行同样的训练，并努力将所学的技能应用到日常生活中。

在爸爸妈妈的全力配合下，杨同学每天晚上都会进行串珠、夹夹子的训练，并且开始自己晾晒一些小件的衣物，如袜子等。这种将重复的技能训练与日常的游戏、家务活动相结合的方式，使得杨同学的手指精细动作得到了显著提高。

三、训练效果

经过一个学期的努力，在多学科配合、家校合作下，杨同学取得了很大进步，不仅用餐技能和礼仪有了很大提升，劳动能力也得到了发展。前后期对比如表 5-3-2 所示。

表 5 - 3 - 2　杨同学实施训练措施前后对比

训练前	训练后
趴伏在桌子上；右手拿勺，左手有腾空、不断捏手指的刻板行为	坐姿端正，右手拿勺，左手在教师或家长提示下扶餐盒
很少用勺子，经常用手抓食，在提醒后会用手抓饭放到勺子上，然后再用勺子进食；很挑食，不吃蔬菜，只吃没有骨头的肉，很少吃米饭，几乎是数着米粒进餐	使用勺子吃饭；挑食情况减轻，能够吃掉一半蔬菜和一小半米饭
不会打开饭盒；边吃边发出"哼哼"声；有时候勺子举起来后，停在半空，被提醒后继续进餐，但是遇到不喜欢的会吐桌子上；经常会把米饭撒满全身以及桌面、地板	自己打开饭盒；吃饭时保持安静；不喜欢吃的饭菜会剩着；偶尔撒落米饭粒，自己整理干净

四、反思和启示

（一）整合和利用现有资源

1. 与学校的一日常规课程建设相结合

在课程实施过程中，学校为我们提供了丰富的教学具，其中包括一日常规"三字经"（图片、视频）、一日常规评价表、小火箭进步奖标识栏等。这些教学具都是现成的，无需我们花费大量时间制作，大大节省了我们的时间和精力。这些教学具不仅设计精美，而且实用性强，能够有效地帮助我们更好地开展教学活动，提高教学效果。同时，这些教学具还能够激发学生的兴趣和积极性，让他们更加主动地参与学习。

2. 与班主任工作、班级管理相结合

每个月杨同学的个别帮教、家校沟通工作，都是以文明用餐为主。我们非常注重细节，从各个方面对杨同学的用餐行为进行引导和规范，例如会根据杨同学的个人特点，制订个性化的用餐计划，确保他在用

 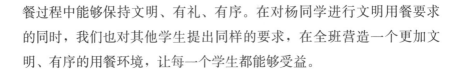

餐过程中能够保持文明、有礼、有序。在对杨同学进行文明用餐要求的同时，我们也对其他学生提出同样的要求，在全班营造一个更加文明、有序的用餐环境，让每一个学生都能够受益。

（二）善用强化物

在对杨同学进行干预的过程中我们发现，他对于强化物的喜爱和需求成为了他进步的重要动力。强化物先行是一种关键的干预策略，我们通过在制订杨同学的个别化教育计划前期进行的访谈和观察，确定了以巧克力、原味薯片以及溜冰运动作为他的强化物。这些强化物能够激发他的积极情绪，激励他积极参与学习活动。在计划实施阶段，我们根据杨同学的表现，给予他不同强度刺激比率的强化物。通过这种方式，我们能够更好地消退他的问题行为，同时促使他表现出适宜的行为。

（三）家庭配合的重要性

在教学过程中，我也发现制约杨同学劳动能力发展的一方面是他本身的手部精细动作能力较弱，另一个很大因素是家长包办。在刚开始与家长沟通时，我们就发现杨同学特别受外公宠爱，外公不舍得他做任何事情，认为孩子已经很可怜了，不能再让他辛苦。抱有这个想法的家长不在少数，正是这样的观点，限制了孩子的进步。

其实，只要用科学的方法，耐心地辅助教育，孩子会带给我们很多惊喜！正如杨同学父母的配合，就带动了祖辈的合作。家校一体，让杨同学的生活技能得到了肉眼可见的进步，现在他可以自己穿衣服、系鞋带、扣纽扣等。此外，他还学会了做家务，比如打扫卫生、整理房间等。这些技能不仅让他感到自信，也让他觉得自己的价值得到了认可，与此同时也树立了自信心，带动了各方面的进步。

（李亚楠）

智力障碍学生开展闲暇教育的实践探究

——以中年级一日常规"午间休息"课程实施为例

据统计，智力障碍学生的闲暇时间几乎是全年的二分之一。加上疫情期间，学生居家拥有了更多的闲暇时间，导致不少学生出现情绪问题，亲子关系紧张，家庭教育遇到前所未有的挑战。因此，如何合理安排这些闲暇时间是提升智力障碍学生生活质量的关键因素，对智力障碍学生进行闲暇教育是非常必要亦是非常迫切的。

本文以辅读学校一日常规"午间休息"为载体，探讨如何针对中年级智力障碍学生开展闲暇教育，通过一线实践探寻智力障碍学生的闲暇教育对策和路径，丰富特殊教育领域的闲暇教育研究。

一、辅读学校闲暇教育现状

（一）闲暇教育

闲暇教育旨在让学习者利用闲暇时间获得某种变化。这种变化表现在信念、情感、态度、知识、技能和行为方面，并且通常发生在儿童、青年和成人的正式与非正式的教育环境或娱乐环境之中。浦东新区辅读学校作为正式的教育环境，需要率先意识到闲暇教育的重要性，并根据学校自身特点开展有针对性的校本课程，帮助学生掌握有关闲暇时间的活动知识、技能以及闲暇价值观念和态度，学会做出自己的闲暇选择，合理安排自己的闲暇时间，养成良好的闲暇习惯，建立良好的生活态度，养成健康的生活方式。

（二）辅读学校闲暇教育现状

可喜的是，2016 年国家教育部颁布的《辅读学校义务教育课程标准》中，将"艺术休闲"作为一门选择性课程纳入辅读学校课程体系，还指出其对学生终身发展具有重要意义。同时，该课程还将休闲能力划分为休闲认知、休闲选择、休闲技能和休闲伦理四大领域，并给出了相对应的内容要求。笔者认为，艺术休闲课程为辅读学校开展闲暇教育提供了肥沃的土壤，该课程定位具有极强的前瞻性和指导性，为本文提供了充足的理论和实践依据。

闲暇的本质是自由。然而，目前辅读学校多以"社团课""社会实践课"及"主题教育课"为形式，针对智力障碍学生开展一系列相关的活动课程，且多面向高年级学生，多指向某些闲暇技能的教授，而忽略了在闲暇活动过程中培养学生对闲暇行为作出选择和价值判断的能力，而后者恰恰是闲暇教育更有价值的部分。因此，我认为，针对智力障碍学生开展闲暇教育应从小开始，宜在相对稳定的班级场域内，借由学生可自由支配的时间段，采取有组织、可持续的自然教育形式。

二、一日常规闲暇教育实践探索

正值学校一日常规课程建设课题推进，笔者按照上述条件，将研究范围锁定在"午休"课程。经过前期的班主任访谈和观察发现，班级午休多以学生在教室内静坐、各自玩桌面游戏或观看动画片等封闭、单一的形式进行，缺乏一定的组织性和延续性，学生在学习活动中消耗的脑力无法得到补偿，多余的精力也不能合理地发泄。我认为，"午休"作为上、下午的过渡，是学生可自由支配的时间，应发挥其开放性和综合性的教育契机和价值。综上，拟将四年级自然班作为研究对象，选取每日"午休"（12：00—12：35）作为班级闲暇教育的集中时段，同时从班级学生特点和需要出发，结合班级管理进行一学期的实践研究，旨在通过观察与分析学生在整个过程中所发生的个别与集体的变化，探索在辅读学校开展闲暇教育的新路径。

（一）掌握基本情况，发现主要问题

1. 学生基本情况

四年级自然班共 6 名学生，男女生比例为 5：1，其中一般智力障碍学生 2 名，唐氏综合征学生 2 名，自闭症学生 2 名。经过一年级的适应期，学生基本习惯了学校生活。学生各有特点，各方面的发展在个体间和个体内并不均衡，集中表现在一半认知较好的学生有主动语言和基本的社交需要，但缺乏规则和秩序，尤其在集体活动或游戏时更为凸显，另一半学生则少语言或无主动语言，只能通过模仿或跟说进行互动，两名自闭症学生还有典型的情绪和行为方面的问题，集体活动参与度和规则意识不够，但在多数情况下能听从教师指令。

2. 午休观察情况

经过一段时间的观察，在午休时段，班级学生中 3 名能力较强的学生偶尔会进行互动，但多是"你一言我一语"的短暂对话，有时候甚至只是重复性词语的"瞎起哄"，纯属制造"分贝"，并无实质内涵，有互动意愿但尚属低级的社交水平。另外，两名自闭症学生喜欢离开座位，会出现敲击课桌、发出尖叫等不良行为，以及其他个性化的强迫行为，很难和同伴玩起来。正因如此，在开始实践前，班主任将本班学生分成三个同伴组合，让能力强的带动能力弱的，在日常活动的培养下，学生已初步习惯了结伴活动的行为，但同伴间的联结尚未形成或显现出来。

（二）结合学生实际，设计实践目标

参照课标中的四大目标领域，结合低年段智力障碍学生各方面发展水平以及本班学生的实际情况，设置了以下四个目标。

（1）知道自己喜欢并能参与的闲暇活动。

（2）能根据兴趣、需求和能力基础，选择合适的闲暇活动和场所，形成基本的自我决定能力。

（3）能与同伴合作开展闲暇活动，了解闲暇活动的行为准则。

（4）能在活动中管理好自己的情绪及行为。

（三）划分实践阶段，推动目标达成

1. 建立期：动静结合，定制特色午休清单

为了更改无序无组织的午休活动，在建立期，我与班主任一同对学生的喜好做了详细观察与罗列，发现班级学生对室外更大空间的闲暇活动更为感兴趣。正值学校疗愈花园落成，不仅自然环境优美，而且增添了不少趣味运动器械，加之我校南北校区均有操场，丰富了学生的运动选择。同时，班级学生还多数偏爱绘本阅读、绘画涂鸦、乐高积木、磁力片等类型的桌面活动。除了这些，从学生社交能力出发，我们还加入了可以多人互动的简单棋牌类游戏活动（如：一日常规特制跳棋、飞行棋）作为可选项。另一方面，考虑到处在长身体阶段的孩子，充足的睡眠或休息有利于其大脑和身心的发展，我们根据季节的变化（如春、夏季），灵活地安排出每周 1—2 次的午休作为必选项。

综上，本着动静结合的午休原则，我们将上述活动项目制成了可视化图卡，按照一星期五天，一三五动、二四静，遇雨天动改静的原则，让学生学着自己来定制班级午休活动清单，最后再由教师统筹，

形成最终安排列表，并张贴于教室显眼的地方，随时强化学生的认知。

四（2）班午休清单

第（10）周

星期一	星期二	星期三	星期四	星期五
操场游玩	绘本阅读	乐高积木	安静休息	一日常规跳棋
1. 午休原则：一三五动、二四静，遇雨天动改静，每周五轮换。 2. 午休公约： 音量低，动作轻，不打闹来不喧哗。 自己看，一起玩，集体行动听指挥。 轮流拿，归原处，保持整洁不乱放。 不攀爬，不跳跃，安全第一记心间。				
备 选 涂鸦画画	音乐放松	磁力片拼搭	飞行棋	户外游戏 运动健身

图 5-4-1 午休清单

这样一来，学生开始对每日午休活动有了更具体的认知，明白在这个时段自己可以做哪些自己喜欢的事。鉴于学生的自制力尚弱，除了动静结合的活动项目，清单还附有午休公约作为约束，学生需要知道在自己可自由分配的时间里需要注意哪些事项。班级午休清单提前定制，每周五进行轮换，由周综合表现佳的学生作为"小老师"更换"决策"，同时需要在教师的组织下，得到其他同学的"知情同意"，以此产生属于学生自己的午休活动"套餐"，保证学生拥有自主支配闲暇时间和选择闲暇内容的权利。

2. 训练期：差异指导，积极创设鼓励环境

结合学校一日常规课程的午间活动内容，利用"三字经"帮助学生建立午间休闲的自我意识和集体意识，知道午间可以做哪些活动，在活动时要注意哪些规则等。除了念诵"三字经"，教师还带领学生一

起阅读一日常规绘本，用情境式演绎的方法，引导学生在体验中渐渐习得午间活动的正确观念和基础技能。当然，严格按照午休清单执行对于四年级的学生而言并非易事，同一个项目，不同程度的学生，在教育目标和选取合适的闲暇方式上应有所区别。比如，对于轻度智力障碍学生，应重点教导其合理利用35分钟进行活动分解，学会如何与同学进行有效互动，使其渐渐在体验中发现乐趣，获得闲暇活动带来的良好情绪感受；对于中重度智力障碍学生，则需要先进行基本闲暇技能的教授，初步建立起闲暇的意识，在教师指导下会选择并积极参与到活动中。

由于四年级学生各方面接受能力较弱，适宜采取小步子、多循环的差异化教学方式，且常需要教师手把手和口头提示相结合，进行反复示范和指导。这种情况无形中会给学生带来教学课堂的"错觉"，学生的自主性也会受限。因此，在积极行为支持理念的引领下，我们在班级中营造了鼓励性的环境，打破课堂常规形式，教师以玩伴式的语言交流和动作指导，让学生在真实的休闲环境中愉快地感受和学习。

3. 养成期：同伴绑定，有效规范闲暇行为

在具备了基础的闲暇技能后，学生表现出了各自的闲暇偏好，秩序性的问题也随之凸显，包括时间观念差、脱离集体单独活动、霸占或争抢、制造噪音等，这些都不利于学生良好闲暇习惯的养成。在实践中，我们惊喜地发现，将能力和性格互补的同伴分组可以起到一定的规范约束作用。比如，同伴中能力较强的学生因为贪玩不遵守时间，午休结束还不打算回到教室，这时由能力较弱但规则较好的小伙伴去拉他则事半功倍；再如，另一组同伴中，能力较弱的学生敲击桌面发出大的声响，同伴近距离地予以提醒、制止。因此，除了正面的规范输出，我们还采用了这种同伴绑定式的奖惩机制，利用同伴力量相互制约，以规范学生的闲暇行为。

4. 评价期：由外向内，培养正确闲暇观念

作为一日常规的考察项目之一，每一天学生的午休表现都由班主任带着大家一起进行评价，多为学生互评和教师评价相结合，分"金海贝"和"加油"两档，简单易评且一目了然。除了学校公众平台上会定期发布一日常规课程的海贝荣誉榜及资源共享板块，班主任还会通过班级群将学生午间休闲的照片或视频上传，让家长更有针对性地了解自己的孩子在校的表现，一方面在家长内部形成鼓励性的反馈氛围，另一方面也为家长提供在家庭中指导孩子进行休闲娱乐活动的教育素材和教育方式。经过一段时间的多方评价，学生慢慢懂得什么样的闲暇方式是可取的，选择何种闲暇会对自己、对他人产生什么样的影响，从而达成闲暇教育的内化目标。

三、一日常规闲暇教育实践效果

（一）提升学生个体能力

对生活的理解不应只停留在吃喝拉撒的层面，这一点我们应从小就灌输给智力障碍学生。利用午休开展闲暇教育，拓宽了学生的兴趣爱好，让他们从只爱玩投篮发展到热爱多样运动项目，从不会玩游戏到自己会拿取和归还玩具，从拼搭一块积木到搭出图形，从遇到问题束手无策到会自己想办法解决或主动求助，每个学生的能力都得到了一定的提升。最为惊喜的是，患有自闭症的女孩从最初只会单一的涂色到可以利用磁力片进行描画，在涂色中找到乐趣，不仅情绪得到改善，其自我意识也明显增强。

（二）发展良好同伴关系

智力障碍学生的同伴关系相比普通孩子更加简单。在学生朝夕相处的学校生活中，同伴间的相互作用有时候比任何教育手段都来得有

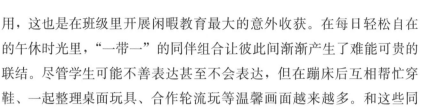

用，这也是在班级里开展闲暇教育最大的意外收获。在每日轻松自在的午休时光里，"一带一"的同伴组合让彼此间渐渐产生了难能可贵的联结。尽管学生可能不善表达甚至不会表达，但在蹦床后互相帮忙穿鞋、一起整理桌面玩具、合作轮流玩等温馨画面越来越多。和这些同样有价值的是同伴之间的制约力，它是同伴意识增强的另一个产物，也成为闲暇教育的一个"重要武器"。

（三）促进和谐班级氛围

随着社会对智力障碍学生的关注度越来越高，众多公众场所也向智力障碍孩子展开了怀抱，甚至还设置了优先通道和便利设施。因此，智力障碍学生将来完全可以走出家庭，走进社会，到更大众的场所里去安排和丰富自己的闲暇生活。当然，在受众面还未完全铺开，针对性服务尚未完善的现阶段，向学校输送社会性力量是比较可行的闲暇教育组合模式。

闲暇教育作为学生全面发展教育中不可或缺的组成部分，主要承担着育人而非教学的教育任务，重视闲暇教育意味着将更多的主动权归还给学生，教师担任组织者和引导者的角色，用更少的干预手段，让班集体在一个自然状态下成长，借由同伴作用，在规则、秩序、习惯等方面教导学生关注自己也要关注他人，互相监督，相互成就，一步步引导学生融入班集体，感受集体带来的快乐，营造融洽互动、和谐相处的班级氛围。

四、一日常规闲暇教育实践反思

（一）在学校开展闲暇教育需要多渠道并行

选取"午休"为切入点，是因为每日午休具有时间上的自由和连续性。尽管本文立足该观点进行论述，但学校作为最适合开展学生闲暇教育的地方，要兼具其选择性、开放性、综合性和实践性的教育特性，绝不是单靠一种渠道就能推行的。

课程软件上，学校经常通过多元丰富的艺术活动，让学生学会感受美和表现美，从而丰富、愉悦自己的精神生活，陶冶自己的生活情趣和生活品味，建立健康的生活方式。除此以外，学校闲暇教育的落脚点也可以放在十分钟课间、晨会、班队会活动以及校级层面的德育活动中去，为学生打造全人、全程、全方位的闲暇教育校园生态。

硬件上，校园里有不少休闲设施，给学生提供充足的闲暇活动场所，包括阅览室、绘本馆、美术室、律动室、感统室、操场游乐区等。随着自然疗愈的引进，学校还在不断地为学生的闲暇活动开发新兴土壤，比如花园、种植园、咖啡吧、社会实践基地等与时俱进的人文休闲空间。

一日常规课程的建立初衷，是将特殊学生的生涯发展乃至终身发展做前置的考量，聚焦学生在校一日生活的方方面面，通过学校教育引导学生建立各类生活、生存所需的基本能力，从而有规律地生活、生存，有尊严地立足社会。而闲暇能力的培养更着眼于后者，希望从特殊学校走出的是一群热爱生活、享受生活的阳光人士。因此，学校可以通过研究校本课程，梳理不同学段的闲暇教育目标、梯度内容和评价标准，打造具有学校特色的闲暇教育课程。

（二）学校闲暇教育离不开家庭、社会的多方合作共育

本文从学校的场域出发，论述闲暇教育的意义和途径，但能否更好地开展闲暇教育，家庭、社会也是重要的因素。

家庭是智力障碍学生成长的第一个环境，也是所处时间最长的环境，因此家庭的闲暇时间是怎么度过的很重要。父母和家庭其他成员要能够科学地指导孩子在家进行闲暇活动，最好能主动地和孩子一起

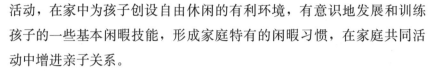

活动，在家中为孩子创设自由休闲的有利环境，有意识地发展和训练孩子的一些基本闲暇技能，形成家庭特有的闲暇习惯，在家庭共同活动中增进亲子关系。

（柯心怡）

一日常规助力学生融入新集体

——学生一日常规个别化案例指导

　　一日常规是指在教育活动中，利用家庭和学校的资源，共同培养学生的良好行为习惯的一项重要德育活动。该活动涉及范围广泛，包括学生的学习生活、社会适应等方面。每个月，学校会根据学生的发展需求，提供一日常规主题教育内容。围绕这一主题，在班级进行行为规范的集体教育。在校期间，由教师和同学监督，在家则由家长负责教育。通过家校合作的方式，提高学生的社会适应能力和遵守规则的能力。

　　一日常规以儿歌的形式呈现，通过学生喜闻乐见、易于学习的载体，让学生在愉快的边唱边做中学习日常行为规范，加强学生对在校日常行为规范的理解。这样的教育方式，不仅具有实效性，而且有利于学生的成长和发展。

　　本研究以我班学生为研究对象，根据实际情况，将一日常规中的若干要点进行整合，形成一套系统的行为规范教育方案。以一日常规为实施手段，旨在帮助学生养成良好的劳动习惯，同时培养学生的集体意识和规则意识，为他们融入集体提供有力支持。

一、个案基本情况

多多（化名），男，2011 年出生。多多被诊断为自闭症，主要问题包括情绪波动大、任性、易哭，以及认知能力一般。本学期，多多转入我们班。在开学初期，他很难适应新的学校生活。具体表现为频繁地制造麻烦和发脾气，班上的植物、阅读角的书本等都成了他破坏的对象，甚至会被他丢到窗外。当遇到稍有不顺心的事情时，多多会采取坐到地上大哭、踢腿、敲打自己等极端行为来发泄情绪。由于多多不能很好地管理自己的情绪，缺乏规则意识，因此难以融入集体环境。

通过观察和分析，我们发现多多的问题行为很大程度上是由于他对集体规则的不熟悉，以及对新环境的应激反应。对于多多来说，他需要逐渐熟悉和适应新的学校规则和集体环境，同时教师需要采取有效的干预措施来帮助他管理情绪和建立良好的行为习惯。

二、目标与措施

除了情绪不佳，多多也具备许多值得赞扬的优点。他的动手能力较强，能够理解并执行一些简单的指令，具备学习劳动技能的基础。在有组织地参与劳动时，多多的情绪通常较为稳定。

因此，我结合一日常规中的"餐后整理"和"午间扫除"这两部分内容，形成了系统的行规教育方案。通过鼓励多多参与力所能及的劳动，帮助他稳定情绪，培养规则意识，并融入集体生活。

三、依托一日常规劳动主题内容，助力学生融入新集体

（一）树立劳动意识，学习服务自我

每天中午，学生在用餐完毕后，必须将使用过的餐盒归还至每层的统一回收点。然而，由于对学校流程和规定不熟悉，以及劳动意识不足，多多经常在餐后将餐盒放置在桌上，便自己离开去玩耍。这种情况下，班级的其他学生或教师会代替多多归还餐盒。

对于多多来说，餐后的整理工作其实非常简单。同时，积极参与餐后整理能够帮助多多建立一定的规则意识。因此，我将一日常规作为培养多多规则意识的起点。

1. 学习模仿

在晨会期间，我引导班级学生回顾一日常规中关于"餐后整理"的规定：用餐后，清理桌面，放置餐盒，分类摆放。保持弯腰，轻放餐具，清洗餐具，妥善收藏。进行漱口，擦拭嘴角，审视周围，保持清洁。同时，我配以相关的图片和视频，以便多多更好地理解餐后整理的操作流程。当其他同学归还餐盒时，我陪同多多在一旁观看，并向他详细解释每一个步骤的注意事项。

2. 亲身体验

之后的一天，多多像往常一样打算放下饭盒去玩耍。我叫住了他，并引导他复习了一日常规的相关要求。然后，我们一起拿着饭盒走到规定的地方，打开饭盒盖子，将剩余的食物倒入指定的垃圾桶内，再将空的饭盒摆放整齐。在这个过程中，我还不时提醒多多注意脚下，并示范如何轻放饭盒。通过这样一次实际操作，我坚信多多已经了解了这项日常规定的基本流程。

3. 提醒督促

第二天，在观察到多多已用餐完毕后，我以平和而坚定的语调提

醒他："多多，请自行将餐盒妥善处理。"多多听从了我的指示，看了看我，然后拿起餐盒，在我的暗示下将其送至指定位置。由此可见，多多已成功掌握了这一基本的生活习惯。此后，只要用餐结束，多多都能在我的提醒下自行归还餐盒，这标志着他又掌握了一项新的行为规范，更好地融入了集体生活。

（二）尊重劳动成果，参与服务他人

随着对新集体的逐渐熟悉，多多调皮捣蛋的行为有所减少，但仍然存在一些不良习惯，需要我们共同努力纠正。例如，多多非常喜欢玩水，任何一点水渍都能引起他的兴趣。午餐结束后，阿姨通常会在教室内拖地，为了防止学生踩在湿漉漉的地板上，我们会全体转移到走廊上等待阿姨完成拖地。然而，多多经常会趁大家不注意在教室门口窥探，然后迅速在教室内跑一圈。这样的行为虽然让他感到很开心，却给阿姨带来了不必要的麻烦，因为地板上的脏脚印使阿姨不得不重新拖一遍地。因此，我们需要引导多多养成更好的行为习惯，以确保教室内环境的卫生和整洁。

1. 观察理解

针对多多不尊重阿姨劳动成果的调皮捣蛋行为，我首先对他进行了严肃的口头教育。为了进一步加强教育效果，我利用国庆节朗诵活动，与我们班级的朗诵篇目《爱劳动》相结合，让多多深入理解"劳动成果需要保护"这一重要道理。

每当阿姨进行拖地工作时，我都会带着多多在窗户旁边观看阿姨的劳动过程，让他亲眼看到阿姨拖地的辛苦。通过讲解"地板是湿的，不能踩"的道理，多多初步理解了劳动不易，踩地板行为也有所减少。

2. 激励强化

当多多出现故意踩踏刚刚拖过的地板的行为时，我会采取及时制止和教育的措施，明确指出这种行为是不对的。我会强调阿姨拖地的工作非常辛苦，而地板拖好后才能营造出一个干净整洁的环境。因此，我要求多多不要踩在地板上，并呼吁他与我们一起珍惜劳动成果，共同营造一个良好的教室环境。

在多多能够耐心等待阿姨完成拖地工作时，我会给予他鼓励和表扬。我会称赞多多表现得非常棒，因为他已经学会了耐心等待，并且能够尊重阿姨的劳动成果。这种正面的反馈和鼓励有助于强化多多的良好行为，让他更加自信和积极地参与维护教室环境的活动。

（三）尝试劳动实践，共同服务集体

随着多多不断熟悉新的集体，对周围的环境、规则也越来越了解，我们也逐渐发现了他的诸多优点。多多具有较强的动手能力，一些简单的劳动学习起来非常迅速。参与劳动可以使他的餐后时间更加充实和有序，避免了许多调皮捣蛋的行为。"午间扫除'三字经'"这样写道："午餐后，小扫除。分分工，齐动手，扫扫地，擦擦桌。黑板净，地板清，倒垃圾，手洗净。爱劳动，我真行。"这首"三字经"不仅富有节奏感和趣味性，而且将良好的行为习惯融入日常生活，对于培养孩子的自理能力和责任感具有重要意义。

1. 规定劳动岗位

在引导学生朗读"三字经"的过程中，我利用图片向多多明确了午间扫除需完成的几项劳动。我发现多多对擦桌子这项劳动较为熟悉，并且能够出色地独立完成。因此，我在餐后为多多安排了一项擦桌子的任务，并与多多约定，不仅要确保自己桌子的清洁，还要负责擦拭班上其他同学的桌子。

2. 促进生生互动

对多多来说，擦桌子并不是一项难以完成的任务，他很快便学会了正确的操作方法。因此，每天午餐之后都能看到多多认真地擦拭班级的桌子。这个原本对他来说可能有些无聊的时间段，因为这项劳动

而变得充实而有意义。我借此机会告诉多多，要时刻准备为身边的人提供帮助，同时引导其他学生向多多表达感谢。这样，多多体会到了付出的价值，其他孩子则学会了感恩。随着时间的推移，班里的其他学生也因为多多乐于助人的行为，逐渐看到了他的优点，与他的关系也更加亲近。

四、训练成效与反思

（一）成效

经过一个学期的一日常规教育，多多已经逐渐形成了新的规则意识，并成功地融入了班级的新环境。通过这种教育方式，多多已经养成了良好的劳动习惯，并树立了自主劳动的观念，这一观念已经深入他的内心。此外，在鼓励多多主动劳动的过程中，他不仅积极为他人提供服务，还乐于付出；同时，其他同学的道谢和感恩也让多多感受到了劳动的荣耀。我们还通过教育多多保护他人的劳动成果，使他学会观察身边的事物，尊重他人，并与班里的其他学生建立了良好的互动和友好关系。

（二）反思

特殊学校一日常规劳动教育的实施，旨在培养学生的劳动意识、劳动技能以及独立、融入社会的能力。在以后的研究和实践中，我们还可以进一步发挥劳动教育的补偿功能，帮助学生在劳动中完善发育，取得进步。此外，通过实施一日常规劳动教育，可以促进学生的个体发展和与班级、学校的融合。

（任　珂）

培养等待意识，促进社会交往

　　浦东新区辅读学校的学生智力发育相对迟缓，他们往往在理解和遵守规则方面表现出一定的困难，对于这些学生来说，培养良好的行为习惯和规则意识显得尤为重要。学生行为习惯教育成为养成教育的一大重点和难点。

　　我校开展一日常规教育的目的是培养孩子良好的行为习惯。这种教育模式是通过具体的、切实可行的方法和措施，帮助学生逐渐建立良好的行为习惯，提高他们的规则意识和社会交往能力。其中，等待意识的培养是一日常规教育中至关重要的一环，有助于提高学生的自我控制能力，帮助他们更好地应对生活中的挑战和困难。

一、创设环境，搭建培养支架

　　环境是辅读学校学生学习的基础架构，也可以说是学生在学习一项技能时所依赖的支撑框架。环境涵盖了两个概念，一个是物理环境，如班级墙面的装饰风格、学校环境的布置等；另一个是心理环境，它是指在人的心理、意识之外，对人的心理、意识形成产生影响的全部条件。

（一）建设物理环境

物理环境方面，班级墙面布置是培养学生等待意识的关键环节。我校的一日常规教育明确提出了"学会等待"的目标，旨在帮助学生认识到等待在日常生活和学习中的重要性。为了落实这一目标，我们在教室外墙张贴了学生等待放学、等待午餐等的照片，并配以相应的文字说明。这些照片和文字向学生传递了一个信息：等待是日常生活和学习中不可避免的一部分，而且它是重要的。通过这种方式，学生可以从周围环境中认识到等待的重要性，进而逐渐形成等待意识。

（二）建设心理环境

构建良好的心理环境对于促进学生的健康发展也至关重要。这包括建立平等、和谐的师生关系以及促进同学之间的友爱互动。谱系学生进入新环境时，他们往往会产生焦躁不安的情绪，甚至出现情绪行为。建立和谐的师生关系可以帮助他们意识到学校是一个安全的地方，他们可以通过等待得到想要的东西。

与物理环境相比，学生身边的小伙伴对他们的影响更为深远。通过树立榜样的方法，学生可以学习并模仿榜样的行为。当周围大多数同学都在安静等待的时候，他们也能够静下来，与同伴一起等待。这种方式可以帮助学生更好地适应新环境，并培养他们的社交技能和自我调节能力。

二、因材施教，培养等待意识

在辅读学校中，学生的能力特点和发展差异是客观存在的。有些学生只需经由教师口头提醒，便能迅速建立起等待的概念。然而，也有一部分学生需要经过长期的反复提示和训练强化，才能逐渐理解并掌握等待的技巧。对于需要长时间练习巩固的学生，我们在日常的教育过程中需要保持极度的耐心，不断提醒，并巧妙地设计教学方法，以培养他们的等待意识。

（一）转移注意，缩短时间

等待意识的培养应融入学生的日常学习生活中。以我校为例，在一日常规的"餐前准备"环节中，就有明确的等待要求。我校上午下课时间为 11:10，午餐时间是 11:20，中间有 10 分钟的餐前准备时间。学生只需 3 分钟就能完成准备工作，剩余的 7 分钟是专门安排的等待时间，旨在培养学生的等待意识。教师会明确告诉学生，必须等到铃声响起才能开始用餐，并要求他们在等待期间保持安静。如果班级中有部分学生看到餐盒后立即开始进食，甚至出现哭闹行为，教师可以采取适当的措施转移他们的注意力。例如，可以要求他们去上厕所，或者请他们协助其他行动不便的同学拿取餐盒和点心，以缩短等待时间。

（二）明确要求，实行奖励

在课堂上，建立等待规则意识至关重要。在一日常规的"认真上课"内容中，明确强调了等待意识的培养。为了有效培养学生的轮流和等待意识，我在课堂上用课件游戏进行教学。在初次引入这种教学方法时，学生往往因为争夺游戏机会而导致课堂秩序混乱。为了解决这一问题，我明确规定每个学生都有机会参与游戏，谁安静举手谁就能先进行游戏。未轮到游戏的学生需要观察其他同学的游戏过程，等待前面的伙伴完成游戏后才能轮到。这种做法让学生明白先玩游戏是一种奖励，从而有效培养了他们的轮流和等待意识。

（三）适当处理，解决问题

在遇到学生无法等待，即将发脾气的情况时，首要任务是确保学生的安全以及维护课堂秩序。在这种情况下，可以采取冷静应对的策略，将该学生带离教室，并让他在一个舒适的环境中冷静下来。为了帮助他快速冷静，可以给他一个 1—3 分钟左右的小沙漏作为视觉提示，让他明白发脾气并不能解决问题，只有通过遵守规则和等待才能获得自己想要的东西。这样的处理方式能够有效地化解紧张氛围，并让学生认识到情绪管理的重要性。

三、家校一致，形成共育合力

学生良好行为习惯的养成，仅凭学校的力量是不够的，还需要借助家长的力量。在确定了每月的日常行为规范后，我们通过微信将自编的"三字经"发送给家长。此外，学校的官方公众号上也刊登了关于良好习惯养成的漫画。此外，家长作为孩子的第一任老师，他们的行为习惯更对孩子起着示范和引导的作用。

（一）引导家长保持耐心

相较于普通孩子，辅读学校的孩子在意识建立方面稍显薄弱。我们时常观察到一些家长因孩子出现行为问题而情绪激动。若家长缺乏足够的耐心，可能会做出冲动的反应，并在情绪平复后感到懊悔和自责。他们可能会认为孩子的行为问题源于自己，从而导致他们产生较为悲观的情绪，同时也会影响孩子的情绪状态。因此，我们建议家长保持充分的耐心，理解孩子的成长过程，并在协助他们成长的同时，积极培养良好的亲子关系。

（二）指导家长学会沟通

家校之间的沟通是促进孩子学会等待的关键桥梁。我经常与家长保持联系，交流有关孩子教育的问题。我发现有些家长会因为孩子能力较弱或过度溺爱等原因，不重视培养孩子的等待意识。他们往往会立即满足孩子提出的所有要求，导致孩子的性格变得急躁，并经常通过哭闹来解决问题。

在与这类家长的交流中，我发现他们其实很希望纠正孩子的行为，但最后往往以妥协告终。这使得等待意识的建立变得遥遥无期。因此，家长在家中应该建立规则意识，如当孩子想要出去玩时，如果家长此时有事，孩子可能会表现出吵闹行为。这时，家长应该告诉孩子要耐心等待，并解释清楚为什么要等待、等待多久等，替代粗暴拒绝或立即满足孩子要求的行为。

（三）约定家校保持一致

家庭规则应与在校规则保持一致。在家中，家长应首先观察孩子最渴望得到的是什么。在我们班里，学生的需求大多以食物为主，少部分为玩具。在家中，还可能是电视、手机等电子产品。在了解孩子的需求后，可以延迟满足孩子需求的时间，以培养孩子的耐心和等待能力；也可以要求孩子付出劳动或努力后再获得。但无论采取哪种方式，父母的承诺必须兑现，这样才能帮助孩子建立规则意识。

在学校，教师会经常表扬学生良好的行为，以巩固他们的行为习惯。因此，在家庭中，当孩子能够做到延迟满足时，家长应及时给予他们表扬和奖励。通过表扬和奖励，让孩子感到自己的努力得到了认可和肯定，从而在精神上得到满足和激励。

四、关注评价，提升维持能力

（一）评价注意要求前置

根据每月不同的主题，我们将在月初向学生明确告知当月的具体要求。以"午间扫除"为例，每天中午班级都会进行大扫除，最后一个环节是所有学生完成劳动后走出教室，等待地板拖完方可进入。每次拖地前，我都会提前告知学生，负责清洗拖把的学生一旦准备就绪，我们就可以进入教室。同时，作为教师，我以身作则，陪伴学生一起等待。在等待过程中，我们也会不断重复预计剩余等待时间，以便学生了解何时可以进入教室。

（二）评价注意奖罚跟进

在教育过程中，我们采取严谨、稳重、理性的评价方式，以表彰和激励学生。在完成即时性任务后，学生会立即获得表扬，并记录相应的积分，为每月的过程性评价积累数据。月底，将根据积分情况选出一名一日常规进步小火箭，他的照片将被贴在教室外，并获得奖状和代币奖励。

对于未能完成规定任务的学生，我们也采取相应的惩罚措施。例如，撤销已获得的奖励物，以此作为对其未完成任务行为的惩戒。以大扫除为例，对于提前进入教室的学生，他们将需要等待相应的时间才能进行午间玩具游戏。这种做法旨在培养学生的责任感和自律精神，使他们在未来的学习和生活中更加自律和有序。

五、学生成长小故事

在全校教师和家长的共同努力下，一日常规的实施确实得到了成效。

A同学是一个贪嘴的孩子，每次吃中饭的时候他总是冲在第一个，还没等到下课，就自己铺好餐垫，拿出勺子，出教室去拿餐盒，同学们都被他的情绪感染到，想要提前出教室。在午餐时，他也是不顾铃声风卷残云般地吃完自己的饭，然后盯着其他人的饭盒。如果教室里有多出来的水果点心，他会趁着我不注意飞快地吃掉。虽然不是什么大问题，但是他不能等待吃午餐的行为，影响到了其他同学上课，并且吃得太多、太快对身体也不好。

为了改善这样的行为，我在下课前5分钟就盯着A同学，如果发现他有提前离开的行为就马上提醒他，要求他坐回座位。但是老是口头提醒也会影响其他学生上课。于是我就在他拿餐盒的时候在教室外拦截他，把他送回教室。另外，我告知A同学，如果再提前出教室，就会延迟吃饭。一开始他肯定是不理解的，但是当我实际操作起来，他看见其他同学都在吃饭了感到很难过，出现了哭闹的行为，我马上告诉他这是因为他提前出教室拿餐盒了，所以要晚5分钟再吃饭，请等一等，并且让他重复说"等5分钟吃饭"。

过了几周，他发现只要好好等待铃声响就能去拿餐盒，准时吃上饭，就逐渐能够在教室坐满35分钟，再下课拿饭盒了。虽然只是一件小事，但是他从中学会了遵守规则，培养了等待意识。

总体而言，培养学生的等待意识是促进学生社会交往能力发展的重要环节。在未来的生活中，学生将面临各种需要等待的场合，因此培养他们的等待意识至关重要。当前，辅读学校自闭症谱系学生的数量不断增长，他们的能力水平也各不相同。为了培养学生的等待意识，我们需要探索更多的方法和策略。在具体实践中，我们应该从学生的实际情况出发，与家长保持紧密联系，进一步强化学生的等待意识，促进他们良好行为习惯的养成，为他们的未来发展奠定坚实的基础。

（顾靖欢）

一日常规　伴你成长

——对中重度智力障碍学生日常问题行为的干预研究

智力障碍学生由于身心缺陷，往往存在不良的行为习惯，这些习惯可能直接影响他们的成长发育。因此，矫正智力障碍学生的不良行为，培养他们良好的行为习惯至关重要。这些学生通常缺乏应有的是非观念，行为的自觉性也较差，需要采取适当的方法进行引导和纠正。

以我校的一日常规课程为研究载体，我选取了一位五年级中重度智力障碍学生作为范例，全面深入地了解智力障碍学生存在的身心缺陷及其行为问题。我细致地分析了该学生身心缺陷和不良行为产生的原因，并进一步探讨了这些问题的深层次原因。基于这些分析，我制定了相应的干预策略，以期实现对这位学生行为问题的有效干预。

一、学生行为问题

（一）学生基本情况

学生朵朵，性格活泼开朗，具备较好的人际交往能力，不惧怕与人交流；在学习方面，她表现出比较好的语言表达能力，能够积极参与课堂学习，并且愿意回答教师的问题；同时，她还具备一定的生活自理能力，能够帮助教师处理一些力所能及的事务。朵朵的父母都是高知，拥有良好的教育背景，他们对孩子非常宠爱，并对她的教育给予高度关注，经常带孩子参与各种户外活动。朵朵在一年级第二学期从普通小学转至辅读学校。

（二）学生行为表现

朵朵的活泼程度过高，手脚时刻不停地活动，似乎具备超乎寻常的活力和难以消耗的精力。在班级中，她常常干涉他人的事务，而自己的事务却未能尽职尽责。她的主要问题包括做事时注意力不集中，以及采用不恰当的行为来吸引他人的注意。

在课堂上，朵朵的注意力极易分散，对周围环境极为敏感。一旦分神，便难以收回心思，即使使用强有力的手段也难以让她重新集中注意力。这不仅对朵朵本人的学习效果产生了严重影响，也对其他学生的学习造成了负面影响。因此，教师需要付出很多的时间和精力来引导朵朵，确保她能够专注于课堂学习。

在课堂上，朵朵的心境也无法保持平静。她时常会做出一些古怪的动作，面对批评，她可能会变得更加亢奋，甚至发出大笑声。如果忽视她的行为，她可能会变得更加张狂，从最初的叫喊、拍桌子，到最后的在地上打滚，只有教师注意到她，她才会恢复平静。这种情况的发生频率相对较高，几乎每节课都会出现。在下课时，她的行为更加难以自控，如在大型活动时间，她会故意用后背撞击门，发出巨大的声响。

二、问题行为评估的方法与过程

（一）访谈

对于朵朵的当前情况，我及时与家长进行了沟通。通过访谈，我了解到朵朵在家中的表现与在学校的情况类似，家长对此感到十分苦恼且无计可施。例如，在做作业或进行一些小家务时，必须有家长陪伴，否则她会不断吵闹直到达到目的。此外，朵朵的注意力不集中，导致做事的持续性较短，这使她经常无法完成任务。面对这样的孩子，家长感到非常困扰，并希望学校能提供一些有效的解决方案。

（二）观察

根据访谈的描述，我细致地观察了她在校期间的情绪行为问题。每天从早上 8 点进校到下午 15 点放学，无论是室内还是室外课程或活动课，都由任课老师认真观察并记录，午休期间则由班主任负责观察。而我，则负责在事后对观察所得的内容进行整理和归纳，这样的观察持续了四个星期之久。通过我们共同的努力，我们完整地记录下了她在校期间的情绪行为表现，为进一步分析问题提供了宝贵的资料。

（三）评估

根据访谈和观察搜集到的资料，经过整理和分析，我发现朵朵的情绪与行为问题主要可以分为两个方面。

1. 个体因素方面

朵朵被诊断为重度智力迟缓。近期，家长带她前往精神卫生中心就诊。经过医生检测，朵朵还被发现有多动症。医生为此开具了一些安定类药物，并建议朵朵服用。然而，服药后，朵朵的情况并未得到改善，反而愈加兴奋。此外，服药后朵朵的睡眠质量也大幅下降，晚上出现自言自语、不睡觉及异常亢奋等表现，其神经兴奋与抑制的控制方面出现了困难。

2. 成长经历方面

在朵朵六岁以前，她作为家中唯一的孩子，集全家人关注于一身，家人处处以她为中心。然而，朵朵七岁时，家里迎来了新的成员——妹妹，父母的精力和关注不可避免地部分转移到了妹妹身上。这使得朵朵在家中的关注度有所降低，有时在犯错后还会遭到父母的体罚。在这种情况下，朵朵可能认为父母不再爱她、关注她，从而产生了一系列行为问题。

如果朵朵的这些问题行为得不到及时的解决，将来她融入社会、适应社会将面临不利影响。既然已经找到了问题症结，那么针对朵朵的问题行为，我们必须提前进行干预和矫正。在干预时，我们需要根据朵朵的实际情况，采取科学的方法。因此，我校的一日常规课程自然成为了首选解决方案。

三、问题行为干预的实施

（一）方案制定

在对朵朵的情绪与行为障碍问题进行深入了解和观察后，我们发现了该问题产生的原因和表现形式。为此，我们与其家长进行了充分的讨论，并针对这些问题制定了相应的教育干预措施。

在学校，我们采取了一日常规的形式，在用餐、课堂常规、体育游戏、上下学、午间休息和日常交流互动等方面，对朵朵进行干预。这些措施旨在帮助朵朵建立良好的行为习惯，培养情绪调控能力，从而改善她的学习表现和生活质量。

同时，我们也将一日常规的教育手法应用于家庭中，与家长一起协作，确保朵朵在家庭环境中也能得到一致的干预和支持。通过这种全面的教育干预措施，我们希望能够为朵朵创造一个更加稳定、健康和有益的学习和生活环境。

（二）干预策略

1. 规范用餐习惯

学校用餐时间的控制必须严谨，确保朵朵在规定的时间内进行营

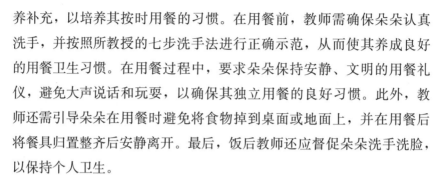

养补充，以培养其按时用餐的习惯。在用餐前，教师需确保朵朵认真洗手，并按照所教授的七步洗手法进行正确示范，从而使其养成良好的用餐卫生习惯。在用餐过程中，要求朵朵保持安静、文明的用餐礼仪，避免大声说话和玩耍，以确保其独立用餐的良好习惯。此外，教师还需引导朵朵在用餐时避免将食物掉到桌面或地面上，并在用餐后将餐具归置整齐后安静离开。最后，饭后教师还应督促朵朵洗手洗脸，以保持个人卫生。

2. 培养学习习惯

在课堂教学过程中，教师除了传授基本的学前文化知识，更为重要的是培养遵守纪律的意识以及学习的习惯。在上课期间，朵朵应遵守课堂纪律，遵循举手原则，避免与同学交谈。当注意力不集中时，教师应主动提问并给予其关注，同时给予适当的奖励和鼓励以表彰朵朵的良好表现。

3. 建立课堂规则

朵朵最喜欢的运动是体育游戏。这种活动不仅可以全面提升她的身体素质，而且能够让她在游戏中学会与他人合作、友爱，并培养遵守规则的良好习惯。在组织体育游戏活动前，教师需要清晰地讲解注意事项和游戏规则，确保朵朵在安全的环境下进行游戏，并在游戏中提高自身的安全意识。在教师的引导下，朵朵积极参与体育活动，通过体育运动提高专注度，释放不良情绪，培养积极情绪，并培养团结友爱和遵守规则的良好习惯。

4. 提升文明礼仪

接送活动是日常教育的重要环节，教师与家长之间的互动对朵朵的社交具有示范作用。在接送过程中，除了注重礼仪，还需引导朵朵进行模仿，例如在学校见到教师和同学家长时主动问好，与父母道别后送他们离开，离开学校时主动与教师道别等。这些行为有助于在一日常规中强化朵朵的文明礼仪习惯。

5. 日常交流互动

在班级中，我们为朵朵营造了一个安全、舒适的环境。她座位周围的学生性格温和、积极乐观。同时，座位空间宽敞，为朵朵提供了一定的个人空间。家长、教师和同学都给予她宽容和鼓励，让她受到关注和尊重，这使朵朵在心理上得到了满足和安慰。

在朵朵的情绪和行为问题方面，我们一直保持着密切的关注。我们通过观察和记录，及时识别和评估她的情绪状态和行为表现。在朵朵表现出良好的行为时，我们会及时给予她肯定和鼓励，通过口头赞扬或奖励来强化她的积极行为。

然而，当朵朵表现出不良行为时，我们采取了冷处理的方式，暂时忽视她的不良行为，让她意识到这种行为不会得到关注或认可。等到她下次表现出良好行为时，我们再给予鼓励和赞扬，并与她沟通之前的不良行为，帮助她认识到错误，并引导她改正错误。

在学校，我们也给予朵朵适当的关注和照顾，定期与她沟通，并提供必要的支持和帮助。通过这些措施，希望能够帮助朵朵建立积极的情感状态和良好的行为习惯，促进她的个人发展，提升她的社会适应能力。

（三）家校合作

家校合作非常重要，教师要主动和家长沟通，让他们在家中也设置一日常规，家校合作以帮助朵朵减少问题行为。

1. 制定家庭基本规则

在制定规则时，需要遵循简单、明了的原则，确保家中所有人都能理解并同意按照规则行事。例如，外出回家后需要洗手，最后一个离家的人需要关闭家中所有不必要的电源等。此外，还需规定起床、吃饭、玩耍、作业、看电视、游戏和睡觉的时间等。可以将这些规则张贴在醒目的位置，或者使用图示进行说明。同时，必须让朵朵了解

如果遵守或违反了规则会怎么样，以及奖励和惩罚的条款是什么。

2. 应用强化理论

根据所给规则，我们应对朵朵的行为做出及时且恰当的回应。如果朵朵按照规定的行为准则行事，我们就应该立即给予表扬和奖励，以强化她已有的良好习惯。若朵朵未能按照规则去做，我们应及时予以批评，以期帮助她改正缺点，避免再次犯错。

3. 家庭成员以身作则

即使在忙碌和疲劳的情况下，个人也应当遵守这些规则。否则，将可能削弱家长在家庭中的威严，并对孩子产生不良影响，阻碍其良好行为习惯的养成。

确实，良好行为的养成是一个渐进的过程，正常儿童在成长过程中也可能出现一些反复现象。对于特殊儿童来说，尽管他们可能理解并明白某些道理，但由于自控能力相对较弱，他们往往容易表现出冲动行为，而忽视行为后果。因此，要让特殊儿童建立良好的行为习惯，我们必须保持足够的耐心，并允许他们在成长过程中出现行为反复。

四、结语

在处理问题时，我们不能仅采取简单或粗暴的方式，这样通常无法有效解决问题，甚至可能在解决一个问题的同时产生其他问题。我们发现，每当朵朵表现出不良行为时，如果我们只是批评或惩罚她，不但不会减少她犯错误的次数，而且在有些情况下她还会故意犯错。因此，我们需要采取更科学和理性的方法来解决问题。

为了有效解决问题，我们应该深入分析问题产生的根本原因，并从根源入手解决。我们应该从学校的日常规范出发，通过家庭和学校的合作，帮助朵朵改正不良行为，培养良好的习惯。只有找到并解决了问题产生的根源，我们才能真正帮助朵朵建立正确的行为规范，使她将来能够更好地融入社会，享受和谐、快乐的生活。

习惯的力量是巨大的，良好的习惯能伴随人的一生。家校的一日常规管理就像一把衡量好习惯的戒尺，时刻提醒学生要规范自己的行为，养成良好的行为习惯。这不仅为特殊儿童的全面健康发展奠定了坚实的基础，更让他们在未来的生活中受益无穷。让我们一起关注特殊儿童的习惯养成，为他们创造一个更加美好的未来吧。

（陈喻晓）

守规矩，懂道理，星星闪闪亮

美国诗人谢尔·希尔弗斯坦（Seldon Alan Siverstein）在《总得有人去擦星星》中写道："总得有人去擦星星，它们看起来灰蒙蒙。总得有人去擦星星，因为那些八哥、海鸥和老鹰都抱怨星星又旧又生锈，想要个新的我们没有。所以还是带上水桶和抹布，总得有人去擦星星。"

在我看来，我们的教育对象就像是一颗颗独一无二的星星，只是他们的生命暂时被形形色色的障碍和问题蒙上灰尘。下面我要讲述的是我与一颗星星的故事……

一、初识——焦虑的我和刺猬般的你

2019 年是我做班主任的第二年，每天疲于应对班里此起彼伏的各种危机，可以说，正处于丰满理想和骨感现实的激烈碰撞期。就是在这种情况下，班里迎来了一位转校生：小 B 同学，注意力缺陷多动症，自我管理极重度异常。入学第一周，他就频频"刷新"了我对"多动症"的认识……

午休时间，大家趴在桌子上休息，小 B 哼起歌来，让他安静，他反驳"老师你听错了"；课上，老师在上课，他一次次扭头去拧后排同学的胳膊，面对劝阻，他要么狡辩"我喜欢拧胳膊，很好玩"，要么就去踢或拧老师；老师在辅导旁边同学，他伸脚去踢老师的腿，给他讲道理，他回应"我就喜欢这样，好玩"，每每干扰课堂，我想把他带离时，总要上演一场艰难的拉锯战；甚至会相当轻蔑地说"你就是个女孩子能把我怎么样？我就喜欢欺负女孩子"……中午，一起出去玩，只要是小 B 同学看上的玩具，谁也碰不得，别的孩子想一起玩，他不管不顾就把人推倒，推不过就用脚踹……

开学第一周，诸如此类的问题小 B 每天都能出现几次，每一次对立，他都能将"恶搞"进行到底，任何好言相劝、义正言辞都败下阵来……

不同于班里那些兴奋水平过高、爱动的孩子，小 B 同学安分守己时也可以在座位上一动不动，可不顺从、违抗挑衅的行为却数不胜数。这个处处消极抵抗、破坏规则的"小刺猬"，真的是多动症儿童吗？我该怎么做，才能让小刺猬不再伤人，养成好的常规，顺利融入新环境呢？

二、相知——老师也要学习，一步步理解你

为了找到小 B 同学种种行为背后的动机，我开始了一步步的行动……

（一）查资料，学理论知识，分析病症

通过查阅资料，我才了解多动症的复杂性，它不仅仅甚至未必表现出多动，还可能共患其他障碍，早期若没有得到及时有效的治疗，还可能出现对立违抗障碍、品行障碍、焦虑障碍……原来多动症儿童并不仅仅是好动那么简单，几乎可以明确小 B 同学的多动症已经显现了对立违抗性的一面。

（二）家校沟通，深入了解

为了深入了解小 B 同学的病史和行为问题，我专门约了他的爸爸

和妈妈一起谈话交流，交流中得知他在七岁入小学时被诊断为多动症，但平时在学校的时间比较少，多与爸爸相伴，曾换过三个学校，都因为行为问题适应不良，难以融入集体和他人，最后不得不转到我们辅读学校。在家比较听爸爸的话，对其他人则经常搞小动作，喜欢跟人对着干，但爸爸的管教方式简单粗暴。

（三）加强观察记录，梳理总结

就第一周的观察来看，小 B 同学最迫切要解决的问题是搞小动作干扰课堂，问题行为基本发生在两种情况下：一是他很快完成了课堂任务而无所事事，或者对学习内容不感兴趣，注意力涣散时；二是课堂活动的内容他不擅长或完成得不好时，比如很考验精细动作和耐心的美术课。集中表现为搞小动作、拉扯同学或招惹教师、破坏教学材料。这些行为一旦被教师制止、约束，就可能升级为对教师的攻击、辱骂。而课堂以外的环境对他搞小动作的行为包容度更高，但更大的问题是他和别人的相处模式，完全以自我为中心，霸道甚至脏话经常脱口而出。

总结来看，小 B 同学规则意识薄弱、问题行为频发的原因可以归为三个方面：①多动症的生理特征：容易冲动，自我控制和自我管理能力较差；②认知水平在班里最高，针对大多数学生设计的课堂学习任务与其能力水平、兴趣水平不匹配；③社交技能薄弱，很少接触爸爸以外的玩伴，在普校时跟不上学习进度，又没有朋友，可谓是长期处境不利。

三、共成长——助力你进步，提升我信心

在一步步拨开迷雾，找到问题背后的原因后，我也放下苦恼和彷徨，怀揣着"改善小 B 同学的扰乱行为和人际交往问题，养成一日常规好习惯"这一远大目标，开始了我的干预之路。

（一）提供选择，避免无所事事

首先和任课教师取得沟通，在课堂上额外给小 B 同学布置一些有挑战性的学习任务，因为常规学习任务他通常很快能完成，接下来就很容易在等待时因为无事可做而"惹是生非"。其次从其兴趣点和能力考虑，在他桌面上贴了一张视觉提示卡片，为他无聊时提供选择，引导他主动从事一些能做的、不打扰他人的活动，内容如下："当我感到无聊时，可以这样做：①拿出书包里的练习册做几道题；②去阅读角拿本书来看；③问张老师要一张明信片，涂画。"在让小 B 熟读这些选择的基础上，无论课堂还是课间，一旦发现他手头无事，东看西看，我们就立刻提醒他选一样自己喜欢的去做。在尊重其选择的基础上，让他有一种掌控局面的满足感，同时也能预防无聊情况下产生的问题行为。

（二）自我监控，提升自我管理

我和小 B 约定了三条期望（不随意离座、有问题举手用嘴巴说、不拉扯他人）张贴在桌子显眼处。每天上课前，都给他发一张当天要用到的行为记录表，提醒他复述我们的约定：上完一节课，三条都做到了就在对应的课表上打√并贴上大拇指，没有做到就打×；得到 4 个大拇指就可以玩 15 分钟平板。小 B 同学一听到有机会玩最爱的平板，信誓旦旦地向我保证：放心吧，我一定能都打√！

表 5-8-1 课堂行为记录表

课程名称	课堂表现： 都做到打√，未完全做到打× （①不随意离座；②有问题举手嘴巴说；③不拉扯他人）	自我评价 （①很好；②有进步；③一般；④须努力）	老师评价 （一节课没有出现扰乱行为，奖励贴一个大拇指）

续　表

课程名称	课堂表现： 都做到打√，未完全做到打× （①不随意离座；②有问题举手 嘴巴说；③不拉扯他人）	自我评价 （①很好；②有 进步；③一般； ④须努力）	老师评价 （一节课没有出 现扰乱行为，奖 励贴一个大拇指）

注：一天6节课，得到4个大拇指就可以兑换玩15分钟平板。

　　和平履约并不容易，实施第一周，他哪怕没做到也要给自己打√，在被我纠正打了×之后，都会爆发情绪，撂狠话甚至踢我，但我也绝不让步，同时把他每天的记录表拍下来传给他爸爸看，爸爸在家也配合实施奖励或惩罚。或许终于意识到耍赖、发脾气不管用，唯有遵守约定才能得到奖励，在第二周、第三周……他已经不会因为偶尔得到的×而发脾气或撕毁记录表了。随着进步一点点产生，我的要求也在逐步提升，兑换奖励的难度也相应加大。实施第四周，行为记录表调整为记录包括大活动和午休等在校的一天表现。八次记录里得到六个大拇指才可以兑换奖励，奖励也不再局限于一种，由爸爸和他协商并在家兑换，在和家长的交流中，我也建议将物质奖励逐渐转变为社会性奖励，毕竟要把他目前的表现内化成一种行为习惯，形成生活常规，泛化到其他场合，是不能一直靠物质奖励来维系的。为了提升小B的自我管理意识，爸爸还每天督促他写日记，简单反省一天的表现，从而对自己的行为有更清晰的认识。

（三）强化良好行为，消退对不良行为的强化

　　每当小B同学在班里出现符合规定和要求的行为时，我都立即给予口头表扬"你能……，真棒耶！"同时也动员班里能力好的孩子积极发现他好的行为，表扬他。小家伙从一开始的对任何事不在乎的态度，

到得到夸奖会扬起害羞得意的小表情，可见心里还是十分渴望认同感的。当他说出不恰当的话或者开始搞小动作时，我们尽量不予理会、走开不纠缠。他自觉没趣了，行为也可能就停止了。如果还不管用，就再提醒他"你还要打√吗？"在强化与消退的并行实施下，小 B 同学逐渐有了以良好行为获得大家关注和赞扬的意识，而不再是以问题行为吸引一众围观者。

（四）伙伴互助，每天一句赞美的话

记得有一天我穿了一条破洞牛仔裤，他慢悠悠评价："你的裤子都烂了，真难看。像一个丑八怪。"我忍不住反问："你怎么评论别人就说不出好话来？"，他的回复是"我就是说不出好话，我只说得出坏话"。这是入学第二周的小 B 同学。针对他"只会说坏话，不会说好话"这一点，我在每天的晨会课上发起了赞美他人的提议，在我的带动下，能力好的小陈和丁丁都能积极响应，一个夸小 B 聪明，一个夸他帅。小 B 虽然认知好，在赞美他人时词语却极度匮乏，绞尽脑汁也只有"你的衣服很好看"。再看我的破洞裤，也会讨好般送上浮夸的赞美"你的牛仔裤破了，真好看，像一朵美丽的金菊"，这富有想象力的修辞手法，或许不够真诚，但足够努力了，有这份努力的心，还怕不能取得进步吗？

干预两个月后，小 B 同学的自控力已有了明显的提升。从减少问题行为到培养好习惯，发展适应性行为，只要他需要支持，教育和干预就没有终点。就这样，每天向小 B 进行行为教学、提醒班级常规也成了我的每日常规。班里其他孩子在这种正向支持的氛围下，也一个个学着我的样子去关心、提醒、帮助他，伙伴间的情谊也日渐深厚。再后来，小 B 同学不仅做起了教师的小帮手，还加入了学校的快乐小岗位，表现越来越稳定，没有再出现拿别人物品、破坏教室物品的行为；拉扯、拧人、踢人、咬人的行为也消失了。最重要的是，每次有

苗头出现时，只要提醒我们之间的约定，他都能及时认错并停止。劝阻其问题行为的发生越来越容易，这也是最让人欣慰的。很难相信，眼前这双日渐明亮的双眸，曾属于那个充满攻击性的小刺猬。

想起朱永新老师的一段话——我们就像一群仰望星空的孩童，从不抱怨星星又旧又生锈，只是拿着抹布和水桶，一路跟跄，擦拭盖在星星之上的灰蒙蒙。再看看一步步努力改掉坏毛病、拥抱好习惯，变得守规矩、懂道理的小 B 同学，我也更加坚定：脚踏实地，做一个擦星星的人，用自己的爱心和智慧，努力擦亮星星，也许擦着擦着星星就忽然闪耀了光芒，同时也照亮了我们自己。或许这就是教育的最初模样——简单、纯粹，却实实在在地诠释了一个生命对另一个生命的影响。

（张梦娟）

正向支持，养成晨起好习惯

一、学生行为习惯现状

黄同学在上学的时候是一个生活非常有规律的孩子。她能够按时起床，每天早上都能在固定的时间点醒过来，然后自己完成洗漱活动，包括刷牙、洗脸、整理发型等。不仅如此，她还能够主动承担一些家务活动，比如帮助妈妈一起准备早餐，她会帮忙搅拌鸡蛋、煮粥、热牛奶等。每天早上，她都能够准时出门上学。

然而，经过一个漫长的寒假，生活的作息规律被彻底打破了以后，她开始出现了晨起困难的现象。常常是闹钟响了很多次，才勉强起床，也常常来不及吃早餐，匆忙开始晨会课。有时，一边上网课，一边由妈妈给她梳头。而到了周末的时候，赖床的情况就更严重了。

在网课初期，我注意到了这种令人担忧的现象。为了帮助学生改变不良行为，养成晨起的好习惯，我积极与组内的网课教师以及家长进行沟通。在与教师和家长深入交流后，我们制定了一系列有针对性的措施。

二、培养措施

（一）制定一日常规日程表，强化时间概念

一场突如其来的疫情，让整个寒假变得特别漫长，由此也打乱了学校的教学安排。学校根据学生的身心发展特点，让学生在特殊时期也能够学会生活，爱上运动，发展兴趣爱好，让居家生活更加丰富有意义，特别制定了网络课程。在网课初期，我将每日作息时间表下发至班级家长群，让家长首先了解每日学习时间的安排，在平时生活中渗透给学生。另外，在每天的晨会课上，每一位上课的教师也会通过让学生自己来读一读、说一说的方式强调每日的时间安排，帮助学生强化时间的概念。

（二）家校合作，订立合理有效的契约机制

晨起困难主要发生在家庭生活中，作为教师很难直接面对学生起床困难的情境，一般是通过升旗仪式或者晨会课的参与率来了解。更受这个问题困扰的是家长，也往往会因为这样的问题产生亲子矛盾。因此，在平时的工作中，一旦我看到可以解决这样问题的文章或者方法，我都会分享给黄同学的妈妈，跟家长一起学习和讨论如何解决小朋友的晨起困难。也会跟妈妈商量如果她能够按时起床，准时参加升旗仪式和晨会课，就会给予她鼓励和表扬。妈妈也会在家庭生活中给予相应的鼓励，让她在这样一个正念的情境中养成良好习惯。

（三）建立奖励机制，鼓励每位学生按时参加网课

为了鼓励所有的学生按时参加网络课程的学习，能够快乐学习、健康生活，我们七年级的网络授课小组制定了奖励机制，每天会根据学生的出勤情况、作业完成情况、课堂互动情况等进行"星级评分"，

每月进行一次总结，根据学生的星星数量来颁发七年级的"出勤标兵""学习标兵"等荣誉称号，以此来激发学生参与网课学习的热情。

三、达成效果

在生活中，黄同学是一个非常自律和自立的孩子，喜欢打旱地冰球，周末会参加足球营活动，是学校非洲鼓队的成员，经常随队出去演出。在学校上课期间，也能够做到按时起床，自主整理衣物，准备早餐，网课期间的晨起问题可能与在漫长的寒假中养成了一些不良作息有关。在家长的配合下，经过一段时间的干预，黄同学有了很大的进步。

（1）能够按时起床，参加网课学习。一段时间后，她的升旗仪式的打卡率和晨会课的参与率都有所提升，而且连续两个月获得了"出勤标兵"和"学习标兵"的称号。

（2）能够根据教学内容，准备早餐。网课中，教师也会教授一些生活技能，比如"包馄饨""煮馄饨""蒸包子""煮水饺"等。黄同学很喜欢烧菜，做早餐也成为了她早起的动力之一，她会根据前一天的学习内容，在第二天的早餐中进行实践。

（3）家长监督，提高生活自理能力。虽然黄同学基本能够自主晨起、穿衣、洗漱等，但在这个过程中还是会出现一些小的错误，比如不会选择合适的衣服，煮早餐过程中的用电用火不太安全等，这些仍然需要家长进行监督和辅助，不能够完全放任而为。

四、反馈与反思

在陪伴黄同学成长的过程中，我十分佩服其妈妈的付出和努力，黄妈妈对她的教育目标非常精准——培养成能够独立生活的人。为了这样的目标，从培养她独立一个人上学开始，到现在能够独自乘公交或地铁去五公里之外的地方打旱地冰球；从培养她自主早起开始，到现在能够自主早起、洗漱、穿衣、准备早餐……妈妈在这其中付出的努力和辛苦是作为旁观者的我们无法体会和难以理解的。那么作为教师，我们要做的就是给予家长足够的支持：当他们遇到专业上的困难的时候，给他们提供专业上的支撑；当他们遇到心理上的困难的时候，给他们提供心理上的舒缓途径。与家长建立良好的关系，是提升学生能力的关键。

在培养青春期学生良好习惯的时候，要多采用鼓励和正向支持的方式，青春期的学生往往叛逆心理较严重，会更加倾向于与父母、教师进行对抗，这时，我们要把他们当作"大孩子"来看待，相信他们有独立的人格和意识，跟他们平等地进行交流。本着这样的出发点，我们才能够更多地去改变学生不好的行为，帮助他们养成良好的习惯。

（边秀丽）

家校互动，培养用餐好习惯

一、学生背景

F 同学是一个胆子特别小的女生，患有自闭症。对于未知的东西——恐惧，对声音特别响的东西——恐惧，对于一切陌生的东西——恐惧，是个特别没有安全感的孩子。平时在校用餐时，她不仅吃得慢，而且经常吃得满桌子都是。可以说，吃饭难始终是 F 同学在一日常规中最大的问题。

通过上学期的重点关注，F 同学的用餐情况已经有了一定的改善。疫情期间，通过视频家访，我们也重点关注了她在家吃饭的情况。视频中 F 同学爸爸说道："孩子吃饭时，勺子总是端不平，舀起的汤水没等送到口中就没剩多少了。"

二、网课期间一日常规的实施

（一）教师的指导

用勺子吃饭时需要手眼协调一致，完成舀起、端运、倒入口等一系列动作，孩子用勺子吃饭总是撒掉怎么办呢？

不同的人对营养的需求不同，营养专家建议学生早餐有"三要"：一要有主食，二要有高蛋白，三要有水果和蔬菜，且蛋白质的量要稍微多点。所以对于正在长身体的学龄儿童来说，教师建议家长要多花一些心思和精力去搭配不同的营养早餐，从而调动孩子对早饭的兴趣，满足孩子一上午体力和脑力活动所需的能量。

让孩子养成良好的用早餐习惯是非常重要的，这不仅需要孩子养成规律的作息，更需要孩子掌握用餐方面的生活技能。从愿意吃饭，到独立吃饭，最后到餐后收拾整理等，这一系列过程对特殊儿童来说可能比较难。但只要家长相信自己的孩子，小步子，多循环，持之以恒不放弃，相信每一个孩子都会乐于享用自己美味的早餐。

此外，教师还向家长推荐了学校的绘本故事《文明用餐》及《晨起》。让家长和孩子一起通过亲子阅读，了解用餐的规则，懂得良好的用餐习惯，使自己的身体好，也使家庭生活更加愉快。

（二）家长的支持

家长结合教师的指导，在日常生活中对孩子的生活常规和动作技能进行具体的训练。

吃饭时，家长要求 F 同学有端正的用餐姿势和用餐习惯。F 同学喜欢念儿歌，家长就把学校的"一日常规——文明用餐"的"三字经"打印出来贴在墙上。"吃饭时，坐坐正。午餐盒，手扶好。一口饭，一口菜。细细嚼，慢慢咽。不挑食，不剩饭。"家长每天餐前都和孩子一起念"文明用餐"的海贝"三字经"，帮助孩子养成良好用餐习惯。孩子吃完饭后，家长指导 F 同学自己收拾整理桌面，并让她观察自己桌面上每天掉落饭粒的情况。

家长也针对 F 同学的手部精细动作，以及手眼协调方面进行训练和干预。在家庭亲子游戏中，F 同学妈妈让她练习用勺子将固体小颗粒从这个碗舀到那个碗，量由少到多，次数逐渐增加，在能够平稳舀起、运送固体颗粒后，再扩展到舀液体。

（三）学生的表现

复学之后，教师发现，F 同学用餐的情况有了很大的进步。午餐时不仅桌面干净了，还能使用筷子夹饭菜送入口中。有一次教师惊讶地发现，F 同学用筷子挑起一块软软的豆腐送入口中，没有掉落在桌面上。

三、反思与总结

（一）建立信任，家校良性互动很重要

在学校的教学环境下，教师通过观察学生的表情、反应等判断学生在一日常规中遇到的问题是技能问题还是情绪问题，根据学生的反应采取更加适合学生的教育策略。网课期间，学生居家的情况教师很难了解，家长是发现学生家庭生活一日常规问题的第一人。这就需要教师通过与家长密切沟通，从家长反馈的生活细节中寻找教育点。因此，教师与家长保持良好的沟通很重要：教师能够及时发现家长的困惑，而家长也愿意向教师表达心里真实的想法。

（二）立足于对学生的个性指导，问题的解决很重要

网课期间，家长是教师重要的教学伙伴，是学生养成一日常规目标的有力支持者。教师不仅要面对学生，还要及时地给家长提出实施教育的可行性建议，帮助家长辨别孩子问题表象之下存在的实际问题，并给出具有操作性的指导方案。

（三）着眼于居家学习的现状，资源的供给很重要

有关学生生活能力培养、生活常规训练的网络资源很多。在信息

社会，家长获取学习资源的途径非常多，但网上的资源大多是针对普通学生的，其语速未必适合特殊儿童的理解速度，内容未必符合特殊儿童的认知基础，训练目标也没有针对性。因此，在网课期间，教师要遵循特殊儿童的认知规律，有针对性地自制或改编符合学生认知、感知基础的教学资源，并适时地将相关资源提供给家长。

（王　剑）

认真上网课，自律好少年

一、学生行为习惯现状

小金同学为智力障碍四级，有一定的动手能力，但言语功能较弱，讲话口齿不清晰，识字能力较弱，理解能力较差。爸爸也属于智力障碍人士，需要人照顾。目前由爷爷教养他，但由于爷爷渐渐老去，比较宠孩子，也没有多余的精力关心小金，造成孩子对待家人脾气较差，行为习惯较差，为人较懒散，特别是卫生习惯较差，学习态度懒散，疫情期间线上课堂极其被动。

二、短期目标

在疫情期间，让小金同学能克服自身困难，坚持按时上网课；在居家学习中能自觉承担家务劳动；将线上居家餐饮实际运用到生活中，为家人做菜肴；养成个人卫生好习惯，坚持勤洗澡。

三、培养措施

（一）寻找原因

疫情期间，小金爷爷生病住院，奶奶也常年生病，爸爸是智力障碍人士。在孩子的教养问题上，确实有缺失现象。小金虽然是智力障碍学生，但生理也渐渐发育，有了自尊心和自我意识。由于长期没有强化好的行为习惯，他在个人卫生和学习习惯上的问题较严重，也不是短期能够改变的，只能慢工出细活，逐渐变好。

（二）沟通交流，发挥家庭教育的重要性

与爷爷电话沟通小金目前的生活学习状况，了解孩子的身心现状，共同讨论如何改善孩子的不良学习习惯和行为习惯问题。在爷爷的介绍下，连线小金的大伯母，电话沟通孩子现状，建议大伯母能主动承担孩子的教养任务，适时地陪伴孩子、教育孩子，帮助改进孩子的学习问题和行为问题。首先，在爷爷生病期间让小金与大伯母同住，起到日常行为的教养和监督作用；其次，帮助大伯母给孩子制订生活、学习计划，督促他按时上网课，时常提醒小金按时完成线上作业。在生活中，注意细节化教育，将线上作业与生活结合，将课堂所学的家务整理和家庭餐饮的技能运用到日常生活中，跟他约定每天晚餐时为家人做一道菜。双休日帮助家人做家务，承担打扫清洁任务。同时，指导大妈妈关注孩子个人卫生习惯的养成，具体地指导他如何操作个人卫生事宜。大伯母也愿意配合教育小金，利用好家庭这一教育主战场，做好孩子的榜样，努力培养孩子，为孩子的美好前程搭桥铺路。

（三）技术指导，增强自制力

定期通过网络与小金沟通：让他明白自己已经渐渐长大，即将踏入社会，坚持做好个人卫生，对自己和对他人都很重要；肯定他在疫情期间主动照顾奶奶的行为，像个男子汉；表扬他能辅助家人，及时完成爷爷要求的家务。让小金明确自控行为的目标：在居家学习中，能自觉承担家务劳动，将线上居家餐饮实际运用到生活中，为家人做菜肴；养成个人卫生好习惯，坚持勤洗澡。

在学习方面，多次连线指导小金操作信息技术的技能：微信加群，在微信界面输入文字、语音；如何下载企业微信，加入直播群，如何参加在线课堂，如何在直播课中发言；如何拍照、拍视频上传作业。教会他需要掌握的信息技术，帮助他更快、更好地参与在线课堂，解决了他学习上的畏难情绪，让他对学习有自信心，也愿意主动参与到学习中去，并在教师的指导、点评下，有的放矢地学习。

四、达成效果

经过一阶段的细心辅导，孩子在在线课堂中的表现，可圈可点。他能够主动积极地参与在线课堂，也能在教师的辅助下在线回答相应问题。特别是语文古诗的学习，认真到位。但对其他的学科有畏难情绪，不愿意完成上传作业。在个人生活习惯上，根据大伯母的反馈，小金有明显的进步，虽然还做不到完全自律，需要适当的提醒，但我相信循序渐进，他会有更大的改变。

五、反馈与反思

教育是学校、家庭、社会三维一体的，要成为一个特殊教育行业的优秀教师，尤其要全方位了解学生，在工作中要有爱心、细心和责任心。必须做好和家长的沟通工作，充分发挥宝贵的社会资源，利用学校和家庭这两块阵地，对学生知识、能力、心理等方面进行有效的教育，培养心理健康的学生。

（张方燕）

个性化辅导，助力线上学习效果

一、学生现状

周同学是班级中学习能力最弱的一名学生。在文化课的学习中，他能认读部分简单的汉字和英语单词、短句，能用计算器完成简单的四则运算；在计算机专业课的学习中，他能在教师的督促下进行简单的打字练习。由于跟其他同学的学习基础相差较大，在课堂学习中，他经常不能跟上教师的教学节奏，在参与课堂活动、完成练习等环节中也需要教师或同学较多的辅助。由于其还患有湿疹，在天气炎热或干燥时，往往奇痒难耐，在课堂中也会出现坐立不安的情况。各方面原因导致其课堂参与度低，学习效果较差，课堂中，周同学多为被动参与，或做一个"云里雾里"的倾听者。

二、培养策略

在此次居家学习期间，学校要求每个年级组建年级学习群，以微信群聊以及企业微信直播的形式组织学生进行"综合活动""居家整理""休闲娱乐""居家生活"四门课程的学习。对学生使用手机、电脑以及根据教师下发的学习资料进行学习的要求都比较高，这对于周同学而言，无疑是一项巨大的考验。为了让周同学熟悉线上学习的操作，也能够积极参与线上课程的学习，我主要采取了以下一些措施。

首先，督促周同学每天自主上报健康状况，提高自我管理能力。线上学习要求学生每天能够自主上线，这也对学生的自觉性提出了更高的要求。在学校学习中，由于每天有上下课铃声的提醒，按时上课对于周同学而言并不存在问题，但线上学习是否能够准时上线，自主参与学习，还是一个不小的难题。由此，我在得知 3 月要开始线上学习以后，便要求每一个学生每天 8:30 前自主上报自己的身体健康状况。一方面根据上报的时间可以了解学生起床的时间，另一方面也帮助学生形成一定的时间观念，提高自我管理的能力。实行下来，周同学基本每天都能自主上报，有时睡过头了他也会及时补发信息。

其次，利用班级微信群，帮助周同学提前熟悉线上教学的课堂常规。由于周同学日常也会使用微信发送语音和图片、视频，基本操作不存在问题，我与家长也达成共识，他能自己完成的让他自己来，我将练习的重心放在帮助他熟悉课堂常规上。如：课前用发送表情或语音的形式完成点名；根据教师发送的语音、图片、视频等完成一个简单的小任务，并将自己的完成情况上传至群中；进入直播间观看直播进行连线互动等。周同学平时非常喜欢操作电子产品，一开始需要家长的辅助，通过几次练习后，基本都能独立完成这些线上学习的基本操作。

第三，家长协助，逐渐适应特殊时期线上学习的新模式。线上学习信息更新快，如何获取有效的信息是关键；教师布置了任务要求，没有了师生间的一对一指导，只能观看视频自己去练习，如何完成作业是难点；一堂课 40 分钟，独自面对电脑或手机屏幕，如何集中注意力参与学习是挑战。好在，学校刚开始进行线上教学时，周同学的家长都还没有恢复正常工作，每天都能陪伴他一同参与学习。在家长的协助下，周同学每节课基本都能积极参与，认真完成各项任务，作业的完成度很高。

最后，做好学习资源的整理汇总，方便家长查阅，及时做好课后辅导。此次线上教学持续了 3 个月，中后期家长都陆续恢复了正常的工作节奏，周同学的家长也不例外。每天，家里的阿姨会提醒他准时上线报到，参与课堂互动。但阿姨毕竟以照顾他的生活起居为主，在学业辅导方面没有家长细致，后期周同学的课堂参与度差了很多。为此，我也每天及时做好学习资料的整理和汇总，发送到家长群中，方便家长查阅后辅导孩子及时完成作业。

三、效果与反思

总体而言，线上学习期间因为有了家长的辅助以及新颖的学习模式，周同学的课堂参与度以及作业完成情况较在校学习期间更好。究其原因，一方面，书写的作业少了，操作类的任务较多，这是周同学比较喜欢的，也能够完成（对于书写作业他较为抵触，不愿意写字）；另一方面，家长对每天的学习内容都有比较清晰的了解，可以开展有针对性的辅导。通过这次线上教学的经历，我对自己日后的教育教学有一点新的想法：首先，对于像周同学这样不善书写，学习能力及学习基础都比较薄弱的学生，设计个性化的作业任务，可以很好地提高其学习实效；其次，回归线下教学，教师是否也能够将每天的教学内容做一个简单的整理和汇总发送给家长作为辅导孩子学习的参考呢？教学视频、知识胶囊、微信签到小程序等这些如果能够延续使用或许会有不错的教学效果。

（陈雅芳）

从一日常规到"职业素养"的校本行动

　　特殊中职生是一个特殊的社会群体,校园是他们融入社会的最后准备基地,不论支持性就业还是庇护性就业,对求职者的基本职业素养要求是一致的。职业素养是劳动者了解与适应社会职业的一种综合能力体现,通常包括职业道德、职业意识、职业行为、职业技能等几个方面。

　　特殊学校的职业素养培育不是一蹴而就的。在义务教育及职业教育阶段,都需要将对学生的行为规范教育、道德教育、养成教育、劳动教育等相关内容有机渗透其中。一日常规教育是我校系统的、针对性的教育,旨在通过帮助学生养成良好的行为习惯,树立明确的规则意识,培养相应的劳动能力,循序渐进地渗透职业素养培育。一日常规教育不仅有利于学生更好地适应校园环境、家庭环境和社区环境,更为将来进入社会职场打下基础,提升他们目前和未来的生存质量,是一条行之有效的职业素养培育路径。

一、一日常规和职业素养的对接

(一)从行为习惯到职业行为

　　英国哲学家培根曾指出:"习惯是一种顽强而巨大的力量,它能够主宰人生。"良好的职业行为习惯对个人的职业生涯发展具有至关重要的影响。通过实施一日常规课程，将良好的习惯渗透到学生的日常生活中，有助于促进他们养成各种好习惯，包括劳动习惯、问候习惯、守时习惯、运动习惯、饮食习惯、安全习惯和卫生习惯。以守时习惯的养成为例，守时是最基本、最重要的职业素养之一，是学生进入职场后应该形成的必备职业行为。为了增强学生的时间观念，学校举办了"一日常规之——按时到校不迟到"打卡活动，并为职校的学生准备了打卡机和全勤奖荣誉证书。这种充满乐趣的活动有助于学生潜移默化地养成守时的好习惯，为良好职业行为的形成奠定坚实的基础。

（二）从规则规律到职业规范

职业规范是指职场人士在职业活动中应遵循的行为准则和道德规范。这些规范不仅涵盖了校内一日常规教育活动，如进校、文明用餐、餐后整理、午间扫除、出操准备、放学离校等，还延伸至社会实践单元主题教育活动。在这些活动中，学生跟随教师和志愿者，走出教室，走向社区，开展各种社会体验、公益劳动和志愿服务等实践活动。

通过规范流程学习和体验活动，学生学会了遵守文明礼仪，懂得了分享与合作，并增强了学习和践行职业道德规范的自觉性，树立了良好的职业道德规则意识。同时，学生也学会了勇于面对困难，正确接纳他人的评价，调控自己的情绪，从而形成适应社会发展的公民基本素养。

这些规范旨在培养学生成为具备良好职业道德和公民素养的职场人士，为未来的职业生涯奠定坚实的基础。

（三）从劳动能力到职业技能

劳动是创造美好生活的必要条件之一。因此，学校将培养学生具备简单的职业技能作为他们进入社会职场的必要条件之一。职业技能的培养需要长期的努力和不断的积累，而一日常规课程则注重学生劳动能力的培养。通过每日的劳动实践，学生将具备个人生活和劳动所需技能，并养成想劳动、会劳动、爱劳动的良好品格。这将有助于他们更快地融入社会，自食其力，并在日后的职场生活中更好地发挥自己的作用。

为了传授必要的职业知识与技能，学校开设了丰富的专业课程和选修课程。此外，学校还积极开展职业体验教育，在校内设立了多种类型的实习岗位。例如值勤队员、银行小职员、卫生检察员、班级小管家等，这些岗位可以帮助学生了解真实的工作环境和职业要求。同时，学校还设置了海贝币等奖励机制，以激发学生的劳动欲望。通过模拟真实的职场情境，学生可以逐渐培养自己的岗位意识和职业精神，为未来的职业技能实践打下基础。

二、职业素养培育的具体内容

从一日常规中的良好习惯出发，将一日常规教育渗透到校园和生活的方方面面。针对特殊中职学生融入职场和参与职业生活的需求，我们将结合"心理健康与职业生涯""职业道德与法治""哲学与人生"等思想政治课程，确定职业素养培育的具体内容。

（一）爱岗敬业的精神

习近平总书记所提出的社会主义核心价值观中，"敬业"一词位列个人层面的第二位，凸显了其重要的地位。美国心理学家的调查研究表明，一些才华横溢、学识出众的人才在事业上遭遇失败的重要原因在于他们的态度中存在致命的缺陷，具体表现为缺乏敬业的工作态度、缺乏忠诚度和主动性。只有具备爱岗敬业精神的人才会勤勤恳恳、踏踏实实地做好自己的工作。

特殊中职生敬业精神的塑造应该融入日常学习和生活的方方面面。首先要渗透在不同的课程中，从基础课程到专业课程，从课内到课外，都要对学生不断强调具有敬业精神对自己职业生涯的重要作用；其次，敬业精神的培养同样也需要具体到各项教育内容中，包括热爱岗位工作、端正工作态度、积极投入工作、建立职业规划等；第三，学校应通过多样化的教育方式和实践活动，在引导学生树立正确的职业观念、提高敬业意识方面，呈现更为直观与有效的教育形式，以实践活动和案例分析等方式，通过代币奖励制度，以及顶岗实习、职业体验等活动，让学生更好地理解和掌握敬业精神的实际运用。

（二）团队合作的能力

团队合作是人在现代社会中的生存方式，个人的力量终究是有限的。正因如此，团结合作的意识在当今社会显得尤为重要。很多企业的强大在很大程度上都归功于员工整体"团队合力"的强大，这种团队精神充盈于企业的各个角落。

在语言和数学课堂上，我们推行合作性学习。这种学习方式以强带弱，合作互补。它不仅让优秀的学生学会帮助他人，也让能力稍弱的学生有机会锻炼自己，学会信任和欣赏他人。在专业课程中，我们以小组为单位模拟团队工作的场景进行菜肴烹制。这种教学方式引导组员分工协作，让他们在获得成功感受的同时，增强合作的迫切感和团队的凝聚力。

（三）奉献和服从的意识

奉献精神是一种对自己事业的不求回报的爱和全身心的付出。无论何种岗位，无论能力大小，都需要奉献精神。服从意识是社会组织所必需的，是一个组织正常运作的保证，服从意识也是考验一个人忠诚度和执行力的主要因素。

对于特殊学生而言，提升奉献和服从意识是一个相对抽象的内容要求。为了实现这一目标，学校积极搭建各种平台，提供各类体验机会，结合学科教学、交流互动、实例解析等多种方式，从培养学生正确的人生观和价值观入手，营造职业道德教育的氛围。例如，学校邀请已毕业的学生回母校开展宣讲活动，同时也邀请用人单位负责人到学校组织专题课程。通过这些活动，学生能够更直观、更有效地接受教育，从而增强教育效果。

三、职业素养培育的途径

（一）在顶岗实习中规范职业行为

顶岗实习是学校的一项特色活动，是专门为了特殊学生的职前实习设立的校内实习活动，模仿真实工作场景，按照真实岗位要求，给学生提供实践与锻炼的机会。顶岗实习活动通过提前预设、过程介入、及时跟进的方式，帮助学生改进实习中出现的各类问题，学生在校内教师的带领和指导下，历练劳动技能，提升职业素养。

1. 顶岗实习知规范

在岗前，学校会组织专门的培训课程，旨在帮助学生全面了解并掌握所需的工作技能。只有经过严格的培训并达到标准后，学生方可获得上岗资格。

在教师的指导下，多数学生能够顺利完成工作。但一旦脱离教师的监督，部分学生可能会感到无所适从。因此，我们特别提供了流程性的图示，详细列出了每个具体步骤。学生可以参照这些图示进行学习，并在反复的练习与反馈中逐渐掌握所需技能。

考虑到学生的特殊情况，过于复杂的规则与制度可能会加大他们的学习难度。因此，我们对每个岗位的职责描述进行了简化，使其不超过三条。同时，我们利用宣传栏进行公示，以便每位教师、学生以及阿姨、食堂工作人员等都能够清楚了解并相互提醒，这有助于确保各个岗位的秩序井然。

每学期开始时，学校会公布顶岗实习的岗位信息。一周后，我们将根据学生的表现择优录取，并公布各岗位名单。随后，我们将举行岗位就职仪式，使每位学生都能在充满仪式感的氛围中坚定认真工作的决心。此外，每个岗位都需要挂牌上岗，部分岗位还需穿着相应的工作服，以强化学生的职业形象与专业态度。

2. 顶岗实习学技能

在四年的职校生涯中，学生除了学习基础学科和苦练专业技能外，还充分利用了一些碎片化的时间学习隐形的课程。其中，校内顶岗实习是学生迈向社会前的一次重要准备和演习，也是积累职场能力的最好方式之一。通过顶岗实习，学生可以在真实的工作环境下实现从"学生"到"员工"的身份转变，并增强岗位适应性的职场能力。

为了规范学生的行为表现，德育处鼓励行规表现优秀的学生竞争上岗。这些学生可以作为榜样，引导其他学生养成行为规范，并协助教师监督和指导学生的日常行为规范。德育处设立了多种校园小岗位，包括值勤队员、小主持、广播员、图书管理员和卫生检查员等。

课程处则从服务他人的角度考虑，设置了多种服务岗位。这些岗位包括食堂清洁工、校园保洁、理货派送员、超市收银员、银行职员和保安等。通过这些岗位的实践，学生可以锻炼自己的服务技能和人际交往能力，为未来的职业生涯做好准备。

3. 顶岗实习促成长

校园顶岗实习活动取得了良好的参与率，高达 96％的学生积极参与。这一过程不仅展现了孩子们的进步和成长，还让我们发现了他们的潜在能力和价值。

以海贝演奏家岗位为例，陈同学是一个内向的孩子，一开始对这个岗位的争取显得很被动。然而，通过鼓励他展示自己的才华，我们帮助他建立了自信和兴趣。现在，他的粉丝群体不断扩大，甚至吸引了其他楼层的学生前来观看他的演奏。

此外，我们还发现小昊同学暑假期间学习了钢琴，于是邀请他加入这个岗位，并安排他在每天早晨 7 点半到 8 点在大厅演奏。如今，每个早晨，当教师和学生踏进校园时，都能听到美妙的琴声，为校园增添了一份美好和温馨。

在每月发放代币时，我们要求每个学生签名确认。对于不会签名的学生，我们明确告诉他们不签名就不能领取代币。这促使他们回家后积极练习签名，直到能够签自己的名字了。

食堂清洁工岗位相对辛苦，上岗的学生需要在大家吃饭时穿戴好服装就位，一站就要半个多小时。他们需要分门别类地放置餐具，并保持整齐和动作迅速。这个过程让学生深刻理解了"谁知盘中餐，粒粒皆辛苦"的含义。

对于特殊学生来说，要真正理解敬业精神，关键是要亲身体验。通过坚持不懈、一丝不苟的工作获得同伴认可和教师鼓励，在成长过程中不断学习和感受职业要求，未来无论从事何种工作，他们都能够真正践行敬业精神。

（二）在职业体验中提高职业意识

我校以搭建丰富的职业体验平台为推手，致力于为学生提供全面的教育体验。这个平台不仅提供了各种职业领域信息，还通过模拟职场环境，让学生能够亲身感受到工作的氛围和要求，从而更好地了解自己的兴趣和职业规划，增强他们的职业技能和知识，激发他们的职业意识和自我认知。

1. 以职业体验增强职业意识

我校设有丰富的社会实践活动和社团活动，让学生走进真实的职业场景，也走进一个个技能小天地。

双周周五的上午，学生在商业会计学校志愿者的带领下来到敬老院、图书馆、超市、菜市场；洗车社的学生在上南校区、陆家嘴校区轮流服务，对标未来的职业，在真实的场景中体验。

每当有校外客人来参访时，学生就充当起"小老师"的角色。在他们的引导下，来宾们分别前往西点、陶艺、绣坊以及手工皂的专业教室进行职业体验。平时的小学徒一跃成为"小老师"，没有丝毫胆怯，有模有样、不慌不忙，教室里欢声笑语一片。化身为介绍者的角色，使得学生对各类职业的认知进一步提升，他们在一个个真实的活动场景中了解各行各类的职业特点，不断强化职业意识，感受自我价值的实现。

2. 以职业体验增进社交技能

学校与上海市实验学校、第二工业大学视觉艺术学院、平和国际学校等多所学校以及康帕斯餐饮公司、悦榕庄大酒店、光明集团等社会各界建立了紧密的友好联动关系。通过定期开展各类融合活动，为特殊学生提供与同龄学生和志愿者进行平等互动交流的机会。这些活动不仅让特殊学生充分参与各种职业场景，锻炼了他们的社交技能，还增加了良好行为的发生，减少了问题行为，这些活动也更有效地促进了特殊学生对职业技能的综合运用。

（三）在就业指导中培育职业情感

特殊学生的职业素养培养离不开就业指导环节的支撑。通过就业辅导员的细致指导、问题介入、及时调整，学生能够更好地适应岗位工作，学会与人协作共进，并在自我提升方面取得长足进步。同时，他们的职业情感也得到了全面的塑造和培养。

1. 就业指导培育学生职场素养

从多元课程到多情景的校内工坊，学生将三年里所学的知识与技能进行综合运用，他们的基本职业技能得以强化，同时也大大提升了

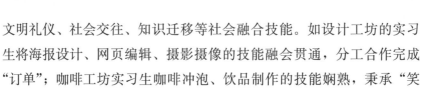

文明礼仪、社会交往、知识迁移等社会融合技能。如设计工坊的实习生将海报设计、网页编辑、摄影摄像的技能融会贯通，分工合作完成"订单"；咖啡工坊实习生咖啡冲泡、饮品制作的技能娴熟，秉承"笑容多一点，做事勤一点，行动快一点，借口少一点，成功近一点"的宗旨，对"顾客"的服务态度以及与"店长""同事"的相处都彰显着职业人应有的素养。

2. 就业指导促进学生融入社会

围绕职业生涯这根主轴，学校将校园文化与企业文化相渗透，将学习环境与企业环境相融通，为特殊学生就业提供进一步的支持。每年，学生前往星巴克、洪长兴、海神诺富特大酒店、拜耳公司、浦东新区残疾人劳动基地实习，实习基地对我校推荐的学生赞赏有加：能干、肯干、乐于交流。近几年，我校得到了多家用人单位的关心与支持，陆续有很多毕业生从浦东新区辅读学校走向各家单位实习、工作。企业给予了孩子们极大的帮助，让他们适应环境，调整身份，逐渐融入到工作环境之中，在岗位上勤奋工作，独立生活，踏实努力，尽情绽放，感受在平凡岗位上的不平凡人生。

（杨　斌）

班级管理篇

一日常规，助力"折翼天使"凌飞

——以四年级温馨班级建设为例

我们班级共有 10 名学生，其中 3 名女生，7 名男生，都是障碍程度严重，且障碍类型多样的特殊学生。有的是自理能力差的唐氏综合征学生，吃饭、喝水靠阿姨喂；有的是语言表达和情绪管理弱的自闭症学生，沉浸在自己的世界里，甚至还会大哭大闹；还有的是缺乏自信、不擅沟通的智力障碍学生，不敢参与各项公开活动。

一年级入学时，教师对班级所有学生的五大能区作了评估（图 6-1-1），学生在认知、言语、生活这三方面的能力是相对最弱的。

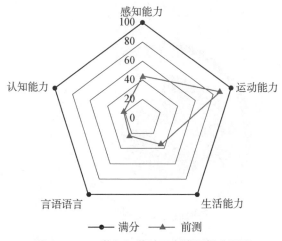

图 6-1-1　学生入学时五大能区得分汇总

当然，领导全力支持、学生人数不多、家长积极配合都是我开展班级建设的动力和优势。

一、一日常规，有机融入班级建设

（一）发展总目标

根据学校的特色和学生的实际情况，我创建了"天使班级"，并有序地开展了一日常规教育。这一常规教育旨在形成班集体的共同规范、价值观和角色定位。通过将一日常规课程有机地融入班级建设，让学生在良好的环境中接受熏陶，参与各种活动，磨炼他们的品格。我们的目标是让每个学生都能快乐地融入学校生活，并最终成为以"专心"对待学习技能、以"恒心"遵守常规、以"暖心"对待亲朋、以"热心"参与班级集体事务和以"信心"面对未来发展的小天使。通过一日常规的助力，我们的"天使班级"将不断凌飞。

（二）分阶段目标

根据学生成长的发展特点，我进一步将总目标细致化，低、中、高年级段的班级发展目标呈螺旋形上升的形式（图 6－1－2），且各有侧重（表 6－1－1）。

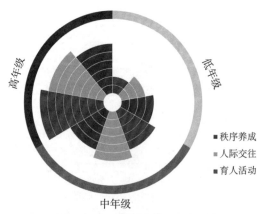

图 6－1－2　螺旋形阶段发展目标

表 6-1-1　班级分阶段发展目标

年级	班集体发展重点	班级秩序养成	班级人际交往	班级活动育人	五"心"评价	奖章
低年级	一日常规学技能，形成班级和谐秩序	1. 遵守学校规范和课堂纪律，如不迟到、不随意离开座位等 2. 初步养成良好的坐立习惯和读写姿势 3. 初步掌握基本的行为规范，如不拿别人的东西、洗完手关水龙头等	1. 养成每天主动和老师、同学问好的习惯 2. 知道同学之间要友好相处 3. 初步学会基本的沟通技能，如不插话、不大声喊叫等 4. 知道常用的礼貌用语，如"谢谢""对不起"等	1. 认识校内的安全标志，能避开危险 2. 愿意参加班级的各项集体活动 3. 面对困难和危险能够向老师和阿姨寻求帮助	专心☑ 决心☑ 暖心☐ 热心☐ 信心☐	
中年级	一日常规修礼仪，汇成集体凝聚力	1. 遵守班级活动规则，如排队等待等 2. 学会保管好自己的物品 3. 懂得不能随意触摸他人，不伤害别人身体 4. 懂得保持教室整洁，乐于为班级做事情 5. 懂得做错事要承认	1. 懂得尊敬老师和阿姨，做到礼貌问候、感谢和道歉 2. 初步掌握与人交谈的礼仪，如保持适当距离、眼睛看着对方等 3. 初步养成和同学友好相处的习惯，如乐于助人、乐于分享等 4. 初步学会欣赏同学的优点，建立友谊	1. 能在活动中避开不安全的因素 2. 乐于参加学校和班级举办的重要活动 3. 初步养成爱集体、爱家庭的情感和荣誉感	专心☑ 决心☑ 暖心☐ 信心☐	

年级	班集体发展重点	班级秩序养成	班级人际交往	班级活动育人	五"心"评价	奖章
高年级	一日常规增信心，养成自主管理能力	1. 学会根据老师的指令完成任务 2. 初步具有班集体意识，如能为代表班级参加活动而感到高兴 3. 懂得爱护班级环境，并尝试参与环境建设	1. 初步掌握点头、微笑、鞠躬等体态语 2. 知道保持个人仪表整洁 3. 初步学会与同伴分工合作 4. 乐于和老师、同学交流，学会关心别人 5. 初步学会处理矛盾，主动解释问题及原因	1. 喜欢自己的班级，形成集体荣誉感 2. 懂得在活动中试着自己解决问题 3. 具备初步的安全防范和自我决定能力 4. 在活动中养成自尊自信和乐观向上的品质	专心☑ 决心☑ 暖心☑ 热心☑	

二、一日常规，有力促进班级管理

苏霍姆林斯基曾经明确指出："无论是种植花卉，还是悬挂图片，或是利用墙报，我们都将从审美的高度深入规划，以便挖掘其潜移默化的育人功能，并最终连学校的每一面墙也在说话。"在环境建设方面，我始终坚持以精心的设计和布置，使教室的每一块墙壁、每一个角落都富含教育意义。通过这种方式，有限的教室空间就转化成了无限的教育资源。在这个过程中，"天使伊甸园"得以形成，成为学生成长的乐园。

（一）课桌"说"目标

在整洁明亮的教室内，课桌摆放整齐有序，为学生营造出一个安全舒适且富含"内涵"的学习环境。每张课桌的高度都根据学生的身高进行调整，以确保他们在学习过程中的舒适度。课桌上还贴有学生的照片、名字和坐姿要求卡片，对于那些丧失语言功能的学生，还会贴有日常需求的照片，以方便教师及时关注并满足他们的需求。这些细致的关怀旨在让每个学生都能感受到集体的温暖，获得归属感。

每个学期开学之际，我都会鼓励学习能力强的学生将自己的新学期成长目标写在纸上，并贴在桌角。对于学习能力较弱的学生，我会帮助他们打印出行规训练图示，并贴在桌角，以帮助他们更好地适应学校生活。这些举措旨在激发学生的学习动力和自我成长意识。每张课桌都成为"小天使"们成长的助力，见证着他们在知识和品德方面的进步。

（二）墙壁"讲"规则

在每月的环境布置工作中，我精心安排了一日常规内容，将其展示在各个墙壁上。其中包括：签到墙，学生每天到校后的第一件事就是将自己的名字贴在相应的位置，或标注为请假；气象站，每周轮流由学生完成当天日期、天气预报的摆放任务；值日生，每周由学生介绍自己的劳动岗位，并在每周五对自己的表现进行评价。通过这种方式，每个学生都积极参与其中，将学校的事当作自己的事情，从小小的任务中得到巨大的成就感。这些墙壁不仅展示图片，同时也借助小天使们的介绍和评价，使秩序深入人心，形成和谐有序的班级氛围。

（三）黑板"叙"任务

"天下难事必作于易，天下大事必作于细。"黑板不仅是教师传授知识的沃土，更是指引学生奋进的明镜。走进我们班级的教室，你会看到大黑板上除了写有课堂教学内容，还有各种关于一日常规的可视化布置及评价栏。

为了提升学生的角色意识，秉承"人人有岗，岗岗有人"，黑板上的每个板块交由不同学生负责，再定期进行评价和轮换。五年来，通过黑板叙述任务，小天使们在各个小岗位中的自我管理能力得到提升，且逐步产生了小主人意识，班级管理也更有序了（表6‐1‐2）。

表6‐1‐2　小天使轮值表

项目	负责学生	形式	评价
课程表	凯、玮	自己更换，带领朗读	☆☆☆☆☆
天气预报	远、源	自己更换，带领说一说	☆☆☆☆☆
阳光体育	沁、骏	学生介绍每日活动及地点	☆☆☆☆☆
小岗位	略、迪	学生说说本周岗位及任务	☆☆☆☆☆
社团活动	晴、悦	学生说说社团项目及地点	☆☆☆☆☆

三、一日常规，强效提升学生能力

（一）玩社会实践，形成好礼仪

　　社会实践活动是德育工作的重要组成部分。在完成九年义务教育后，特殊学生仍需回归社会。为了确保他们未来能够独立生活、适应社会并融入社会，我以这个高标准为出发点，将知识与技能的学习有机地融入每月一次的实践活动中。在熟练掌握技能后，可以将它们广泛应用于社会交往的各个场景。

　　在社会实践活动方面，我们前往超市、地铁站、餐饮店等公共场所进行实地体验和学习。此外，我们还组织了特奥运动会，其中包括体操、旱地冰球、速滑等融合比赛，旨在让特殊学生和普通学生相互接触，增进了解。这些活动也让越来越多的学生、志愿者和热心的社会人士关注特殊学生的需求，并提供很多场所（如酒店、公交公司、博物馆等），以便学生进一步体验和了解社会。

以"文明用餐"这一内容为例，我根据当时三年级学生的特点选择了"文明吃水果"的小主题。具体步骤见表6-1-3。

表6-1-3 "文明吃水果"社会实践协作任务单

活动阶段	协同教育	指导内容
确定活动主题"文明吃水果"	班级辅导员、学科教师、志愿者	根据学生的最近发展区，确定活动目标
布置可视化班级环境（认识常见水果、简单清洗水果、文明食用水果）	班级辅导员、学科教师	根据活动时学生所需知识、技能储备，在教学时增加相应的教学内容
社会实践日开展活动	班级辅导员、助教、志愿者	提示学生正确表达，帮助学生完成对应任务
活动总结及反馈	班级辅导员、助教、志愿者	对学生参与活动情况进行评价

（二）学榜样力量，促成好心态

在培养学生的行为习惯方面，榜样的力量是无声的，是学生良好行为习惯的典范。因此，在日常生活中，我会特别注意点滴细节，尽力为学生树立一个优秀的表率。

每月的日常规范训练于月底进行及时反馈，表现优异及进步显著的学生将荣获班级特制的"天使章"。同时，我会为"天使章"的获奖者制作其日常规范精彩瞬间的短视频，并将班级歌曲"爱笑的天使"作为背景音乐，每天晨会课前，在班级播放该短视频。这些爱笑的天使们成为其他同学学习和模仿的对象，不仅能激发他们的成就感，同时也将促使他们做得更好。"天使章"也成了这些小天使们前进路上的标记。

（三）携家长力量，育"五心小天使"

为了帮助学生强化自立能力，特殊教育教师和家长一直都在努力。

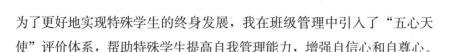

为了更好地实现特殊学生的终身发展，我在班级管理中引入了"五心天使"评价体系，帮助特殊学生提高自我管理能力，增强自信心和自尊心。

小天使们在参与班级活动的过程中，以"五心"的达成度展现了他们的成长和进步。从最初的茫然不知所措，到后来的模仿学习，再到主动参与，他们花费了大量的时间和精力，但这些努力都得到了极大的回报，他们逐渐变得懂规矩，自理且讲礼貌。每月末，班级会进行自主投票，教师、学生和阿姨都有投票权。获得"五心天使"称号的学生将有机会参加校级"金海贝"的评选。

我们深知一日常规在家庭中的延伸对学生的长期发展具有重要意义。因此，在与家委会代表商议后，我们决定结合本校的绘本故事，将相应的生活技能、社交礼仪、行为规范要求融入家庭生活中。这样的活动不仅有助于让家长了解一日常规的具体内容和实施步骤，更能亲眼见证学生的成长和进步。同时，我们也提倡家长提出建设性的意见，通过学校和家庭的紧密合作，教师和家长携手共进，共同促进特殊学生的发展。

四、一日常规，引领突破生命局限

（一）从"立"入手，养成规范

建立团队制度是团队建设的基础，这不仅包括建立规则，还包括树立榜样。通过一日常规这一载体，帮助学生迅速建立集体生活的规则意识，明确知道在何时进行何事，并理解应有的标准，从而使班级管理从混乱无序逐渐转为有序。通过"模仿"这一行为，帮助学生学会区分良好行为和不良行为。

（二）以"爱"之名，增强交往

教育应以爱为根基。秉持着爱，我才得以发掘学生独特的优点，并激励他们充分展现这些优点。爱使我察觉到学生的错误和不足，并引领他们深入剖析问题背后的根源。爱促使我投入大量的心思和精力在每一节课、每一句话、每一个活动中，并细致观察学生的进步和成长。学生在一个充满爱的集体中，逐渐敞开心扉，他们热情地与人打招呼，主动寻求赞扬，热心帮助同伴，并尝试独立解决矛盾。经过短短几年，学生的话语变得更丰富，交流变得更频繁，欢声笑语变得更丰富，小天使们已经开始期待自己美好的未来。

（三）借"赏"升华，收获自信

一个心理健康的人应当具备自信心，自我肯定、自我主张的表达，合理维护自身权益的能力以及良好的社会适应能力。在我们班级，学生从最初入校时的胆怯、固执，到现在展现出专心、决心、暖心、热心、信心，这一转变源于同伴、教师和家长的称赞和肯定。这些正面评价激励着学生踏出成长的一步又一步，在各种平台上展示自我，与他人进行沟通交流，并逐渐建立自信心。

经过五年不到的班级建设，我再一次对学生的五大能区做了评估（图6-1-3），可以看出，他们在认知、言语和生活三个领域的进步还

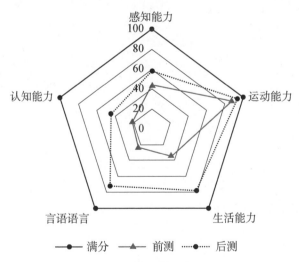

图 6-1-3　学生五年级五大能区得分汇总

是比较明显的，也相信通过九年的坚持还会有更大的飞跃。

在班级管理中我一直努力成为这群小天使面前的那道光，引领着学生努力前行。"德育无痕"，带队没有固定的模式，没有固定的舞台，它融于我们每天的教育教学工作中。这几年我看到了学生身上的变化，未来我将继续投入一日常规课程的实践中，帮助特殊学生养成良好的行为规范和文明礼仪，让折翼天使也能在蔚蓝的天空自由翱翔。

（顾小红）

小主任的小 Tips

　　班主任的办公室就是教室，班级管理得好，能让学生成长的同时，也为自己创造更加舒适的办公环境，何乐而不为。

　　从班主任角度而言，班级管理的目标是实现学生的作业自动化，如早上能主动交作业、餐后能主动收拾餐具和桌面、午间能不打扰他人、主动帮助他人等。

　　从学生角度而言，班级管理的目标是在各种日常化的活动中养成好习惯，发展自我约束、自我管理、自我成长的能力和意识，争取做到眼里有活，手上有事，为今后融入社会打下基础。

　　"意识"一词看似虚无缥缈，但我们可以将其落实于学生的每一个日常行为中，让行为成为习惯，让习惯带动意识发展。

一、常规建设，始于点滴

　　智力障碍学生认知能力弱，学习新知慢，生活中的每个行为养成都需要他人的加倍教导与支持，每一件小事的成功可能都会对他们的成长带来深远的影响。作为低年级段的教师，更是要抓住学生意识养成的关键时期，从点滴开始，逐步培养学生的各种行为好习惯，逐步开展常规建设。

首先，在课堂之上，学生需要一定的课堂规则意识，比如打铃了回座位、课上不能随意上厕所、上课认真听讲等。我们对学生的共同注意能力提出了更多的要求，也更利于学生共性习惯的养成。运用一些朗朗上口的口令或儿歌，如小脚放地上、小手放桌上、小眼睛看老师等，配合教师的表情与动作，班级中一大半的学生能够较顺利地养成基本的课堂规则意识。在此过程中，教师也在学生心中建立起了威信，这在其他活动中都将有所助益。

其次，在课堂之外，依托学生的日常生活娱乐场景建立班级常规，比如和同学、教师打招呼，排队手拉手，餐后洗勺子等。这些日复一日的良好行为养成也映射出班主任对学生的意识培养，包括同伴意识、集体意识、卫生意识等。当我们将常规建立着眼于意识的培养，将学生的点滴行为看作一次次的尝试与成长，我们就能够更加包容、更有耐心地教导孩子每一件小事。

以餐后洗勺子为例，低年级时，学生都没有洗勺子的意识，经常吃好饭就把脏脏的勺子放回去，毫无卫生观念可言。低年级助教的存在容易让我们忽略这一行为，毕竟教他们洗勺子比帮他们洗勺子要花费更多时间。但我们可以换一个角度思考，在技能方面，洗干净勺子对大部分低年级孩子来说确实存在很多困难，然而卫生观念可以从小培养，每天餐后把勺子冲洗一遍，即便不是那么干净，但整个过程就是习惯养成的过程，也能从行动上改变学生的卫生观念。随着次数增多，在教师的适当指导下，半年、一年后部分学生已经能够掌握洗勺子的技能。令人意外的是，相较于技能掌握，大部分学生在两三年以后才真正养成餐后主动洗勺子的日常习惯。

诸如此类的小事不胜枚举，如看到教师要问好、脱下衣服要自己找地方放好、餐后照镜子擦嘴巴等，初期教师要花费很多时间去提醒、教导，一时难以看到显著效果。但一件件小事累积起来，学生就会逐步知道应该怎么做，可以怎么做，在心中播下一颗小种子。

二、同伴助力，共建常规

在日常行为好习惯养成过程中，发展良好的同伴关系尤为重要。当学生能够关注到同伴时，同伴意识、集体意识应运而生；当同伴之间能够友好互助、相互监督、产生良性竞争时，班级的整体风气将是积极向上的，行为习惯的养成也将事半功倍。

发展学生的同伴意识，我是这样做的。

（一）小伙伴结对

接手新班级，我会根据初步印象给学生配对，让学生两两结对，成为一对对小搭档。结对后的初始任务就是学习一起排队参与各项活动：排队出操、排队上课、排队放学。排队看似简单，其实非常考验学生关注外界、照顾他人的能力。一年级时，罗同学这方面的意识就很薄弱，排队时经常东张西望，关心别人有没有排好队，却总是忘记带上自己的小伙伴；而于同学就像罗同学的对照组，每次排队都会第一时间找自己的伙伴。在日常活动中也可以看出，于同学的人际交往能力优于罗同学，他会关心别人做什么，需要什么，有时会主动提供帮助，这就是"眼里有活"的学生。经过三年的同伴关系发展，罗同学如今也成了"眼里有活"的同学，课间他会主动带回跑出教室的金同学。

结对活动让学生意识到"我不是独立的个体，在班级中我有一个小伙伴"，渐渐地他们的关注范围会扩大到整个班级，从而增强集体意识。

（二）小任务互动

人际交往困难是学生的共性问题，有的学生不知道如何发起交往，有的学生社交方式不当，这些都不利于同伴关系的建立。因此我们可以布置一些小任务，以此来推动学生之间进行有效且友好的互动，比如早上相互问好、出操时找自己的小伙伴、帮助同伴背书包、游戏结束后一起整理玩具等。在利用日常生活细节布置互动任务时，可以有意识地增强两两互动，然后再扩展到其他同学。

（三）小榜样树立

当学生间的交流增多，也会出现竞争关系，谁能获得教师更多的肯定、受到同学更多的欢迎呢？运用学生的这点小心思，我们可以挖掘每个学生身上的闪光点，在班中树立小榜样，引导学生正向发展。比如C同学虽然课后喜欢乱跑，但排队外出时能够尽职拉好小伙伴；D同学是班级里擦桌子最干净的；E同学的搭建能力非常强等。引导学生向小榜样学习，不知不觉间学生之间就会产生良性竞争，一起为了成为更好的自己而努力。

三、积分辅助，奖惩分明

特殊学生的大脑活动趋于无序状态，逻辑思维普遍较差。规则意识的建立有助于学生产生秩序感，充满秩序感的环境与生活有助于特殊儿童稳定情绪，产生安全感与归属感，从而更好地习得并养成良好的行为习惯。

积分制度作为一种广泛使用的延迟代币奖励制度，在普校屡见不鲜，但在我校极为罕见，主要是学生不理解与不接受延迟奖励。我班积分制度能够成功建立一是顺势而为，二是及时调整，三是信念坚持。

随着学生能力与行为的变化，我班积分制度采用分步推进的形式，经历了三个阶段。

第一阶段：实物及时奖励。一年级，实物奖励是最有效的奖励方式，可以较为快速地调动学生的积极性。

第二阶段：引入代币概念。二年级，我班开展"送你一朵小红花"活动，课堂上不再直接给予实物奖励，而是用小红花磁贴代替。此时最重要的环节是课后及时兑现，根据小红花的数量给予相应实物奖励，将奖励延迟一节课。三年级时，小红花兑现的不再是实物，而是积分贴纸。每 5 个小红花可以换一个积分贴纸，集齐 10 个贴纸再兑换实物。这是最为艰难的一个阶段，有时由于时间线的延长，学生对积分贴纸不再敏感。这时教师可以多表扬，多给一些贴纸让学生来兑换，以提高学生的积极性。

第三阶段：引入数字积分制度。随着学生数学能力的提高，教师引入了数字积分卡，小花和积分 1∶1 兑换，并开启积分商店。积分的范围也从课堂之内扩展到课堂以外，比如值日劳动、文明礼仪等。学生的感知力很强，当他们发现某个行为得到鼓励肯定后就会开始模仿。

图 6-3-1　积分制度

此外我还采用了以点带面的形式。对于延迟奖励，每个特殊学生的接受程度不一，在实施过程中我观察学生反馈，适时寻找了一位积极的学生领头人。特殊学生也存在好胜心，利用积分可以激发他们的进取心理，从两个，到三个、四个，越来越多的学生参与其中，逐步形成良性竞争关系。

　　最后，我相信每一位班主任都有很多自己的好方法和好想法，那就让我们坚持我们相信的，让想法走入现实，用行动证明自己。坚持不懈，是我们永恒不变的宝典。

（唐秀英）

等一朵花开，本该有趣

与普通儿童不同，特殊孩子的成长更依赖于周围环境的影响和支持，主要是生理缺陷、家庭环境、教育背景等导致。初为班主任时，我遇到了六个具有独特个性但又都带着一种"含羞草"气质的学生。他们不关注周围的环境，每天在发呆中度过。这些学生无法适应学校的生活，也缺乏学生应有的好奇和活力。

为了解决这个问题，我开始深入分析这些学生的情况，制订个性化的教育计划，并尝试各种不同的方法。我与其他教师和家长密切合作，共同探讨如何为这些学生提供更好的支持和帮助。我与学生定期进行交流和沟通，了解他们的内心想法和需求。通过不断的尝试和调整，我逐渐找到了适合他们的方法，让他们能够更好地融入学校生活，并发挥自己的潜力。

一、学习遵守规则，适应学校生活

（一）同质分组，选择适合学生的方法

1. 利用游戏，帮助学生适应学校生活

遵循规则有助于学生融入班级环境，并积极参与集体活动。尽管

我们班大部分学生有在幼儿园学习的经历，但他们在初入学的阶段，还存在无法融入课堂活动和遵守班级规则的行为，如喧哗、离座以及随意破坏玩具等，导致他们处于紧张、排斥和游离的状态。甚至有些学生因为恐惧上学而出现了腹痛等症状，需要求医问药。

游戏，是儿童主要的学习途径，它不仅营造出轻松愉快的氛围，更拉近了参与者之间的距离，增强了彼此的信任感。因此，每天中午，我们都会安排一段游戏时间。我们尽情玩耍，或是在草地上滚动气球，或是在桌面上打乒乓球，抑或是快乐地你追我赶。游戏是适合的，也是有效的教育方式。因为这些游戏让他们更早地适应了学校的生活，更早地融入了帮助他人的队伍。

2. 巧用学生喜好，引导学生理解、遵守规则

听从指导，关注他人，这是学生参与活动的基础。然而，在班级中，有两位同学显然对人的关注较为有限，他们热衷的事物也不多。无论是团队运动项目还是课堂学习，他们都表现出缺乏兴趣或难以投入。同时，他们的规则意识也相对薄弱。

考虑到班级学生的特性，我决定从他们的个人兴趣和爱好出发，帮助他们更好地关注他人。这样不仅能激发他们的积极性，还能在潜移默化中培养他们的社会适应能力，通过关注他人，让他们获得更丰富的生活体验，为与他人的关系注入更多的活力。

经过观察，我注意到有四名学生均对听歌表现出浓厚的兴趣。因此，为了设置一系列听歌过程中的障碍，我采取了以下措施：一年级时，在听歌前，我要求学生必须坐姿端正，并要求他们如想听歌需先举手示意，然后表达出来。这样做的目的是帮助他们养成良好的行为习惯。进入二年级后，我进一步提高了要求，在听歌前，学生需要负责整理和打扫教室，以培养他们的责任感和独立性。

这些措施的实施，使我得以观察到听歌活动顺利进行带给学生的动力。我发现，这种动力能够促使学生积极遵守单一规则，并逐渐培

养出自觉遵守多条规则的良好习惯。

（二）分清主次，综合运用多种方法

1. 重点解决基本问题，注重培养学生的新爱好

一年级时，F 同学表现出对橡皮泥、iPad 及飘动物品的浓厚兴趣，他倾向于独立探索，并且大部分时间"游离"于集体之外，不能积极参与各类活动。这种行为模式对班级产生了消极影响，部分学生会模仿他的离座行为，被他的行为吸引，导致课堂教学无法顺利进行。因此，一项重要的任务是促使 F 同学融入集体，并尽可能地激发他对集体活动的参与热情。

根据班级的实际情况，学生普遍对人的关注较少，注意力质量不高，我采取了两项活动——听歌和获得食物，以帮助他们提高规则意识并发展注意力。这两项活动需要学生自行注意、排队和表达，才能获得食物或听歌。通过引导，F 同学逐渐改变了原来通过跳脚、打滚、哭喊来获得满足或逃避任务的行为。他开始在竞争中学会"围追堵截"其他同学，认真分辨指令，大声、清晰地表达自己的想法。随着时间的推移，同学们开始不自觉地模仿周围的小伙伴，学会了排队、举手以及大声表达。这些变化使班级秩序逐渐建立起来，课堂教学也得以顺利开展。

在入学阶段，学生在休息期间往往表现出发呆行为，缺乏玩耍意识，同时也不知道如何玩耍。这种情况导致学生之间的交流和互动有限，长期如此，对良好品质的形成和社交能力的提升造成负面影响。一年级时，我采取了开展大型运动类游戏的方式，来激发学生参与活动的兴趣。随着学生之间模仿行为的增加，我为班级购买了一些玩具，如磁力积木、拼图、气球、乒乓球等，并鼓励学生自主探索和尝试，同时以引导者的身份教授他们如何玩耍，如何展示自己的玩具以及如何与他人进行互动。目前，学生都已经有了自己偏爱的游戏或玩具，

有时还会主动寻找玩具并邀请同伴参与游戏。学生在形成新爱好的过程中发生了显著的变化，班级中充满了活力和互动，秩序也得到了更好的维护。

2. 发展学生同伴关系，使其融入集体

同伴是人在成长发展过程中不可或缺的重要资源。一年级时，F同学在各种集体活动中表现出逃避行为，这不仅阻碍了他的注意力发展，还影响了他的社交能力。因此，为了帮助F同学在集体活动中更好地发挥自己的作用，我们为他安排了一对一的辅助学习活动。

进入二年级后，学生之间逐渐建立了友谊。我们利用同伴辅助的方法，帮助F同学更好地参与集体活动。通过这种方式，F同学不仅能够更加融入集体活动，还能够与同伴相互学习，互相帮助，从而得到更好的发展。

现阶段，F同学已能有效地运用平衡车与小伙伴们一起玩耍，并且能够积极参与拼图和聪明棒等游戏。这种从被动参与到主动参与的转变，让我们看到了他对集体活动的关注与投入。通过与同伴的互动，他不仅有了自己的社交小圈子，也在规则意识等多个方面取得了显著的进步。

二、给予温情陪伴，帮助建立自信

（一）恰当鼓励学生，培养其坚韧、勇敢的品质

一年级时，班级各项活动的开展经常面临困难，这不仅是因为学生处于适应新环境的阶段，还因为他们的性格、注意力、规则意识等方面存在不足。在这一阶段，学生往往表现出不自信、害怕失败、害怕犯错的特点，缺乏坚持的毅力，这些特质尤其阻碍了J同学和M同学的成长。

在此背景下，我采取了积极的措施，为J同学创造各种条件，陪

同他参与各种活动，如拿取和送递资料、执行勤务、朗诵、接取饮水、采摘花朵等。在此过程中，我向他示范如何与他人进行有效的沟通，并让他感受到周围环境所传达的善意和包容。在参与活动的过程中，我时刻抓住时机对他进行鼓励。

经过我的观察，我发现 M 同学在主动性和耐性方面存在一定的困难。因此，在她对我产生信任之后，我决定引导她体验尝试的乐趣，并教她如何参与其中。我扮演了一个寻求帮助的角色，让她明白尝试和探索未知是非常有趣的。希望通过这种方式，能够帮助她建立自信和兴趣，从而更好地融入各项活动和挑战。

（二）学会放手，利用好学生间的差异

学生还在一年级时，教师时常参与他们的互动，组织活动并示范如何求助，激发学生的创造力和团队合作精神。随着时间的推移，学生的同伴关系逐渐发展，他们的能力也在不断提升。在这个过程中，教师慢慢放手，不再那么频繁地参与每一个环节，更多的时候是通过语言来引导学生，启发他们去思考，去发现，去探索。

"去找那个小伙伴一起玩这个游戏吧！"教师轻声地提示，让学生在轻松愉快的氛围中学会与他人沟通和合作。"试试看这个玩具的新玩法！"教师的鼓励让学生勇于尝试，不断创新。

在这个过程中，教师的榜样示范作用逐渐减弱，而优秀的学生则开始发挥榜样的力量。他们以身作则，用自己的言行影响和带动着周围的同学。这样，活动的主角逐渐转移到了学生自己身上。他们开始在活动中发挥更大的作用，锻炼了言语表达和沟通的能力。

在实施放手策略的初期，学生可能会经历一些痛苦和挫折，甚至会产生放弃的念头。因为在这个阶段，教师需要不断地进行示范和指导，这无疑会给学生带来极大的压力。为了减轻这种压力，我采取了一种策略，即让适合这项活动的学生先开始学习。

以 J 同学为例，他在识字方面表现出色，因此在排课表和领读方面能够发挥出他的优势。Z 同学是个个子较高的学生，她在对身高有要求的活动，如擦黑板和关窗户中，能起到不可替代的作用。D 同学有着丰富的日常生活经验，他在擦桌子和整理玩具等方面有着显著的优势。而 M 同学则具备出色的管理能力，他在领操和班级管理等方面发挥着重要的作用。

学生的差异是一种宝贵的资源，这种差异为他们的互相学习提供了可能。通过展现这些差异，我们可以引导学生发现彼此的闪光点，建立自信，学会欣赏他人。这个过程对他们的成长和发展具有重要意义。

低年级学生的成长过程是渐进的，且充满曲折，然而，其中却蕴含着无数惊喜。教师的坚持和尝试可能会在短短几天内见到成效，但更多的情况下，可能需要几个月，甚至更长的时间，才能充分展现出教育的成果。就像花朵需要时间绽放一样，生命的每一个阶段都值得我们期待。

（瞿业敏）

一日常规教育的班本化实施

——以二年级为例

行为规范是社会和个人生活中至关重要的一部分，它是为了维护社会秩序和道德要求而制定的一系列准则和规则。良好的行为规范对一个人的一生有着深远的影响，它可以帮助人们树立正确的价值观和道德观念，促进个人成长和社会和谐。对于正在浦东新区辅读学校上学的学生来说，更需要通过良好的行为规范来提高自己的生活质量和社会适应性。

一日常规教育是班主任工作中非常重要的一部分。在实践中，我们需要针对班级的特点、不同学生的情况进行灵活的调整和实施，努力为他们创造一个积极向上的成长环境，帮助他们更好地融入学校和社会。

一、班级一日常规内容的确定

（一）满足学生发展需求

1. 制定适合学生的常规内容

学生的成长绝非一蹴而就的过程，而是持续不断、循序渐进的。在这个复杂而又精妙的发展过程中，每一个阶段都有着特定的需求和能力，这些需求和能力是随着学生的年龄、经验、环境等因素的变化而不断变化的。因此，在为学生选择和制定一日常规内容时，我们需要充分考虑他们的当前发展阶段和特定需求。

在制定一日常规内容时，我非常注重针对性，会根据我们班级学生的实际能力和需求，精心选择适合他们的内容。为了让他们尽快适应学校生活，我特别为一年级的学生制定了"进校""离校""认真上课"等一日常规内容。这些内容简单明了，能够帮助他们迅速适应学校的作息，培养良好的学习习惯。

而在学生升入二年级后，我在保持一年级常规内容的基础上，又增加了一些新的内容，如"餐前准备""文明用餐"等。这些新的常规内容旨在培养学生的自我服务意识，提高他们的独立性和责任感。我相信，通过这些一日常规内容的逐步完善和实施，学生们能够在学校生活中不断成长，发展出更多的自我管理能力和服务意识。

2. 同一常规内容下的分级要求

在一日常规教育实践的过程中，我正视学生之间能力的巨大差异。为了确保每个学生都能匹配适合的目标，获得最优的发展，我针对每个学生的个体能力，制定出一套精细的分级要求。对不同能力的学生，提出不同的学习要求。

在餐前准备一日常规的学习中，对于那些生活适应能力较好的学生，我们期望他们能够独立完成餐前准备的四个步骤。而对于那些生活适应能力相对较弱的学生，我们则要求他们在教师的语言提示下完成这些步骤。

这种分级要求的一日常规内容，充分尊重了学生之间的个体差异。我们追求的是让每一个学生都能在一日常规教育中找到自己的个性化发展路径。这不仅体现了教育的公平性，也体现了我们对每一个学生个体发展的关注和期待。

（二）班级管理成员共同负责

如果说班主任是班级管理的主要负责人，那么副班主任和助教阿姨就是班级管理的"合伙人"。在一日常规教育中，制定一日常规内容是一个集体决策过程，它需要班主任、副班主任和助教阿姨三位班级管理成员的参与。在这个过程中，三位班级管理成员的角色和分工可以根据实际情况来确定。

在我们班级，我和副班主任薛老师以及助教陈阿姨一同商量，共同负责当月的一日常规教育。我作为班主任负责一日常规内容的设计和整体规划。每月初，我会根据学生的实际情况制定每月一日常规的主题，并设计相应的教育活动和评价标准。我还需要监控整个教育实施的过程，并对学生的表现进行指导和评价。

副班主任薛老师负责日常监督和辅导，会协助我在日常的学校生活中监督学生的一日常规行为，确保学生遵守一日常规。助教陈阿姨会时刻维护班级环境，确保一日常规的可视化环境得到完整、有效展示。陈阿姨还需要在特定的一日常规教育，如餐前准备、餐后整理中，在需要时给予学生具体的指导和帮助。班级管理成员共同制定一日常规内容，更好地推进一日常规教育的实施。

二、班级一日常规环境的设计

（一）"量身定制"一日常规指导图示

1. 真人出镜，发挥榜样作用

在制作一日常规指导图示时，我非常重视榜样的力量，并认为这是一种非常有效的教育方式。通过让学生真人出镜，不仅增强了图示的真实性和可信度，而且让学生在看到自己或同学的照片时产生共鸣和模仿的欲望。这种以同学为榜样的方法，可以更好地让学生通过观察和模仿，更快地学习和内化一日常规的步骤和要求。

在制作图示时，我会注重细节和形象的呈现，将一日常规的每个步骤用生动形象的图片和文字进行说明，让学生能够更加直观地理解每个步骤的含义和要求。例如，在"我会做核酸"的常规指导图示中，学生可以看到自己的同学做核酸检测的步骤，这种身边人的示范能够鼓励学生按照步骤顺利完成核酸检测。

2. 班本设计，直指实际问题

我们的一日常规指导图示是经过精心设计和量身定制的，充分考虑了班级的实际情况和需求。这样确保了一日常规教育内容的针对性和实用性，能够满足每个班级学生的需求，解决他们日常遇到的问题。在进行设计之前，我们需要深入了解班级的具体情况，根据这些实际需求和问题，围绕一日常规教育的内容进行定制。

班本化的设计方法显著增强了日常指导图示的实用性和适用性。以我们班级为例，通过采用这种设计方法，我们能够针对日常生活中的不同环节，如餐前准备等，制作出一系列清晰明了、易于理解的指导图示。这些图示不仅提高了学生对正确步骤的认知，还能帮助他们更好地遵循这些步骤，进而改善他们在餐前准备环节的表现。

"餐前准备"一日常规指导图示是一个很好的例子，通过采用生动形象的图片和简洁明了的文字，呈现出了正确的餐前准备程序。

图 6-5-1　"餐前准备"一日常规指导图示

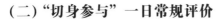

(二)"切身参与"一日常规评价

1. 边评边说，巩固认识

图6-5-2　学生根据一日常规指导
图示学习一日常规要求

将学生纳入一日常规可视化环境的使用和评价过程，可以促进一日常规教育的有效性。通过在晨会课上让学生对照一日常规指导图示（图6-5-2）说一说常规步骤，可以帮助学生更好地理解和记忆一日常规的流程和细节。而在班会课上，学生可以互相评价在操作中自己和他人的不足之处，提出改进建议，再次帮助学生巩固对一日常规步骤的认识。

在这个过程中，学生可以边评边说，表达常规中每个步骤的内容和顺序。这种评价方式可以让学生更加深入地了解一日常规的细节和要求，同时也可以帮助他们发现自己在执行常规过程中的不足之处，并及时进行改进。

2. 评己评他，互相促进

让学生参与到一日常规的评价中，不仅限于自我评价，也包括对同学的评价，这一做法可以培养学生的自我管理能力。每月末，学生会给自己贴上评价章，并选出心目中的"进步小火箭"，这不仅是一种激励，也是一个自我反思和互相学习的过程。

评己评他的活动是一项非常积极和有益的活动，它不仅肯定了学生的学习表现，还认可了同伴的进步和努力。这种评价活动不仅关注学生的个体表现，还注重他们在集体中的贡献和成长。通过相互学习和共同进步，学生之间能够形成一种积极向上的一日常规学习氛围，这种氛围有助于提高他们的学习动力和自信心。

三、班级一日常规教育的实施

（一）多方合作，分工合理

班主任、副班主任以及助教阿姨，这些班级管理成员在每天的常规教育中扮演着重要的实施者角色。他们的合作是多方面的，正副班主任和助教阿姨共同参与，确保了教育的全面性、有效性、连续性和一贯性，每位成员发挥自己的专长和经验，为学生的成长和发展提供更好的支持。

例如，我们班级的"操后整理"一日常规分成四个步骤：洗手、擦手、喝水、休息。其中洗手、擦手和喝水这三个步骤需要教师特别的指导。为了让整个常规更加有序，教育成果更加有效，我、副班主任薛老师和助教陈阿姨分别负责这三个步骤，像流水线一样指导学生完成这项常规的三个步骤。

多方合作下的"流水线"式常规训练能够让每个学生都得到充分的练习，而且确保整个过程有序有效。在反复多次的实践中，我们班级的大部分学生都掌握了餐后整理要做的事情以及正确的步骤。

（二）适时奖励，强化措施

适当的奖励可以有效地激励学生形成良好的学习、在校生活习惯。在班级中，我们特别在黑板上设置了一日常规养成奖励栏，学生可以通过积累"大拇指章"来获得相应的奖励。在实施之前，我会与每位任课教师说明班级的奖励措施，以便他们能够在课堂上根据学生的表现给予适当的奖励。同时，我和学生约定，在规定的时间进行奖励兑换。这种做法旨在通过正面激励来促进学生的自我管理，形成良好的习惯。

通过设置并应用奖励栏，学生在收集"大拇指章"的过程中，逐渐掌握了日常规范的要求。有些学生能够自觉接水并准时回到教室；有些学生在午休结束后，能自行整理玩具；还有的学生在午餐时，逐渐克服了挑食的毛病，尽管是自己不喜欢的食物，也会为了获得"大拇指章"而尝试。

（三）松紧结合，张弛有度

在一日常规教育过程中，采用松紧结合的方法有助于维持学生的学习积极性并避免过度约束。所谓的"紧"，指的是在大部分日常规范中，学生需要按照规定的步骤进行活动。例如，在餐前准备过程中，学生需要按照洗手、擦手、取餐具等步骤进行；进校时，需要遵循洗手、量体温、挂书包、放置水杯等步骤。而"松"则意味着在某些日常规范中，学生可以有自主选择如何开展活动的权利。例如，午间休息时，班级的玩具柜和图书角对所有学生开放，学生可以自由选择安全且不影响他人的活动。

在日常教育过程中，实施松紧结合的教育方式，有助于学生快速有效地掌握日常生活规范，同时也能充分发挥学生活动的自主性，让他们学会自主安排自由时间，进一步培养学生的独立性。

（四）结合学情，循序渐进

确定一日常规内容时，必须充分考虑学生的发展需求。在实施一日常规教育过程中，也应遵循学生的身心发展规律和接受程度。以"排队前进"这一常规为例，对于一年级新生来说，要求他们立即做到跟随前方同学有序前进是十分困难的。因此，我们班遵循循序渐进的原则，将"有序排队前进"的目标分解为若干个阶段。

在一年级时，我们要求学生搭着肩膀排队走，着重培养他们与班级队伍一起向前走的意识，同时要求他们将手搭在前面同学的肩膀上。

　　经过一年的学习，学生逐渐形成了排队跟随班级队伍行走的意识。在二年级上学期，我们强调有序地紧跟队伍排队行走，并撤除了手搭肩膀的支撑，要求学生自己跟着队伍前行。经过一个学期的练习，我们班有一半的学生能够自主跟上班级队伍行走，不乱跑不掉队。

　　在二年级下学期，我们采取伙伴结对排队行走的方式，即让学生两两结成伙伴，让能够自主排队的学生牵着伙伴一起排队前行。

　　我们根据学生的实际情况把一日常规要求进行分解，带着学生一步一步慢慢学，一步一步踏实学，相信总有一天能够达到想要的效果。

（五）家校联动，事半功倍

　　在一日常规教育中，家长扮演着举足轻重的角色，其参与和支持对孩子的日常习惯养成具有重大影响。作为一日常规的教育者，我会积极与学生家长进行沟通，探讨如何在家校之间形成良好的合作关系，共同促进学生的日常行为规范。例如，在进行"餐前准备"一日常规教育时，我会要求学生做到在家庭和学校保持一致的行为规范，自己洗手、擦手并摆放餐具。

　　家庭和学校应保持教育一致性，帮助学生通过不断练习一日常规的要求和做法，更好地掌握日常生活规范，同时提高他们的生活自理能力。这种做法可以取得事半功倍的效果。

　　经过长达一年多的教学实践，我们发现，一日常规不仅能让学生感受到学校生活的有序和安全，同时也有利于他们保持良好的情绪。此外，一日常规还能培养学生的规则意识和自控能力，从而帮助他们更好地适应集体生活。对于班级管理而言，一日常规不仅是班主任教师顺利开展各项活动的基础，同时也是开展日常管理与教学工作的有力工具。因此，作为班主任，我相信只要我们全心全意地做好一日常规教育，就一定能够取得显著的成效。

（芦代祯）

以一日常规课程建设为载体，提升特教班主任的育人意识和能力

　　教育的根本目的是立德树人，这决定了我们要培养何种类型的人。在学校德育工作中，班主任队伍占据着举足轻重的地位。他们不仅指引着学生健康成长，还是沟通家长和社区的桥梁，更是实施素质教育的主要力量。本文以辅读学校一日常规课程建设为例，从班主任队伍建设的角度出发，深入探讨如何提升班主任在课程研究和实施过程中的育人意识和能力。

一、通过一日常规课程的研究，提高特教班主任的育人意识

（一）"生活即教育"的意识

　　陶行知先生在生活教育理论中明确指出，教育源于生活，生活是教育的中心，教育应当为社会的实际生活服务。特殊学生的教育目标，就是要在解决生活中的问题时，充分体现教育对生活的服务功能。作为学生在学校生活中最主要的陪伴者，班主任应将"生活即教育"的理念贯穿于班级管理和教育活动的每一个环节。

　　1. 明确"融和教育"的教育目标

　　针对特殊学生，学校教育的目标是最大程度地满足社会的要求和

学生个性化的发展需要，同时提升他们的社会适应能力，提高生活质量，并使他们能够有尊严地生活。我校特别关注智力障碍学生的终身发展，以满足学生"融入社会·和乐生活"的实际需求为主旨，开展生活化德育教育。通过实施一日常规课程，班主任在每天的班级管理中引导学生形成良好的行为习惯、阳光的心理品质、得体的交往技能以及健康的生活方式，从而帮助特殊孩子更好地融入社会环境，并提高他们的被接纳度。

2. 认同"生活核心"的教育理念

设计一日常规课程时，我们强调将日常行为与习惯教育以及特殊学生的实际生活紧密结合，通过生活的方方面面来开展教育，从生活细节入手学习，将教育融入日常生活之中。班主任需确保学生从进校到离校的每日学习生活流程都符合好习惯养成教育的原则，不留任何教育的时间空白。为了围绕学生的"生活主线"，我们会在真实的生活场景中开展行为规范教育，日复一日地引导学生在生活中学习、运用和巩固良好的行为习惯。通过这种方式，我们可以不断提升他们适应生活的能力，为未来的生活做好充分的准备。生活与教育是同一过程，它们相互融合，生活为教育提供丰富的养分，而教育则通过生活来进行。

（二）"德育课程变革"的意识

教育部发布的《中小学德育工作指南》（以下简称《指南》）明确指出，课程育人是德育实施的六大途径之一。课程育人作为连接教育理想与现实的重要桥梁，为创新和提升班级德育工作提供了有效的抓手。班主任应具备课程研究的意识，以德育课程为载体，着眼于未来的人才培养，努力提升班级德育工作的实践效果。

1. 对"德育课程内容"的新理解

我们始终坚持，适合学生的教育才是最有效的教育。《指南》明确了德育的内容，我校以此为指导，针对智力障碍学生的实际生活和成长现状，开展了个性化的教学研究。通过梳理和提炼，我们将零散的德育内容整合为符合特殊学生发展需要和遵循教育规律的校本课程。班主任通过评估学生的日常行为和习惯，对照一日常规年段教育目标，不仅对学生的日常行为和习惯提出了具体要求，还对自我管理、交往沟通、合作素养、职业规划等方面也提出了相应的要求。

2."德育课程实施"的新思路

在日常教学活动中，我们围绕"四规"核心素养，即知规范、懂规矩、守规则、成规律，以素养为导向，将学生一日生活划分为 16 个主题，并针对不同年级段制定了分层目标。在课程实施过程中，班主任通过晨会、班会等德育显性课程，快乐小岗位、社会实践等德育活动课程，以及校园环境、文化特色等德育隐性课程，每月突出一个重点来落实。

我们充分发挥实践育人的功能，让学生在真实情境中边做边学，在实践中培养解决实际问题的能力。同时，强调学生的自主学习、差异性和个别化指导，逐步实现培养目标在课程中的落实，以达到育人目标。

（三）"三全育人"的意识

根据《指南》规定，学校的德育教育应该采取全员、全程、全方位"三全育人"的工作模式。通过行动研究的方式，对一日常规课程进行探讨，以加深班主任对"三全育人"理念的理解，并在实际教育工作中加以贯彻执行。

1. 全员育人

一日常规课程以学校为主体，以家庭为坚实后盾，以社区为有益补充，进一步强化"人人都是德育工作者"的教育理念。在开展一日常规教育的过程中，班主任担当着关键的角色，他们将各学科任课教师、助教、后勤等教职员工联合起来，形成紧密的教育共同体。同时，他们还通过与家长的家庭教育指导以及与社区志愿者的交流沟通，充分整合并发挥学生周边的教育资源的作用。

通过这种方式，我们能够全面深入了解一日常规课程的核心内容，形成教育上的共识，对学生提出统一的好习惯要求。这不仅加强了学校与家庭、社区之间的合作配合，更形成了一种全面、交叉、互补式的教育合力。在这种正向引导的教育环境中，学生将更容易养成良好习惯，实现全面发展。

2. 全程育人

在九年义务教育期间，一日常规课程涵盖了多个学科领域，班主任需要全面了解并掌握该课程内容在横向和纵向上的内在联系和层次递进。在此基础上，根据学生的个体差异和发展需求，有针对性地实施教育，以促进学生的全面发展。

为了实现一日常规教育目标与学科课标的有机结合，班主任需要关注并落实学科德育，特别是语文、生活适应、劳动技能等学科。在课堂教学过程中，应注重渗透生活化德育理念，通过体验式和浸润式教育方式，形成独特的育人特色。

此外，通过家庭、学校和社区的协同合作，共同构建一个跨学科、跨情景、跨时间和跨空间的支持系统，以确保学生行为习惯养成教育的有效实施。最终，将行规目标真正地落实到每一个学生个体身上，为他们未来的发展奠定坚实的基础。

3. 全方位育人

班主任全面利用学校、家庭、社区中的各种教育载体，通过各种途径和措施深化一日常规教育，使之在学校中深入开展，在家庭中得以渗透，在社区中得以延伸。在寒暑假期间，通过家校共育机制实施"5＋2＞7"的教育模式，设计相关的教育活动。此外，班主任还与志愿者合作开展"海贝课堂"和"社会实践"，让学生在不同的生活场景中将良好的习惯泛化为良好的行为。同时，他们还使用电子终端学习教师自己开发的电子绘本、有声故事等资源，实现了课内外、校内外、线上线下全方位的教育。在行规养成方面，班主任注重学生的情感和社交能力的发展，帮助学生建立正确的价值观和人生观。

（四）"育人与育己"的意识

德育教育体现为榜样的示范、能量的传递以及情感的流淌。作为班主任，要实现有效地育人，必须首先关注自身的修养。为了将学生培养成为具备特定品质的人，班主任应当以身作则，成为学生的楷模。作为学生道德观念形成过程中的重要指导者，班主任应当致力于提高自身的修养，以便更好地完成"育人"的任务。为了使"育人"的质量达到更高的层次，班主任首先需要在"育己"方面下功夫。只有不断培养和提升自身素质，才能更好地培育学生。

1. 班主任的镜子作用

班主任对学生的教育是一种言传身教，正面的示范对学生更有启发性。我们常说，教育犹如"随风潜入夜，润物细无声"，班主任的一言一行、一举一动都在潜移默化地影响着学生。一日常规课程的教育内容，大部分是外显的行为习惯。班主任要在班级管理过程中育人先育己，要求学生养成良好的行为规范，自己必须先做到。良好的生活习惯，认真的做事态度，真诚的待人方式，这是为学生做出良好的表率，也是班主任自身人格魅力的体现。深受学生喜欢的教师，更能够和学生进行良好的交流沟通，从而发挥教育的影响力。

2. 班级的孵化作用

家有家风，班有班风，班风一般是由班主任带头，品格风尚良好的学生为辅而自然形成的。班主任是班级班风的引领者，而优秀的学生榜样就像前行的风向标。通过培养、塑造班级成员的良好形象，从而推动学生个人品德素养的发展，以榜样的示范和辐射促进集体的良

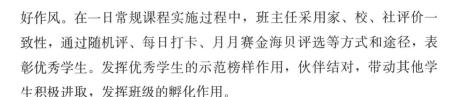

好作风。在一日常规课程实施过程中，班主任采用家、校、社评价一致性，通过随机评、每日打卡、月月赛金海贝评选等方式和途径，表彰优秀学生。发挥优秀学生的示范榜样作用，伙伴结对，带动其他学生积极进取，发挥班级的孵化作用。

二、通过一日常规课程的实施，提升特教班主任的育人能力

（一）目标导向，探索积极行为支持的策略

在明确了育人目标之后，如何培养人？在一日常规课程的实施中，班主任通过主题式学习，探索积极行为支持的策略。积极行为支持是通过教育的手段发展个体的积极行为，用系统改变的方法调整环境，达到预防和减少个体问题行为、改变个体生活方式的目的，最终实现提高其生活质量的目标。这一教育策略尤为适合特殊学生认知周期长和缺乏自信的心理特征。在课程的实施过程中，班主任分别从环境因素的积极支持、结构化流程支持、积极心理影响支持等操作点运用积极行为支持策略。

1. 环境因素的积极支持

教室环境作为一种无声的教育语言，以其独特的表达方式，强化着教师的教育理念，并对学生进行潜移默化的教育引导。对于特殊学生，教室环境因素的积极支持作用不容忽视，比如墙面的布置、板报的设计、物品的摆放、图示的指引等，通过不断地给予他们视觉上的提示，有助于他们在日常生活中逐步学习内化。

在实施一日常规课程时，班主任应将好习惯教育的内容、过程和评价在教室环境中进行可视化呈现，以便让学生清楚地了解需要做什么、应该怎么做以及做得怎么样。例如，在教室的醒目位置可以布置师生笑脸墙、"进步小火箭"评比展示栏，或在电子屏幕播放行规小标兵的日常好习惯记录视频等。这些措施不仅有助于营造环境美、语言

美、行为美的教室环境，还可以让学生在学习过程中感受到美的熏陶，进一步提升他们的素质和修养。

2. 结构化流程支持

如何提高德育教育的有效性是班主任在班级管理工作中需要迫切思考的问题。根据智力障碍学生的认知特点，采用简洁、生动的教育方法可以有效提高学生对知识的理解。在重点推进一日常规一月一主题教育的过程中，班主任采用了结构化流程支持，将每个行规教育内容分解为步骤化的操作点，并配备学生示范照片和朗朗上口的"三字经"，制作成结构化流程图，为学生提供直观的提示，帮助他们理解、记忆、重构和运用，从而引导他们逐渐形成良好的行为习惯。

3. 积极心理影响支持

鼓励和赏识可以有效地激发学生的正面情感，增强他们的自信心和自尊心，从而激发他们的主观能动性，以更投入地学习进取。为了达成教育共识，班主任需要与家长和志愿者建立积极的合作关系，共同指导学生培养良好的行为习惯。在教育过程中，应始终坚持正向引导，用表扬激励代替批评指责，强化学生正确的行为，保持学习的积极主动性。同时，班主任应及时为学生提供反馈，为他们的一点点进步喝彩，让他们感受到成就感，以此激发学生学习良好行为习惯的内驱力，提升特殊孩子的自信心。为了让学生更好地掌握行为习惯养成教育的内容，每月各班都会重点强调某些行为习惯的养成。通过一日常规打卡本、月月赛、"金海贝"评优表彰、一日常规示范视频的拍摄等方法，学生可以感受到自己的进步，并乐意了解如何改进以做得更好。

（二）活动载体，抓牢实践体验内化的时机

活动是德育教育富有生命力的载体，它为学生提供了将习得的知识和技能进行运用、体验和反思的机会，从而实现再学习。在日常生

活中，班主任应将一日常规课程实施与活动相结合，抓住实践体验内化的时机，以活动为抓手，推动学生将德育知识转化为实际行动。

1. 与校内外日常活动"学评结合"

班主任通过一系列活动，引导学生将一日常规知识技能应用于学习生活。这些活动包括指导学生阅读一日常规绘本故事和一日常规"三字经"，以及完成每日好习惯打卡等。此外，每月一次的月月赛活动也起到了激励学生学习好习惯和激发他们不断进取的作用。

根据一日常规内容的生活化特点，班主任将其与每月的志愿者融合活动、社会实践活动和德育主题教育活动相结合。例如，开设"健康指甲"活动，邀请开美甲店的家长为学生介绍如何保持指甲的健康卫生，养成生活好习惯；同时，潍坊警署的警官也为学生带来了"安全斑马线"活动，让他们了解交通规则和珍爱生命的重要性。此外，白龙港污水厂的志愿者也为学生开设了"污水处理小实验"活动，帮助他们了解水资源的重要性和节约用水的必要性。

在这些活动中，学生通过与他人的互动学习良好的文明礼仪、恰当的行为表现和正确的情绪表达，提高了社会适应能力。这些活动不仅丰富了学生的学习体验，还为他们未来的生活打下了坚实的基础。

2. 与家庭活动"学用泛化"

在日常教育方面，班主任制定了一套家庭活动方案，以紧密衔接家庭教育与学校教育的需求，并为家长提供家庭教育的指导和相关资源。其中包括寒暑假期间开展的"我是小当家——解锁劳动新技能""FIT5 健康计划""开心过大年"等活动。家长可以通过扫描二维码，登录一日常规教育资源库，该资源库提供了一系列家庭教育主题绘本故事、一日常规"三字经"、结构化流程图等，以及特别定制的一日常规游戏棋桌游版，使家长能够与学生一起在游戏中进行寓教于乐的学习。

（三）家校协同，整合共育特殊学生成长的资源

一日常规应以学校教育为核心，向家庭和社区扩展，形成家、校、社三位一体的协同教育体系。家长是学生家庭生活和社区生活的首要陪伴者，同时也是学校教育的重要合作伙伴。只有通过有效的家校沟通，促进家校联动，一日常规课程才能得到全面、有效的实施。

1. 助力家庭教育推进

根据家长调查问卷的结果，班主任发现家长普遍深刻认识到良好习惯对孩子成长的关键作用，同时孩子又因各种原因习惯养成不佳，难以纠正。为了解决这一问题，班主任通过家长接待、班级微信群、家访等多种方式，为家长提供育儿建议和策略，帮助他们在家庭教育中推进一日常规。

针对不同学生和家庭的具体情况，班主任指导家长观察和分析孩子现状，设立一日常规教育的小目标，并通过自身的示范为孩子树立榜样，帮助孩子将良好习惯固化。此外，每月班主任都会通过学校公众号向家长发送一封告知信，让他们了解当月一日常规教育的重点以及学校的相应教育活动安排。

为了更好地指导家长开展一日常规家庭教育，班主任还分享了"一日常规绘本故事""一日常规'三字经'儿歌""一日常规结构化流程"等教育资源。这些资源和相关策略的分享，有助于家长更有效地在家庭中实施一日常规教育。

2. 凝成家校共育合力

班级有班风，家长和家长之间可以互相影响和带动。班主任牵头，组织班级家长组成"家长学习共同体"，围绕一日常规课程的实施，通过"云端俱乐部"定期开展家长沙龙活动。每期活动由各年段班主任轮流担任发起人，每期提前发布讨论主题，家长按需预约。通过云端俱乐部，家长互相交流育儿妙招，探讨育儿困惑，互相取经，互相支

招。班主任还向家长推荐优秀的家庭教育资源，如《家庭教育中的好习惯养成》《积极行为支持在家庭教育中的运用》等书籍。此外，班主任还邀请家长参与学校的教育教学工作，如放学护导队、午餐陪餐、社团辅导老师、社会实践活动志愿者等，让家长能够了解学校在校学习一日常规课程的情况，从家长的角度提出意见和建议，凝聚家校共育的合力。

（陈春意）

学生成长篇

我要成为最耀眼的咖啡师

昊昊，一个 22 岁的年轻人，身患唐氏综合征，智力障碍三级，体型稍胖，但并无其他肢体障碍。他目前与奶奶同住，照顾奶奶的饮食起居，并拥有两个双胞胎弟弟。从小学一年级开始，昊昊就在浦东新区辅读学校就读，九年级毕业后，他进入上海群星忠华职校学习了三年，并在 2019 年顺利毕业。

毕业后，昊昊找到了自己的第一份工作，那就是在梦工坊咖啡吧担任咖啡制作员。在这个岗位上，他表现出了极高的专注度和反应速度，能迅速对工作指令作出正确反应，并且能够主动完成自己的分内工作，甚至愿意帮助其他伙伴一起完成工作。

除了咖啡制作技能之外，昊昊还掌握了许多其他的才艺。他擅长游泳、太极、唱歌和拉丁舞等，可以说是一个多才多艺的小暖男。这些技能不仅为他带来了生活的乐趣，也让他在咖啡吧的工作中得到了更多的认可和尊重。

经过几年的学习和工作，昊昊已经逐渐成长为一个崭新的自己。他成功打破了自己原有的限制和障碍，重建了自己的能力和信心。如今的他，不仅在咖啡制作方面表现出色，还在人际交往和团队合作方面取得了显著的进步。

一、不断磨炼——最耀眼的咖啡师

他留着酷酷的发型，展现出酷酷的气质，调制出的咖啡堪称一绝，是每个人眼中的明星咖啡师。

然而，这一手精湛的技艺并非一蹴而就，而是因为无论是在职业学校、家中还是工作岗位上，他都展现出坚持不懈的精神。他对咖啡无比热爱，为了精进自己的咖啡制作技巧，最初在辅读学校实训室学习咖啡知识，边学边尝试动手实践。然而，仅有这些还不足以让他独立制作出一杯完美的咖啡。进入工作岗位后，他便在店长的悉心指导下不断操作，同时口中念念有词，"烘焙程度、制作手法、怎样蒸奶泡更好"，这些都是他日常挂在嘴边的关键词。没有客人时，他会一遍遍用水默默练习拉花。不仅如此，为了做出更好的咖啡，他每天回家后还会抱着手机学习各种视频教程，仔细研究如何以更精细的手法制作咖啡拉花，甚至连给家人沏茶时都不忘练习拉花的姿势。他付出了比常人更多的时间和精力，经过无数次的磨炼和尝试，如今他能够熟练地拉出爱心、大白心、洋葱心等几十种拉花。

从 2019 年到 2021 年，昊昊连续三年被评为"陆家嘴金融城国际咖啡文化节"最耀眼的咖啡师。

二、不断学习——最聪明的小机灵

如此闪耀的咖啡师，在职业生涯的初期，也有着不成熟和难以控制情绪的一面。

刚步入工作岗位时，他常常表现出极大的情感波动，无法有效地控制自己的情绪。在遇到挫折时，他可能会对自己动手，情绪低落至极点时甚至会因为一时的暴躁而摔坏手机。此外，他在工作中常常喜欢指挥别人，这使得他的人际关系并不理想。然而，每当他情绪失控时，店长、主管和教师总是给予他耐心的引导和帮助。他很快就能理解别人的建议，并在得到指导后迅速调整自己的情绪。他学会了用更健康的方式来发泄情绪，如通过运动或者与朋友交流来转移注意力。

在逐渐学会了控制情绪后，他还学会了正确处理与同事之间的关系。他开始懂得如何与他人进行有效的沟通和协作，共同完成任务。他的情商非常高，善于在和顾客交流时展现出温和、友好和真诚的态度。他的语言表述清晰，逻辑性强，每句话都充满自信。在他人眼中，昊昊成了一个不断学习和进步的聪明小机灵。

三、不断成长——最温暖的大男孩

在外人眼中，特殊孩子往往是缺乏感情的。然而，事实并非如此。昊昊是一个具有深厚情感和感恩之心的唐宝，他的内心充满了爱和感激。在日常生活中，他非常能够体会妈妈的辛勤付出，深刻理解妈妈在寿司店忙碌的同时含辛茹苦地将他养大成人是多么不容易的事情。

当采访者问道："你骄不骄傲？"他会回答："我不骄傲，我为妈妈骄傲。"当被问道："什么对你最重要？"他回答："咖啡最重要，这是我的本领，是我工资的来源，更可以用来报答父母对我 20 年的含辛茹苦。"他的回答充满了力量。

在他拿到人生第一份工资的时候，他抱着小姨流下了感动的泪水，并将第一份工资给了爷爷奶奶和小姨，并说道："希望他们永远不会老。"

除了家人，他还常常提起校长和老师。他的心里始终装着家人、校长、老师的爱，有空时会给老师打语音电话聊聊他的生活，关心老师。在被爱的同时，他也温暖着他人，是大家眼中的大暖男。

（张媛媛）

严宽相济，见证成长

潇潇，这个 1999 年出生的年轻人，自小就经历着孤独症谱系障碍的困扰，自三岁那年被诊断出这种疾病起，他的成长之路便充满了挑战。从上海浦东特殊教育学校九年级毕业后，他转读于辅读学校忠华职校。

2018 年，为了提高他的生活技能，他的母亲毅然决定让他放弃学校的实习机会，转而参与一对一干预计划。这一年的努力并没有白费，他的技能得到了明显的提升，这为他日后的成长打下了坚实的基础。

2019 年 8 月，潇潇正式成为梦工坊咖啡吧的员工。在这里，他每周工作四天，其余时间则在学习萨克斯。此外，他还参与了舞台剧《阳光下的孩子》的演出，展现出了多才多艺的一面。

回想潇潇刚到梦工坊的时候，他兴奋起来会挥舞手臂在店里极速奔跑，他不允许别人触碰，随手一挥甚至"炝蹶子"踹谁一脚的情况时有发生。此外，当有人点单点到自己的"心头好"时，他会立刻上前阻止。在门口迎宾时，会不间断地重复同一句话。

然而，经过一段时间的培训和努力，潇潇发生了巨大的变化。他不再奔跑，不再大叫，当有人开门时，他会礼貌地致谢。现在的他已经成为梦工坊的颜值担当，深受大家的喜爱。

为什么会发生如此大的变化呢？店长的一句话道出了其中的缘由。店长曾表示："虽然他们是特殊孩子，但我们并不希望对他们特殊照顾，拿职场人的标准要求他们，才能逐渐把他们带出来，让他们知道社会规则。"由此可见，正是通过职场环境的熏陶和身边人的不断鼓励与支持，潇潇才逐渐适应了新的环境，并取得了显著的进步。

一、基本规则必须遵守

　　刚接触新的环境，潇潇的刻板行为表现得尤为明显。他会因为客人下单自己喜欢的食物而出面阻止，表现出固执和自我中心主义的一面。在迎宾时，他会自言自语，无视客人的光临，难以理解和适应新的社交环境。此外，他还会担心被时间约束，拒绝店内规范，比如休息时按下计时器，他对时间限制和规定感到不安和不适应。

　　尽管这些行为不符合店规，但店内的每一位教师或负责人都理解这是自闭症宝宝自身的特性使然。他们明白潇潇的行为并不是出于恶意或故意破坏，而是他的自闭症障碍所导致的。因此，他们会采取合适的方式改善他的行为，比如反复纠正劝导或正色厉声，甚至有时候会采取一些"要挟"的手段，如"明天就不要来了""我要扣工资了"等。

　　这些看似让潇潇为难的行为，实际上都是在帮助潇潇更快地适应社会，成为一名真正的员工。通过反复的纠正和劝导，潇潇逐渐理解并遵守店规，他的行为正在逐渐改善。现在的潇潇已经把店规牢记在心里，他深知自己是梦工坊的职场人，要遵守店规。他已经逐渐融入工作环境，成为了一名真正的员工。

二、微小改变不吝赞美

　　在严格要求的同时，不要吝啬对员工的赞美。减少重复性语言，用响亮的声音回答问题，展现出自信和热情，在完成本职工作的同时，积极帮助同事解决问题，展现出团队精神和领导能力，这些小进步都值得被赞扬，不要忽视每一句小小的表扬。

不积小流，无以成江海。学生都喜欢被表扬，一句"你真棒，你真厉害"等简单的表扬话语，会激发他们的自信心和动力，让他们更加努力地学习。同样，对于员工来说，一句简单的表扬和认可，也会让他们感到被重视和关注，从而更加认真地对待工作。

潇潇之前经常反抗别人的要求，不接受任何批评，甚至会捂着耳朵扭头就走。但随着他得到的认可越来越多，他变得越来越听话，也得到了越来越多人的喜欢和认可。他表现得认真、真挚、乐于分享，每一句他人的表扬，每一次喜欢的表达，都让他更加自信和努力。潇潇正努力成长为一位独当一面的职业人。

（张璐璐）

越努力，越成功

　　小昆是一位 25 岁的轻度自闭症青年，在一岁时被发现语言和行走能力明显落后于同龄的孩子。在家庭的支持和鼓励下，他顺利地完成了小学和初中的课程。在这个过程中，他不仅学习了语文、数学等基础学科知识，还通过不断努力，掌握了简单的专业技能。这些技能为他日后的工作奠定了坚实的基础。

　　梦工坊咖啡吧是小昆初入职场的地方。在这里，他担任了迎宾员的工作。他以热情、友好的态度迎接每一位顾客。令人难以置信的是，他已经累计接待了两万多名顾客，主持过百余场活动。这样的成就不仅展示了他的专业技能，也表明了他对工作的热爱和敬业精神。

　　除了在工作中的出色表现，小昆还在其他领域取得了令人骄傲的成绩。2020 年，他荣获了"联合国可持续发展目标——人类健康与福祉，抗疫互助无国界"演讲比赛初中组优秀奖。此外，他还获得了市残联"感恩生活，幸福有我"征文比赛二等奖。

　　在小昆的成长历程中，他的家人、教师和朋友们都给予了他巨大的支持和鼓励。他们一直陪伴在他身边，给予他无尽的爱和关怀。正是这种支持和鼓励，使小昆能够不断进步，实现了自己的梦想。

一、勤奋努力好学，他人眼中的"小能手"

小昆在特殊学校学习期间展现出了超出常人的刻苦努力和学习能力。他不仅完成了小学、初中的所有课程，还具备阅读和理解日常文字的能力，甚至能够编写简单的顺口溜，这些顺口溜不仅朗朗上口，而且通俗易懂。

他对喜欢的歌曲、数字和交通线路等有着清晰完整的记忆和理解，展现出了超乎常人的记忆力。在算数方面，他从原来不会算数，逐渐学会了三位数加减法，涉及进位和退位的加减法以及三位数以内的乘除法。这使他在日常生活中能够自如应对与计算相关的问题。

他在职业学校还学会了简单中式面点、中式烹饪、烘焙、清洁等专业技能。这些技能的学习让他原本胆怯、自卑的心理得到了改善，增加了他的自信，也增强了他将来生活自理的能力。这让一直担心他的爷爷奶奶和教师少了一份担忧。

现在，原本毫无本事的小昆变成了一位"小能手"，展现出了他的潜力。

二、积极主动能干，当之无愧"小管家"

小昆不仅在学习上展现出了勤奋刻苦的精神，更在工作中展现出了超级能干的一面。毕业后，他在支持性就业辅导员的协助下，担任了迎宾的岗位。当在咖啡吧门口听到他那清澈洪亮的声音"您好，欢迎光临"时，我们就可以肯定，这一定是瘦瘦高高的小昆。作为迎宾员，他始终以饱满的热情欢迎每位宾客，他的热情和彬彬有礼让许多顾客对他产生了深刻的印象。

在迎宾时，小昆能够眼顾四周，时刻关注客户的需求，不仅限于简单的迎接工作。如果同事忙碌，而顾客有需求时，他会及时主动提醒同事或主动快速跑过去帮忙。虽然岗位是迎宾，但他的工作范围远不止于此。他每天还会主动在门前的小黑板上记录下到店的客人数，并将咖啡吧重要的活动等也及时记录下来。最后，他会整理编辑好这些信息，并发布到微信朋友圈。每天来来往往这么多人，他却总是能够准确地记录下每一个细节。

当客人需要拍照留念时，小昆也会积极主动地配合，甚至有时会主动帮助客人拍照。因此，人数统计板不仅是一个记录客人的工具，也成了顾客和"昆哥"合影的打卡取景地。小昆在工作中表现非常出色，俨然成为了咖啡吧的"小管家"。

三、大方自信勇敢，最受欢迎"小主持"

初入特殊学校的小昆，因为发展落后于正常儿童，显得胆怯和自卑。然而，随着他逐渐适应新学校，并受到教师的鼓励和引导，他开始变得开朗起来。尤其是当他在工作岗位上担任迎宾员后，每天与顾客、店长和小伙伴的交流沟通，让他变得越来越自信和勇敢。

每次参加店里的活动，他都会认真背诵台词和歌词，并且发挥得非常好。在后面主持的几十场大小活动中，他逐渐变得自信、勇敢又大方，成为最受欢迎的"小主持"。他的成长经历证明，通过适应新环境，接受鼓励和不断努力，即使发展相对落后的孩子也可以逐渐克服困难，展现出自信和勇敢的一面。

（张媛媛）

追梦女孩

　　小颖，25 岁，9 个月时确诊脑瘫，两岁时才能摇摇晃晃地走路。在普通学校完成了九年义务教育后，小颖进入群星职校忠华教学点平面设计专业学习。2019 年毕业后，小颖成为梦工坊咖啡吧的正式员工，担任"财务总监"，主要负责收银工作。虽然她个子小小的，却是所有同学心目中的"领导"，大家都很听她的话。而这一切，都与她四年的职业教育学习有着密不可分的关系。

一、生活——勇敢面对

　　身体的瑕疵已经是一个不可改变的事实，小颖无法像其他正常孩子一样生活和学习，这让她感到非常痛苦。然而，她认识到沉浸在痛苦和悲哀中并不能解决问题。只有坦然面对残疾，勇敢地抗争，才能让她的生活变得更加完美。

　　刚进入职校时，小颖的心情十分低落。她的老师和妈妈都注意到了这个问题，尽管他们尝试过几次谈话，但并没有取得明显的成效。于是，她的班主任做出了一个重要的决定——让小颖担任班长。

　　她的妈妈回忆起那一天，小颖兴奋地在家宣布了这个消息，她的眼睛也变得明亮起来。老师和同学的信任让小颖对未来的学习生活充满了期待和希望。这不仅提高了她的自信心，也激发了她的积极性。

在此之后，小颖参加了许多活动，如海贝之家的活动和学校的义卖活动等。通过一次次活动，她逐渐变得更加开朗，喜欢与他人分享，也更加喜欢学校生活。

小颖会经常使用在学校赚取的海贝币为弟弟购买礼物，还会把自己亲手做的包子、饼干送给接送她的阿姨。无论是教师还是家长都欣喜地看到了一个更加乐于感恩、分享、关爱的小颖。

二、学习——努力付出

在四年的职校生活中，学校的教师深深地爱着他们的学生，尊重每一个学生的个性，尽其所能地让每一位学生都得到最好的发展。他们用温暖的教育引导学生，帮助学生发掘自己的潜力，实现自我价值。

通过参加职校的各种不同形式的活动，小颖逐渐成长和懂事起来。她开始发现自己的长处和不足，清楚认识到自己的特殊性，并在心中慢慢形成自己的想法。她学会了主动与教师交流和咨询，规划自己的未来，明确现阶段努力学习的方向。

她积极地表达对学习的渴望和对成长的追求。她主动提出想要学习淘宝开店和平面设计、购买英语书籍，甚至会用压岁钱自主购买网上的学习课程，这些充分展示了她的学习热情和坚定的决心。

除了学习方面，小颖还找到了许多兴趣爱好，例如轻黏土手工、拼豆等。这些兴趣让她在学习之余也能享受到生活的乐趣，更加丰富了她的人生色彩。

她开始充满信心地面对未来，坚信只要不断努力，就能实现自己的梦想。这种积极的态度和坚定的信念，让人对她的未来充满期待。在职校的四年生活中，小颖不断地成长、发现自我、追求梦想，展现出年轻人对未来的热情与决心。

三、工作——成就自我

在梦工坊咖啡吧成立之初，小颖经过面试，成功成为首批员工，被誉为"财务总监"。虽然她的身体条件让她在工作中面临诸多困难，但她从未向困境低头，更未因困难而放弃。

她的毅力不仅体现在面对工作中的困难时的坚韧，更体现在她对生活的热爱和尊重。她从不抱怨，即使定制的木椅硬得让人难受，她也只是默默忍受。为了减少上厕所的次数，她甚至可以一整天不喝水，这份坚韧让人佩服。

初入梦工坊时，小颖的妈妈不放心她的状况，常常陪在她身边。然而，小颖十分自强，她对自己的能力有着无比的自信，一直催促妈妈离开，表示自己可以胜任这一切。每当听到她自信的话语"你好，需要点什么？"和"要不要试试我们的蛋糕？"时，妈妈就会露出欣慰的笑容。

在梦工坊这个大家庭里，小颖不仅是员工们的"老班长"，更是他们的朋友和亲人。她了解每一个人的独特性，用自己的方式照顾着他们，使梦工坊咖啡吧这个特殊的集体越来越团结，越来越和谐。

如今，小颖在梦工坊已经工作四年了。这四年中，她不仅赢得了更多的尊重，也变得更加自信、勇敢。在梦工坊这个平台上，她已经完成了美丽的蜕变。她的故事告诉我们：只要有准备，有毅力，有爱心，无论什么样的困难和挑战，都可以战胜，每个人都能创造出属于自己的精彩人生。

（楼晶晶）

爱和温暖引领着，一路向阳

翔宝是一个患有孤独症的孩子。2001 年出生的他和外公外婆住在一起，实习后搬去和妈妈生活。九年义务教育阶段，他在普通学校就读，初中毕业后来到浦东新区辅读学校的忠华职校学习。2021 年暑假，由实习生转正成为梦工坊咖啡吧的一员。现在他是店里的后起之秀，不但担纲了向来宾介绍店内活动的任务，还经常出去演出。

在普通学校就读的九年里，他是学校的"弱势群体"，被边缘化。这些难堪的经历，给他幼小的心灵带来了巨大的创伤，以致他刚进入忠华职校时便存在很少讲话、课堂上不对视不理会、情绪不稳定等问题。但现在 1 米 85 的他笑容常挂在脸上，集壮硕和温和于一身，说话慢条斯理，目光温和柔缓，阳光开朗，热衷于和其他人交流，也交到了人生挚友。他的改变是有目共睹的，我们一起去看一看吧。

一、温暖的校园生活，重燃希望

翔宝是一位在普通学校就读了九年的自闭症儿童，他经常不讲话，拒绝与他人进行交流，情绪也十分不稳定，常常表现出不可预测的行为。在这九年的时间里，他面临着种种挑战和不理解，他的家人和教

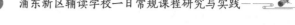
师为此付出了巨大的努力。

当升学到忠华职校后，教师敏锐地察觉到了他内心的悲伤和困扰，他们透过他表面的情绪，深入了解了他的特长和优点。为了让他展现自己的才华，教师给了他许多表现的机会，让他在校园里找到了属于自己的舞台。

在教师的帮助下，他不仅在学校里找到了实习的机会，还接触到了社会上的岗位。教师陪伴着他，给予他无微不至的关怀和支持。他们的耐心和指导让他在成长的道路上更加坚定和自信。

在这里，他也找到了同频的朋友，获得了真挚的友谊，不再被无视。直至今日，即使往日同窗已分别踏上各自的工作岗位，好友也必定每周腾出一天休息时间来看望他，两人并无过多交流，他在吧台忠于职守，好友找一个距离他最近的座位坐下来品尝咖啡，时不时彼此看看，目光交汇。翔宝已然不再是那个伤痕累累、无人问津、被遗落在生活一角的少年。

二、有爱的工作环境，重拾信心

很多人都觉得工作辛苦，让人感到焦虑和迷茫。然而，翔宝却通过工作重新找回了自信，变得更加勇敢和坚定。2020 年 7 月 1 日开始，他在梦工坊超市实习，在超市的 8 个月实习期间，辅导员张老师经常对他赞不绝口，尤其是对他惊人的数字记忆力大加赞赏。这些赞扬的话语就像及时的春雨，滋润着奄奄一息的小草一样，温暖着翔宝的心灵。

在实习期间，翔宝的表现得到了超市领导和同事们的高度认可和赞赏，这也进一步增强了他的自信心。

2021 年 3 月 1 日，翔宝在梦工坊咖啡吧工作。在这个充满独特魅力的场所，他结识了另一位志同道合的好朋友。他们彼此欣赏，相互支持，共同追求梦想。在轻松愉快的氛围中，他们快乐地交流，甚至一起唱歌，这种看似开小差的状态却从未被教师或辅导员打断。相反，这种短暂的神游天外的小放松不仅被允许，甚至还受到鼓励，因为这是他们在忙碌中寻找平衡和放松的方式。

翔宝热衷于索要他人的微信名片，并且总是乐于把他好友的名片推荐给他信任的人。对于这种行为，他的老板并没有给予负面评价，反而以一种理解的态度看待。他的老板评价说："交朋友，他想跟你说话不是很正常吗？我们真的应该用平常心看待他们。"梦工坊的孩子都是自己的家人，他们发自内心地体谅他们，对每一个孩子都视若珍宝。他们的态度和行为都充满了人情味和包容性，这无疑为孩子们提供了一个温暖、和谐的环境。

正是在这样的环境中，翔宝哪怕每天上下班单程要两个小时，他依旧抢着"做六休一"。他会随时补到缺人的岗位，帮助小伙伴完成工作。晚班下班前会一口气把地板拖得锃亮，老板让他休息一下，他也不停下。

（张璐璐）

一碗牛肉面的故事

小福，18 岁，中度智力障碍残疾，目前就读于我校职三年级的平面设计专业。入学后经过观察与评估，教师发现该生的自理能力与劳动能力较强，能够经过教师的数次提示后做到独立完成自己的岗位任务，并形成记忆，养成习惯。在日常生活中能够做到自己的事情自己做，也能帮父母在家中做些简单的劳动，但是在家中父母比较宠爱，对他的劳动能力和责任心培养不是很到位。现在小福同学是梦工坊咖啡厅的一名咖啡师，专门负责制作咖啡和拉花的工作，深受大家的一致好评。

一、教育契机

2020 年 9 月，我担任了职一（1）班的班主任，也是在这个时候认识了小福，一个害羞又调皮的男孩儿。小福在班中做事很细心，不过缺乏一定的主动性和责任心。当我正为他这个问题感到头痛时，他居然自告奋勇主动提出要帮生病开刀的同学承担起值勤的重任，我二话不说立马答应了他。往后的一段日子中，我们总能在值勤岗位上看到精神面貌佳又非常讲礼貌的小福，原来他还挺积极挺有责任心的嘛，我心中的一块石头也放了下来。但没多久后我就收到了值勤组长的投诉："陆老师，你们班小福值勤总迟到，好几次晨会课都快开始了他才到岗，希望您可以帮忙提醒一下他。"

一开始，我想小福刚上任不久，可能需要一段时间去适应，便对他进行了口头提醒，没想到这种"客气"的做法并没有起到什么效果。我非常生气，一度想撤销小福的岗位，但是转念一想，四年后他会步入社会踏上工作岗位，如果在工作岗位上频繁迟到会带来什么后果呢？我想这小福并不清楚，也许他也从来没思考过这个问题。作为班主任，我不妨以这件事情作为教育契机对小福进行个别化教育，帮助他改掉这个坏习惯，为他将来的就业打下基础。

二、正面强化

趁着"大活动"的机会，我找到小福，和他进行了谈心："最近老师发现你有时值勤会迟到，是遇到什么问题或者困难了吗？"小福有点害羞，头摇得像个拨浪鼓似的，在我接二连三的"关心"下，他才小声地说："我每天早上都要吃校门口的牛肉面，牛肉面太烫了，需要时间冷却才能吃，所以我才会迟到。"这个无厘头的原因让我很生气，想马上批评他的懒散态度，但是我转念一想，可能对于小福来说批评并不会起到效果，还可能会影响他将来做事的积极性，于是我马上平复了自己的情绪。

我以自己为例，问他："如果陆老师每天早上为了吃肯德基早餐一定要绕远路去店里兜一圈而迟到半小时到校，你猜猜看这样做会有什么样的后果呢？""会被扣工资的，次数多了还可能会被辞退。"看来小福能够分清是非对错，对于他的回答我给予了肯定。接着我继续问他："那你认为是什么让陆老师每天准时到岗，从来不迟到呢？""是责任心。"我马上表扬了他，继续说道："对，是责任心，我们每个人对待来之不易的岗位都要有责任心，有了责任心你就能更受欢迎，你认为你现在是有责任心的吗?"小福羞愧地说："陆老师，我想做个有责任心的人，我以后值勤不会迟到了。"

后来几天，小福上学和值勤都没有迟到，我及时当着全班的面对他进行了表扬。没想到不久后我又接到了值勤组长的投诉……

三、口头合同

于是我找到小福，和他进行了第二次谈心。在这一次谈心中，小福破罐子破摔似的告诉我，自己宁可失去值勤的机会也一定要去吃牛肉面。面对态度这样强硬的小福我有点不知所措，但是我还是整理了自己的思绪和他继续谈下去。"值勤岗位那么珍贵，陆老师觉得你是个有能力有担当的孩子才给你上岗的机会，你现在这样的态度让我好伤心啊。"我首先告知他自己此刻的心情，接着又给予他鼓励："你之前准时到岗的表现老师很满意，如果你坚持下去一定能在工作岗位上发光的，你毕业工作以后想被领导和同事喜欢吗?"小福点了点头，于是我以朋友的身份给了他一些吃早饭的建议："你可以在值勤的早上换换口味，买馒头或者面包当早饭，这样吃起来方便点，其他不值勤的日子里想天天吃牛肉面也没问题，这样你能接受吗?"

小福在犹豫中点了点头，我感到成功在望，接着便趁热打铁，提出了一个约定："小福，陆老师相信你是可以战胜自己、突破自己的，所以我想和你签订一份'口头合同'，如果你从今天开始到本学期末都不再迟到一次，我就推荐你获得本学期最大奖项——突破自我奖，你想不想和我共同完成呢?"小福欣然接受，我们的"口头合同"也正式生效。

此后，小福无论是上学还是值勤再也没迟到过一次，而且做事情更加认真、更有责任心了，他的良好表现也受到越来越多教师的肯定和表扬，最后他也如愿以偿地获得了"突破自我奖"。值得一提的是，在技能展示活动上，他还代表学校的木艺社团参赛，得到了金牌的好成绩。

四、成长现状

小福一直在不断地成长和进步，他的改变大家都有目共睹。职三第一学期开学初，在教师的鼓励和推荐下，他去参加了学校咖啡吧顶岗实习的面试，面试中他表现良好，被成功录取。这一年中他兢兢业业，认真学习咖啡的知识和制作咖啡的本领，每天中午都能做到提前到岗去完成相关准备工作，我从很多教师口中听到最多的话就是夸他眼里有活、非常肯干，于是我便转告小福大家都很看好他，要继续努力，不要骄傲，他每一次都认真告诉我一定会继续加油的，不让大家失望。

一次偶然的机会，教导处的杨老师将小福推荐给了梦工坊咖啡厅，他也不负众望地通过了面试和考验，每周日去实习一天，于是他提前开启了实习之路。为了更好地做好咖啡师的工作，小福还去参加了"明日咖啡师"的技能培训，他需要每周三下午独自坐地铁去徐汇区上课。为此，我和副班主任赵老师很心疼学习、实习、培训三不误的他，但是每当我们关心他时，他总告诉我们："我一点也不累，能够坚持下去，我觉得做咖啡的过程很有意思，喜欢做咖啡给大家喝。"功夫不负有心人，小福在培训结束时的考核中获得了 81 分的好成绩，大家都为他感到高兴。

在职三年级实习岗位招聘会中，小福果断选择了去面试梦工坊的咖啡师，最终凭借着优秀表现和熟练技能成功入选。由于工作的需要，他从暑期就开启了做五休二的实习生活，对比其他还在舒服享受假期的同学们，他没有产生丝毫抱怨的情绪，甚至在和我的聊天中多次告诉我自己一点也不累，现在的工作挺好的，对现状挺满意的。我也侧面了解到他的工作情况：每天能做到准时上岗，注重个人卫生，情绪稳定，眼里有活，不怕苦不怕累，会认真去做好每一杯咖啡……

　　三年的时间，小福终于从一个频繁迟到、缺乏责任心的学生成长为了一名优秀的咖啡师，希望未来的他能够继续加油，抓住每一次能让自己成长的机遇，变得更加优秀。

（陆丹蕾）

人生不设限

　　小远，2004 年出生，自闭症谱系障碍儿童。父母在他幼年时发现他不喜欢玩具，喜欢线头、纸屑，对周围的人不理不睬，对快乐和忧伤无法体会……不到两岁时，父母便带他辗转于各家医院，开始了历时长久的干预与治疗。小远在与他人交往时很难建立关系，还会出现刻板重复的行为，例如不停地重复某些词汇或者动作。小远还有高度敏感性，经常会受到声音、触感、光亮、温度等刺激而产生异常反应，甚至会表现出过度兴奋、愤怒或者恐惧的情绪。从普通小学毕业后，小远转入我校初中学段学习，在教师、家长的通力合作下，他有了很大的变化。如今，经过职业教育培养，小远已经是梦工坊咖啡吧的一名正式员工。

一、挖掘优势，破壳而出

　　"送入浦东辅读学校之后，我们才觉得孩子的生活和学习，开启了新的篇章。"小远的父母这样说道。

　　之前，为了让小远在普通学校学习，父母一直在校陪读，照顾他的生活，处理他的琐事。来浦东辅读面试的那一天，小远在校长办公室里非常焦虑，一刻不停地来回踱步。每当铃声响起，他就会用力捂住自己的耳朵，高声尖叫，无论如何安慰都无法使他平静下来。小远父母也非常担心小远能否适应新的校园生活。

渐渐地，小远的生活发生了改变。在集体生活中，小远拥有了舒心的玩伴、学习的表率以及关爱的对象，同时积极参与了很多亲子活动、融合活动。小远慢慢培养了良好的行为习惯，掌握了人际交往的技能，能与周围的人友好地相处。无意间，大家发现了小远身上的"闪光点"，他对声音非常敏感，对音乐产生了浓厚的兴趣。他学会了弹奏钢琴，甚至在听了三遍歌曲后，能够准确地弹奏出来。

小远作为"小小钢琴家"参与了学校艺术节、星星艺术团的融合演出，在舞台上崭露头角，展示了他阳光自信的一面。

二、努力成长，积蓄能量

进入职校后，学校的职业教育帮助小远提升职业技能，还有了不同职业的体验机会，在融合、见习、实习活动中，小远对职业有了一定的认识。

小远坚持钢琴演奏，每天在校门口用琴声为同学和教师开启美好的一天。不仅如此，他勇敢地挑战自我，面试校内咖啡吧的见习岗位，在午休时间段做一名点单收银员。在工作中，小远得到了满足，感受到了工作的乐趣。渐渐地，小远喜欢上了咖啡吧的工作，乐于观察并学习咖啡冲泡，主动帮助教师和同学完成各种任务。在职四实习阶段，抱着"试一试"的心态，学校推荐小远去梦工坊咖啡吧实习，并在那里开启了他的"咖啡师之旅"。

三、找到方向，精彩破局

原本以为，小远会从事和音乐有关的工作，或者做和计算有关的工作，在这些方面，小远有着他的显著优势。但是，小远的成长却告诉了我们一个道理，人生不设限，会有一切可能。

在实习过程中，小远爱上了"咖啡师"这个职业，每天 100 杯的清水拉花练习，他没有觉得枯燥。在一个月后，他成功地独立完成了一杯拉花咖啡，图案对称完整。每次客人点拿铁，他最高兴，因为又可以表现了。小远说："我能成为一名优秀的咖啡师，做更多的咖啡给客人和老师喝。"当然，小远的音乐才华也在咖啡吧得到了充分的发挥。他经常为大家演奏钢琴曲，让咖啡吧充满了音乐和欢笑。

小远爸爸第一次喝到小远亲手冲的咖啡时，激动地向教师发来消息："幸福感满满！感谢老师们的悉心教导，把小远培养成一个能融入社会的有用之才。"

通过在梦工坊咖啡吧的实习，小远成功找到了自己的职业方向，并且对自己充满了信心。现在，他已经成了梦工坊咖啡吧的一名正式员工，为顾客提供优质的咖啡服务。人生不设限，任何人都可以找到自己的方向和目标，并且为之努力奋斗。

（李　珉）

一个阳光少年的职业养成记

梅梅，23岁，中度智力障碍，2017年从初中毕业，并于同年9月进入我校会展服务专业与管理专业学习。作为一名初中随班就读的学生，初入职校的梅梅胆小自卑、内向害羞，从不主动与他人交谈，遇事爱哭，始终回避与教师同学友好相处。在她的眼里，世界是灰暗的，学校不属于她，阳光不属于她。而现在，她成长为一名自信美丽、阳光开朗的女生，并于2021年被上海斯格威铂尔曼酒店正式录取，靠自己的劳动养活自己。到底是什么为她昏暗的生活照亮了一束光，让她发生了翻天覆地的变化？

一、耐心的陪伴守护，使其敞开心扉

梅梅的内向、怯懦与她的随班就读经历及家庭教育环境紧密相关。针对这种情况，学校采取了一系列措施来增强她的自信，帮助她更从容地面对生活中的各种挑战。

在校内，教师积极为她创造尝试的机会，使她能够体验到成功的喜悦和荣誉，从而增加良性刺激，帮助她摆脱自闭心理，激发起自信心和上进心。例如，让她担任班级小干部，成为班级的表率；鼓励她课后与同学、教师进行更多的交流，课上积极举手、发言，即使有时候只是只言片语；在实训课上，更是给予她很多表现机会，并及时给予肯定。

除此之外，学校还积极搭建了家校沟通的桥梁，与家长进行了详细的沟通和分析，共同探讨解决学生不良心理状况的方法。学校建议家长采取适当的教育方式，劝说他们与孩子多进行交流，对孩子多加关心、多加鼓励，及时了解孩子的学习生活情况。同时，学校还根据学生的学习、性格、交往和智力等综合情况，提出了一些可行性建议。例如，建议家长让孩子参与家务和数额不大的家庭购买等活动。此外，家长在平时还要注意观察孩子实现目标后的表现，及时进行调整，循序渐进。

经过持续的心理辅导和教学实践，梅梅的语言表达和社交能力有了显著的提升。在课堂上，她积极举手发言，下课时有时还会主动向教师请教问题。在平时，她也能主动帮助同学。在家中，梅梅也愿意主动与父母交流学习情况。

在心灵的交流与热情的鼓励下，她那颗原本冷漠失望的心得到了温暖，这使得她能够勇敢地克服胆怯心理，以无畏的精神去锻炼自己。在一些公开的教学活动或接待活动中，我们常常能看到她活跃的身影。她变得热衷于公益活动，积极融入社会。

二、科学的课程设置，使其获得成长

根据《上海市特殊中等职业教育学校（班）课程方案（试行稿）》，学校设置了语数英、信息技术、心理健康、生涯规划、体育与健康等公共基础课程。会展服务专业课程除了每周八节专业课，还不断丰富和优化了与适应性生活对标的专业选修课，如形体礼仪、美妆、家政服务、咖啡泡制等。

学校教务处还针对特殊学生设置一日常规课程，串联起除 35 分钟课堂教学之外的所有时间，帮助学生在一日生活中，养成良好的行为习惯，习得日常生活必须技能。提升生活适应能力的系统课程包括家庭环境支持下的日常教育活动课程，以及学校环境下的学习、活动、休息等常规教育课程。

普特融合课程则借助中小学、大学院校、企事业单位的各种资源，以丰富的活动为载体，为学生创造与不同社会人群往来、交流的机会，在不同的融合环境中，学习处理简单问题，积累生活经验，逐步提高融入社会的基本技能和素养。

为了使学生在现实岗位中了解职场，让大家学到更多在课堂上可能就学不到的知识，学校还特设了顶岗实习课程。梅梅同学在顶岗实习课中，不仅要管理内场，还要学习接待客人、为客人点菜、下单等待人接物的工作。一年下来，她已经基本具备了这方面的能力，这也为她将来走上工作岗位、走向社会打下了坚实的基础。

三、多元的实践体验，使其融入社会

社会实践是特殊学生独立或半独立于社会的基础。学校基于学生年龄、认知、经验等基本特点，设计合理的课程实践内容，如敬老服务、超市理货、菜场调查、图书整理等。家长和志愿者适时介入，或示范，或引导，为特殊学生迈向社会保驾护航。对特殊学生而言，当遇到突发事件的时候，他们所表现出的情况也是不同的，有的会惊慌失措，有的无法立即作出反应，社会实践基地给学生提供了许多锻炼的机会。比如，梦工坊咖啡吧不仅仅在工作技能方面，在与同事的交往、与领导的沟通方面，也给予了学生最大的耐心和鼓励，使得学生在这样的实践环境中有了最大的进步。

经过三年的特殊职业教育，梅梅成为梦工坊咖啡吧实训室的一名优秀学员，不仅学会了在外场接待客人，还学会了咖啡泡制和拉花等手艺。2019年11月，在教师的带领下，她参加了上海市政府扶持专项技能职业资格鉴定经典咖啡培训班。2021年，她进入海神诺富特大酒店实习，表现十分优异，并经实习单位推荐，最终被上海斯格威铂尔曼酒店正式录取，开启了职业新篇章，踏上了自信、自强、自信的新征程。梅梅就像落在悬崖上的种子，在暖阳、雨水的滋润下，破土发芽，长出枝丫。

而我们也始终相信，即使是路边最默默无闻的小草，也能用自己最顽强的生命力，等待寒冬的过去，等待春日暖阳的到来，最终开出希望的花。

（黄诗意）

后　记

　　人民教育家于漪先生曾经说过："教育无选择性，每个学生都是礼物，只要生长在这块热土上的孩子，都要真心实意，全心全意地爱他们，培养他们。"我很庆幸，二十年来都在做热爱的特教事业，和善良的教师、可爱的学生在一起。

　　在这个瞬息万变的世界中，每个孩子都是独一无二的星星，都有着独特的光芒。特殊的学生群体，因为先天或后天的原因，他们的光芒或许暂时被遮蔽，但这不意味着他们缺乏发展的潜力。作为特殊教育工作者，我们肩负着重要使命，那就是引导这些特殊学生发现他们独特的闪耀之处，让他们的生命也绽放美丽的光彩。

　　在多年的特殊教育实践中，我们有这样深切的感受，相对于会写多少汉字、会做多少数学题、会背诵多少课文来说，塑造良好的行为规范、学习基础的自主管理、提升基本的生活适应能力等对智力障碍学生的发展更为重要。三年前，我们开始一日常规课程的研究与实践，在课题核心小组的引领下，举全校之力，与学校德育课程的建设、与学校"融和"教育特色的构建紧密结合，带动全体教师及家长投入课程设计和两轮实践中。我们引导教师运用正向的方法，关注学生良好行为的建立和养成，为学生养成良好行为习惯提供支持；注重开展家校联动，对家长进行有针对性的方法指导，减轻家长的精神负担和压力，为浦东新区辅读学校的家校共育提供一个新的载体，丰富和拓展行规教育的路径。

回顾走过的研究之路，确实很不容易。每一间教室的显眼处、每一层楼梯的墙壁上，都是学生看得懂、学得会的行为规范图示，告诉学生在不同的时间点做什么、怎么做。可视化、结构化的一日常规内容和要求，无疑成为学生的学习法宝。教师办公案头、校园公众号上，给教师的教学资源、给家长的教育资源都很丰富。学生在念"三字经"、读绘本、玩游戏棋的快乐时光里，潜移默化地接受着教育和熏陶。浦东辅读的吉祥物"小海贝"，懂道理、守规矩，成了孩子们争相学习和模仿的小英雄。

今天，这本凝聚了全体浦东辅读人心血和智慧的《好习惯　好行为　好人生：浦东新区辅读学校一日常规课程研究与实践》终于编写完毕，捧在手中感觉沉甸甸的。激动之余，深深感谢华东师范大学特殊教育学系博士生导师刘春玲教授、上海市教委教研室蔡蓓瑛博士、上海市教科院规划办公室和浦东新区教育发展研究院科研指导部专家的倾心指导，感谢上海市教育功臣、特级教师徐红为本书拔冗作序。此外，我要特别感谢课题组所有伙伴对课程的深入研究和精心设计，也要感谢所有班主任为本书提供的许多来自一线的鲜活案例，还要感谢为本书编写和统稿付出精力以及其他所有孜孜不倦、脚踏实地开展实践的教师。同时，我也对全体家长的积极配合和支持一并表示感谢。

本书有些内容还需要做进一步的梳理和修正，有些思考和观点也还稍显肤浅和稚嫩，望各位前辈和同仁包涵，并能提出宝贵建议。在此深表真诚的谢意！

我们期待这本书能为特殊学生的一日常规课程建设提供有益的启示，帮助更多特殊孩子实现自己的人生价值。我们坚信，在积极的教育支持下，每一个特殊学生都能拥有美好的未来。

王英

2024 年元月